C++

基本プログラミング

講 座

安心で安全な C++プログラム開発の手引き

日向俊二●著

はじめに

　C++ は、オブジェクト指向のプログラミングに対応する強力なプログラミング言語です。現代の C++ は、機能がとても充実していますが、それだけにさまざまな種類の多数の要素から構成されています。本書を通して読むことで、C++ のプログラマとして知っておきたい基本的なことを幅広く学習できます。

　C++ は C 言語の機能をほぼそのまま使えることもあって、独特の難しさがあるという問題もあります。たとえば、ポインタや配列の扱い方を間違ってしまうと致命的なエラーとなり、しかもその原因がわかりにくいことがあります。また、セキュリティー上のリスクを避けるためにも、ポインタや配列について特別な注意を払わなければならない場合があります。しかし、ポインタや配列を使う代わりに、C++ の string や STL（Standard Template Library）のコンテナを利用することなどで、C++ の特徴や機能を活用した、より安心で安全なプログラムを作成することができます。このように C++ の機能を積極的に使うことが、良い C++ プログラムを開発する際のキーポイントです。

　本書では、より安心で安全なプログラミングを確実に行えることに焦点を当てて、C++ の基礎的なことから STL や例外処理まで、C++ プログラミングで必ず押さえておきたいことを具体的なコード例を示して解説します。本書にはコンパイルして実行可能なシンプルでわかりやすいサンプルプログラムを多数掲載してあります。そのため、それらをよく読んでコードの意味をつかみ、コンパイルして実行してみることで、C++ のプログラミングのさまざまな面をより深く理解できるようになるでしょう。

　本書で C++ を学ぶことで、C++ のパワーを生かしながら、より安全で安心確実なプログラムを開発するための基礎力を身に着けてください。

2024 年春　著者しるす

■ 本書の表記

C++*n*	使用できる C++ の規格を示します。たとえば C++11 は C++11 以降の規格でコンパイルするときに有効であることを示します。
()	ひとまとまりの実行可能なコードブロックである関数であることを示します。たとえば、main という関数を表すときに、「main という名前の関数」や「関数 main()」と表記しないで、単に「main()」と表記することがあります。
abc	斜体で示す文字列は、そこに具体的な文字や数値が入ることを表します。たとえば「if (*expr1* < *expr2*)」は、*expr1* と *expr2* に数値や変数、式などが入り、具体的には「if (x > 0)」や「if (a+b < 100)」などとなることを表します。
0x*n*	0x で始まる表記は 16 進数表現の整数であることを表します。たとえば、0x41 は 10 進数で 65 であることを表します。
0*n*	0 で始まる数値の表記は 8 進数表現の整数であることを表します。たとえば、041 は 10 進数で 33 であることを表します。
...	書式の説明において任意の個数を記述できることを示します。
[ ]	書式の説明において省略可能であることを示します。
[X]	キーボードのキーを押すことを示します。たとえば、[F5] は F5 キーを押すことを意味します。
[S] + [X]	キーボードの S キーを押したまま X キーを押すことを示します。[Ctrl] + [F5] は、Ctrl キーを押したまま F5 キーを押すことを意味します。
>	Windows のコマンドプロンプトを表します。
$	Linux や WSL など UNIX 系 OS のコマンドプロンプトを表します。

 本文を補足するような説明や、知っておくとよい話題です。

処理系	C++ のコンパイラの具体的構成やコンパイルの方法、それが生成するファイルなどは、OS やコンパイラの種類とバージョンによって異なります。ある OS の特定の種類の特定のバージョン全体を表すときに、処理系という言葉を使います。たとえば、Linux 系の GCC と Windows で Microsoft のコンパイラを使うときはそれぞれ別の処理系であるとみなします。
標準出力	C++ のプログラムでは、出力にウィンドウを使うことがよくありますが、パイ

プやリダイレクトという OS の機能を使って他のファイルやデバイスへと出力
することもできます。これを標準出力と呼びます。

標準入力　　C++ のプログラムでは、入力にキーボードを使うことがよくありますが、パイ
プやリダイレクトという OS の機能を使って他のファイルやデバイスから入力
することもできます。これを標準入力と呼びます。

ターミナル　コマンドラインを入力してプログラムを起動したり、入力や表示を行う場所
（典型的にはウィンドウ）を指します。Linux など UNIX 系システムでは一般
にターミナル（Terminal）と呼ばれますが、Windows 10 の場合は「コマンド
プロンプト」か「PowerShell」（切り替え可能）で、Windows 11 の場合は既
定のターミナルは「Windows Terminal」または「Windows ターミナル」とい
う名前で用意されています。ターミナルという言葉を初心者に理解しやすいよ
うに標準出力の代わりに使うことがあります。

キーボード　標準入力からの入力を、初心者にわかりやすいようにキーボードからの入力と
呼ぶ場合があります。

■ ご注意

● 本書の内容は本書執筆時の状態で記述しています。C++ の場合、コンパイラの種類や C++
のバージョンによって異なる点があり、本書の記述と実際とが異なる結果となる可能性が
あります。

● 本書の多くの記述は現在使われている一般的な C++ コンパイラの多くに対応しています
が、サンプルコードをコンパイルして実行する場合は C++14 以降のコンパイラを使うこ
とを推奨します。また、記述の一部は C++17 や C++20 で新たに導入されたことを含んで
います。

● 本書は C++ のすべてのことについて完全に解説するものではありません。必要に応じて
C++ のドキュメントなどを参照してください。

● 本書のサンプルは、プログラミングを理解するために掲載するものです。実用的なアプリ
として提供するものではありませんので、ユーザーのエラーへの対処やセキュリティー、
その他の面で省略してあるところがあります。

■ 本書に関するお問い合わせについて

本書に関するお問い合わせは、sales@cutt.co.jp にメールでご連絡ください。

なお、お問い合わせは本書に記述されている範囲に限らせていただきます。特定の環境や特定の目的に対するお問い合わせ等にはお答えできませんので、あらかじめご了承ください。特に、特定の環境における特定のコンパイラや開発ツールのインストールや設定、使い方、読者固有の環境におけるエラーなどについてご質問いただいてもお答えできませんのでご了承ください。

お問い合わせの際には下記事項を明記してくださいますようお願いいたします。

● 氏名
● 連絡先メールアドレス
● 書名
● 記載ページ
● お問い合わせ内容
● 実行環境

1

C++ の基礎知識

ここでは C++ について最も基本的なことがらを解説します。C++ のさまざまなことについてこの章では概要を紹介し、各項目の具体的な例は第 2 章以降で説明します。

1.1 プログラミング言語 C++

ここでは、C++ とそのプログラミングについて最も基本的なことを説明します。

■ C++

プログラミング言語 C++ は、オブジェクト指向プログラミングのために C 言語から派生して生まれたプログラミング言語です。

オブジェクト指向ではクラスというものを定義してオブジェクトというものを作って利用します。クラスにはデータと、操作や処理を行うためのコードが含まれます。C++ ではデータとコードをクラスにまとめて扱うことができるので、比較的複雑で大規模なプログラムに適しています。

C++ には機能を実現するさまざまなクラスライブラリが提供されていて、これを活用することで複雑高度なことも実現できます。また、文字列操作のような単純なことも C 言語より容易かつ安全にできます。

■ C++ と C 言語

C++ はゼロから設計されたプログラミング言語ではなく、C 言語を拡張して作成されたオブジェクト指向プログラミング言語です。初期の C++ は C 言語のプリプロセッサ（前処理プログラム）を使って C++ のコードを C 言語のコードに書き換えることで C++ に導入された機能を実現する言語として作られました。

C++ は C 言語から生まれたため、C 言語と C++ のシンタックスの大半は同じです。実際、C++ のプログラムの中では C 言語のコードをほとんどそのまま使うことができます。そのため、C++ 固有のいくつかの点を除くと、C 言語と C++ はほとんど同じものと考えることも可能です。しかし、それぞれの言語を適切に利用するためには、それぞれの言語の特性をきちんと把握しておく必要があります。

ほとんどの場合、C++ のプログラムの中に C 言語のコードを埋め込むことが可能で、C++ のプログラムの中に C 言語の関数を記述したり、C 言語で記述したモジュールと容易にリンクすることができます。しかし、C++ のコードと C 言語のコードをむやみに混在させるとトラブルのもとになる場合があります。

たとえば、入出力において、C++ の >> や << を使う入出力と、scanf() や printf() を使う入出力をむやみに混用すると、意図した通りに入出力が行われない場合があります。

■ C++ のプログラミングスタイル

C++ のプログラミングの方法は、本来、C 言語のプログラミングの方法とは異なります。端的に言えば、C 言語のプログラミングとは関数を作って利用することであるのに対して、C++ はクラスを定義して利用することです。

C++ は、オブジェクト指向プログラミングのためのプログラミング言語です。オブジェクト指向のアプローチでは、一連のものの共通する特性を突き止めて分類し（抽象化）、クラスを定義します。たとえば、住所録アプリケーションを作る場合、住所と氏名などからなる個人の情報のクラスと、そのクラスのインスタンス（オブジェクト）に氏名や住所などを保存するための C++ のクラスのメンバー関数（メソッド）を記述します。

C++ ではものごとを抽象化してオブジェクトとして捉えますが、このような作業は特別なことではありません。日常生活の中でも、我々は意識せずにものの特性を見極めて分類し、クラスとしてモデル化します。たとえば、近所の野良犬から山田さんの家のハチ公まで、犬とみなせる動物をすべて犬として扱って、他の動物と区別します。そして、犬は哺乳動物に属するということを知ると、犬を、他の哺乳動物が持つ特性と同じ特性を持つものとして認識します。

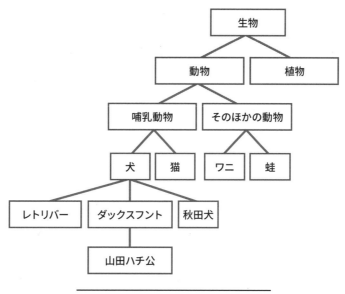

図1.1●オブジェクト指向のアプローチ

　プログラミングにおけるオブジェクト指向のアプローチは、このような考え方をプログラミングに導入したものと捉えることができます。

　オブジェクト指向のプログラミングでは、あらゆることを想定し、よく分析し検討して可能な限り現実の事象を論理的に矛盾なく扱いやすいように抽象化してモデルを考えます。オブジェクトのモデル化の方法や結果は、目的や対象によって異なります。また、複雑な問題を扱う場合には最初の段階ですべてを完全に捉えることが事実上不可能なため、試行錯誤を伴う作業になることがあるのがオブジェクト指向プログラミングの特徴です。たとえば、図 1.1 では動物を哺乳動物とそれ以外の動物に分けました。実生活においてはこの程度の分類で十分な場合が多いでしょうが、動物を学術的に扱うときには、哺乳類、甲殻類、両生類などのように類で分ける必要があるでしょう。また、目的によっては、「ワンと吠える」、「ニャオと鳴く」、「吠えも鳴きもしない」という基準で分類するほうが合理的である場合もあります。分類のしかたは目的によって異なり、いずれが正解でどれが間違いということはありません。プログラミングでも同じことで、目的に合わせて最適なモデル作りを目指します。

　オブジェクトはクラスから生成します。クラスは、データとコードを持ちます。たとえば、犬クラスの場合、たとえば「名前」や「年齢」というデータと、「吠える」や「寝る」などのコードを定義します。

■ C++ の規格

　C 言語の拡張として誕生した C++ も当初はさまざまな種類がありました。その後、C++ は、C++11（ISO/IEC 14882:2011）、C++14（ISO/IEC 14882:2014）、C++17（ISO/IEC 14882:2017）、C++20（ISO/IEC 14882:2020）などの規格が制定されましたが、サポートされる機能がそれぞれ多少異なります。

C++20 や C++17 などの規格を、慣用的に、仕様やバージョンなどと呼ぶことがあり、また言語標準と呼ぶことがあります。

　コンパイラがサポートする C++ のバージョンは、次のようにして調べたり設定することができます。

　コンパイラが g++ や clang++ の場合、グローバル変数 __cplusplus の値を調べることでサポートする C++ 言語のバージョンがわかります。たとえば、次のようなプログラムをコンパイルして実行します。

リスト 1.1 ● cppver.cpp

```cpp
#include <iostream>

int main()
{
  std::cout << __cplusplus << std::endl;
  return 0;
}
```

　このプログラムを実行すると、「201703」や「201402」などの文字列が出力されるでしょう。「201703」は C++17 を、「201402」は C++14 を表しています。

特定の規格の他に、コンパイラベンダーが独自の仕様を追加している場合があります。たとえば、Microsoft の C++ コンパイラには Microsoft 固有の仕様があります。

■ バージョンの指定

特定の C++ のバージョン（言語標準）を指定してコンパイルする場合は、g++ と clang++ の場合は次のように −std オプションを指定します。

```
>g++ -std=c++17 -o cppver cppver.cpp

>cppver
201703
```

Visual Studio の場合は、メニューから［プロジェクト］→［○○のプロパティ］で「○○プロパティページ」ダイアログボックスを開き、［C/C++］→［言語］で「C++ 言語標準」から指定したい C++ のバージョンを選択します。

図1.2●Visual Studioの「○○プロパティページ」

Microsoft のコンパイラを使う場合にコマンドラインから特定の言語のバージョンを指定して cl でコンパイルする場合は、オプション /std を指定します。次の例は C++17 を指定する例です。

```
>cl /std:c++17 /EHsc sample.cpp
```

「/EHsc」は出力（ostream で例外処理）を使っているような場合の警告を抑止するためのオプションです。

Eclipse（Pleiades）の場合は、メニューから［プロジェクト］→［プロパティー］で「○○のプロパティー」ダイアログボックスを開き、［C/C++ ビルド］→［設定］で「GCC C++ Compiler」の「ダイアレクト」で「言語標準」から指定したい C++ のバージョンを選択します。

図1.3●Eclipse（Pleiades）の「○○のプロパティー」

ここで注意が必要なことは、特定の規格（言語標準）に準拠している場合でも、必ずしもその C++ の規格のすべての機能をサポートしていない場合があるという点です。たとえば、Visual Studio で「ISO C++20 標準」を選択しても（本書執筆時点では）実装されていない C++20 の機能があります。規格にあるから必ずできると考えないほうが良いでしょう。

1.2 プログラムの作成・実行手順

ここでは、C++ 言語の単純なプログラムを作成して実行する手順を解説します。

■ プログラム開発の流れ

ここで説明するのは最も原始的な C++ プログラム作成の流れです。プログラム開発で IDE

を使うのが当たり前になって久しいですが、Visual Studio や Pleiades、または Visual Studio Code のような高機能エディタを使う場合でも、効率よく作業するためにこの基本的な流れを把握しておきましょう。

（1）ソースファイルの作成

テキストエディタなどを使って、ソースコードと呼ばれる人間が読める形で記述されたプログラムを作成します。作成したプログラムはプレーンテキスト形式のファイルとして保存しますが、ファイルの拡張子は .txt ではなく .cpp としてください。

（2）コンパイル

コンパイラと呼ばれるプログラムを使って、ソースコードが保存されているファイルを読み込み、コンピューターが実行できる形にしたファイル（実行可能ファイル）を生成します。C++ プログラムのコンパイルに使うコマンドとして、g++、clang++、clang、cl.exe（Microsoft Windows）などがあります。単純なプログラムをコンパイルして実行する場合は、いずれを使っても操作方法や生成される見かけの結果はほぼ同じです。IDE を使った開発では、「ビルド」のようなメニュー項目を選択したりツールバーのボタンをクリックすれば、コンパイラプログラムが動いて実行可能ファイルを生成します。

なお、プログラムを正しくコンパイルできない場合は付録 B「トラブル対策」を参照してください。

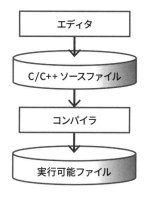

図1.4●C++プログラムのコンパイル手順の例

（3）実行

実行可能ファイルは、特に指示をしなければ、Windows ではソースファイル名の拡張子が .exe に変更された名前で、UNIX 系 OS では a.out という名前で生成されます（Windows で UNIX 系コンパイラを使う場合は a.exe になります）。コマンドプロンプトに対して実行可能ファイル名を入力すると、プログラムが実行されます。

IDE を使った開発では、「実行」のようなメニュー項目を選択したりツールバーのボタンをクリックします。

以上が基本的なコンパイルの手順です。通常はプログラムの動作確認とデバッグで上記の手順を繰り返すことになります。

■ コンパイルの過程

普通、単にコンパイル（またはビルド）と呼んでいる、ソースファイルから実行可能ファイルを生成する処理は、図 1.5 に示すように、プリプロセス、コンパイル、リンクに分けることができます（図 1.5 は図 1.4 をさらに詳しく説明した図です）。

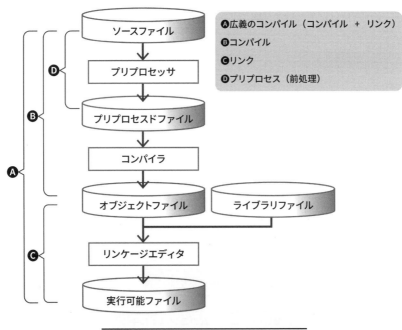

図1.5●C++プログラムのコンパイル手順

　ソースファイルをコンパイルしてオブジェクトファイルを生成するプログラムを狭義のコンパイラといいます。ソースファイルを前処理（プリコンパイル）する部分だけを、特にプリプロセッサといいます。

　オブジェクトファイルを他のオブジェクトファイルやライブラリとリンクして実行可能ファイルを生成するプログラムを、リンカーまたはリンケージエディタといいます。

　前項「プログラム開発の流れ」で説明したコンパイルのコマンド g++、clang、cl などは、正確にいえば、コンパイルとリンクを制御するコマンドです。簡単なプログラムであれば、それらのコマンドにソースファイル名を引数として与えるだけで実行可能ファイルを作成することができます。しかし、複数のソースファイルをコンパイル・リンクするような場合や、プログラムをデバッグしたり効率的なコンパイラオプションを指定する場合などに、コンパイルの詳しい過程を知っておくと役立ちます。

■ C++ の Hello プログラム

　ここでは C++ の最も基本的なプログラムを作成して実行する方法をとおして C++ プログラムのコンパイルに関することを説明します。

　C++ の最も基本的なプログラムを次に示します。これは、「Hello, C++」という文字列を表示して終了する小さなプログラムです。

リスト 1.2 ● hello.cpp

```cpp
#include <iostream>

int main()
{
  std::cout << "Hello, C++" << std::endl;

  return 0;
}
```

　このプログラムを正しくコンパイルして実行できれば、C++ のプログラミングの基本的な環境が整っていることを確認できます。

■ ディレクトリの作成

　通常、プログラムを作るときには、最初にそのプログラム専用のディレクトリを作成します。プログラムの規模が大きくてソースファイルが複数になるような場合には、そのプログラム

のプロジェクト用のディレクトリを作成します。

この場合、hello という名前の単一のソースコードだけの C++ プログラムなので、mkdir コマンドでサブディレクトリ hello を作成します。そして、その後で、cd コマンドでカレントディレクトリを hello にします。

UNIX 系 OS の場合は、次のようにします。

```
$ mkdir hello
$ cd hello
```

Windows の場合は、次のようにします。

```
>mkdir hello
>cd hello
```

Note Visual Studio や Eclipse (Pleiades) のような IDE でプログラムを作成して実行するためには、新しい C 言語プログラムのプロジェクトを作成します。IDE を使う場合には付録 A「開発環境」も参照してください。

■ プログラムの編集と保存

プログラムまたはプロジェクトのためのディレクトリを作成したら、プログラムファイルを作成したり編集します。

この場合は、テキストエディタを起動してリスト 1.2 のプログラムを入力します。

プログラムを入力したら、hello.cpp という名前を付けてファイルに保存します。

C++ のプログラムファイルの拡張子は、現在では .cpp にするのが一般的です。拡張子として他に、.cxx、.cc、.C（大文字の C）、.CC（大文字の CC）などさまざまなものを使うことができますが、既存の C++ プログラムのソースファイルを使う場合と特別な理由がある場合を除いてこれらの拡張子は使わず、.cpp にすることを推奨します。特に .C（大文字の C）は C 言語のソースファイルの拡張子 .c（小文字の c）と勘違いしやすいので避けるべきです。

■ コンパイル

　C++ コンパイラ（g++ または clang や cl など）のコマンドを使ってソースファイルをコンパイルします。次のように、コンパイラの名前の後にオプション -o と実行可能ファイル名を指定し、さらにソースファイル名を指定する方法が一般的です。

```
g++ -o hello hello.cpp
または
clang++ -o hello hello.cpp
```

　多くの C++ コンパイラで出力ファイル名の指定に -o オプションが使われます。ただし、cl.exe ではオプション 'o' を使うことは推奨されていません。

```
cl hello.cpp
```

　いずれの場合も、コンパイルが問題なく終了すると、hello という名前の実行可能ファイルが生成されます（Windows の場合は hello.exe という名前になります）。

■ 実行

　エラーメッセージが表示されなければ、コンパイルが成功しているので実行します。
UNIX 系 OS や Windows の新しいシェルの場合は次のようにします。

```
$ ./hello
Hello, C++
```

　./ はカレントディレクトリのファイルであることを示します。
　Windows の従来のコマンドプロンプトの場合や環境変数 PATH にカレントディレクトリ（.）が含まれていれば、hello［Enter］で実行することができます。

```
> hello
Hello, C++
```

　プログラムを正しくコンパイルしたり実行できない場合は、付録 B「トラブル対策」を参照してください。また、Visual C++ や Eclipse などの IDE を使う場合は、それぞれの製品のドキュ

メントを見て hello プログラムを作成してみてください。

問題 1-1

C++ の Hello プログラムを作成してコンパイルし、実行してください。

1.3 言語とライブラリ

ここでは C++ 言語におけるプログラミング言語とライブラリについて解説します。

■ コンパイラとライブラリ

プログラミング言語としての C++ には、「文字列を出力する」というような特定の目的のための機能を持ったものが含まれていません。

通常、C++ のプログラミングでは、こうした特定の機能を使いたいときには、既存の関数ライブラリやクラスライブラリを利用します。たとえば、「文字列を出力する」ためには、通常はあらかじめ作成されていてコンパイラに添付されているライブラリの機能を使います。また、平方根や立方根を計算するような場合や乱数を発生させるようなときには、ライブラリの関数を使います。

ライブラリはクラスと関数を集めてまとめたものです。ライブラリ関数は、特定のライブラリに含まれる関数を指します。クラスライブラリは、クラスを集めてまとめたもので、クラスには機能を実現するメンバー関数（メソッド）と値を保存するフィールドや定数が定義されています。

C++ では、C++ のプログラムにリンクするように作成されたどのようなライブラリでも使うことができますが、主に次のようなライブラリを使います。

■ C++ の標準ライブラリ

C++ 言語の機能を使うためのライブラリがコンパイラと共に提供されています。

C++ のプログラミングでは、たとえば、文字列を扱うために string というクラスを使うことができますが、これは C++ の標準ライブラリに含まれています。また、出力に「cout << s

<< endl;」のようなコードを使いますが、この「<<」を実現するコードも標準ライブラリに含まれています。

 C++ の標準ライブラリのうち主要なもののいくつかは後の章で具体的な使用例を示します。しかし、すべてを説明することはできないので、詳しくは付録 D「参考リソース」に URL を記載したリファレンスを参照してください。

標準 C++ ライブラリの要素は以下のとおりです。

- 標準テンプレートライブラリ（STL）
- IOStream 機能
- ロケール機能
- テンプレート化された文字列クラス（string クラス）
- 複素数を表現するテンプレート化された複素数クラス（complex クラス）
- 数値配列処理用に最適化された数値の配列クラス（valarray クラス）
- 基本データ型の値の範囲や符号などの情報を統一した方法で提供するクラス（numeric_limits クラス）
- メモリー管理機能
- 多言語文字セットのサポート
- 例外処理機能

標準ライブラリの内容はヘッダーファイルで整理されています。主なものを以下に示します。

表1.1●標準ライブラリの主なヘッダーファイルとその主な内容

ヘッダー	説明
<any>	あらゆる型の値を保持できるメモリー型を提供する（C++17）
<bitset>	ビットの固定サイズシーケンスを提供する
<chrono>	時間ユーティリティを提供する（C++11）
<memory>	メモリーを扱うための機能を提供する
<memory_resource>	ポリモルフィックなアロケータや実装を提供する（C++17）
<optional>	任意で値を持たせられるオブジェクトの型を提供する（C++17）

ヘッダー	説明
`<ratio>`	コンパイル時有理数演算のための機能を提供する（C++11）
`<scoped_allocator>`	スコープ付きアロケータを提供する（C++11）
`<tuple>`	タプル型（異なる型を保存できるコレクション）を提供する（C++11）
`<typeindex>`	型のインデックスを提供する（C++11）
`<type_traits>`	型の特性を判定したり操作するためのクラスを提供する（C++11）
`<utility>`	ユーティリティとして使われる基本的な関数やクラステンプレートを提供する
`<variant>`	候補の型を切り替えながら保持できるメモリー型を提供する（C++17）

表1.2●ロケール関連

ヘッダー	説明
`<locale>`	ローカライゼーション（地域化）に関するクラスと関数を提供する
`<use_facet>`	ロケールが持つファセット（文化と言語に依存するデータ）を取得する
`<has_facet>`	ロケールがファセットを持っているか判定する

表1.3●文字列関連

ヘッダー	説明
`<regex>`	正規表現に関するクラスと関数を提供する（C++11）
`<string>`	文字列に関するクラス、関数、文字特性を提供する
`<string_view>`	所有権を持たず文字列を参照する文字列クラスを提供する（C++17）

表1.4●ストリームと入出力

ヘッダー	説明
`<filesystem>`	OS のファイルシステムを操作する API を提供する（C++17）
`<fstream>`	ファイルに対する入出力に関するクラスを提供する
`<ios>`	iostream の基底クラスを提供する
`<iostream>`	標準入出力オブジェクトを提供する
`<iomanip>`	入出力に使うフォーマットとマニピュレーターを提供する
`<istream>`	入力と入出力処理に関するクラスやマニピュレーターを提供する
`<ostream>`	出力処理に関するクラスやマニピュレーターを提供する
`<sstream>`	文字列オブジェクトを出力先または入力元とするストリームクラスを提供する
`<streambuf>`	ストリームバッファを表すクラスを提供する

表1.5●数値処理

ヘッダー	説明
`<complex>`	複素数に関する機能を提供する
`<numeric>`	数値のシーケンスの中の数を処理する機能を提供する
`<random>`	乱数を生成する機能を提供する
`<valarray>`	数値の配列を提供する

表1.6●言語支援

ヘッダー	説明
`<exception>`	例外処理機能を提供する
`<initializer_list>`	初期化を可能にする機能を提供する（C++11）
`<limits>`	算術型の実装プロパティを取得するための機能を提供する
`<new>`	動的メモリー管理の機能を提供する
`<typeinfo>`	typeid と dynamic_cast 演算子と共に使う型を提供する

表1.7●診断

ヘッダー	説明
`<stdexcept>`	標準的な例外クラスを提供する。
`<system_error>`	OS が出力するエラーを扱う機能を提供する

表1.8●スレッド

ヘッダー	説明
`<atomic>`	アトミック操作（不可分操作）のライブラリを提供する（C++11）
`<condition_variable>`	条件変数に関するクラスと関数を提供する（C++11）
`<future>`	並行プログラミングのための Future パターンに関するクラスと関数を提供する（C++11）
`<mutex>`	排他制御に関するクラスと関数を提供する（C++11）
`<shared_mutex>`	同じ共有状態を複数オブジェクトで待機する機能を提供する（C++14）
`<thread>`	マルチスレッド制御に関するクラスと関数を提供する（C++11）

■ STL

　STL（Standard Template Library）は、C++ の標準ライブラリのひとつです。これは、C++ の機能であるテンプレートを使って、コンテナ、イテレーター（反復子）、アルゴリズム、関数オブジェクトを実現しています。

　STL には次のような要素が含まれます。

表1.9●コンテナ

ヘッダー	説明
`<array>`	配列に関する機能を提供する（C++11）
`<deque>`	両端キューに関する機能を提供する
`<forward_list>`	単方向リンクリストを提供する（C++11）
`<list>`	双方向リンクリストを提供する
`<map>`	順序付き連想配列を提供する
`<queue>`	FIFO キューを提供する
`<set>`	順序付き集合を提供する
`<stack>`	LIFO スタックを提供する
`<unordered_set>`	非順序集合を提供する（C++11）
`<unordered_map>`	非順序連想配列を提供する（C++11）
`<vector>`	ベクタ配列を提供する

表1.10●イテレーター、アルゴリズム、関数オブジェクト

ヘッダー	説明
`<iterator>`	イテレーター（反復子）に関する機能群を提供する
`<algorithm>`	さまざまなアルゴリズムを提供する
`<functional>`	関数と同じ構文で関数呼び出しを扱える関数オブジェクトを提供する

■ 標準 C++ のクラスの安全性

標準 C++ のクラスを使うことによって、安全で安心なプログラムを作成することに役立つことがあります。

たとえば、配列にインデックス（添え字）でアクセスする場合、配列の範囲外のインデックスを指定してもエラーにはならずに、トラブルの原因となることがあります。しかし、array を使うことによってこのような問題を避けることができます。

また、たとえばある構造を持った任意の数のデータを扱う場合、C 言語ではリンクリストと呼ぶものを使って扱うことがよくあります（後の章で実例を示します）。これはポインタで構造体をつなげて複数のデータを扱えるようにするものですが、理解するのが必ずしも容易でないうえに、ちょっとした間違いで原因を突き止めるのが困難なエラーの原因となることがよくあります。しかし、STL のコンテナを使うと、複数のオブジェクトを容易に安全に扱えるようになります。

STL は C++ の中でも重要であり、STL を理解すれば他の高度な問題も理解しやすくなるので、本書の後の章では積極的に STL を使う例を示します。

■ C 言語の関数のライブラリ

C++ プログラムでは、一部の例外を除いて、C 言語のライブラリ関数をそのまま使うことができます。しかし、C 言語の関数を C++ で使うと問題が発生することもあるため、C 言語のライブラリ関数と同じ機能の関数を C++ のプログラムで使うための C++ 専用の関数が C 言語互換ライブラリに定義されています。

C 言語互換ライブラリは、多くの場合、C 言語のヘッダーの名前の先頭に c を付けて、末尾の .h を削除した名前になります。たとえば、C 言語のヘッダー time.h に対応する C++ の C 言語互換ライブラリの名前は ctime です。また、たとえば、絶対値や平方根などを求めるために数学関数を使う場合、C 言語では math.h で定義されている関数を使い、C++ でも math.h で定義されている関数を使うことはできますが、C++ では cmath に定義されているものを使います。

■ その他のライブラリ

ウィンドウを扱うようなプログラムを作るときには、X Window System や Windows などのウィンドウシステムのライブラリを使います。たとえば、Windows の GUI プログラムでウィンドウにメッセージを送るときには、Windows の API ライブラリの関数 SendMessage() を使います。

また、2 次元／ 3 次元コンピュータグラフィックスライブラリ OpenGL のようなサブシステムを使うときには、そのライブラリを使います。Windows API でもある程度のグラフィックスプログラミングが可能です。

本書ではこれらのライブラリについては取り上げません。ライブラリについての詳しい内容は、それぞれの開発者用ドキュメントを参照してください。

1.4 C++ と日本語

ここでは日本語を使う C++ プログラミングに特有なことについて簡潔に取り上げます。

■ コンピュータと日本語

現在使われているコンピュータは、もともとは英語圏で開発が進められました。そのため、当初は英数字と一部の記号だけを扱っていて、日本語を扱うことは想定されていませんでした。

伝統的には、コンピュータでは ASCII（アスキー）コードという 1 バイトで表現できる文字コードが使われてきました。C 言語と C++ のプログラミングでも、当初は、文字は 1 バイトで表現できるものとされ、ASCII コードを使うということが前提でした。

その後、コンピュータで日本語を扱う必要性から、日本語を表現するための文字コードが考案されました。日本語は文字数が多いので、1 バイトでは表現できません。そのため、2 バイト以上のバイトで 1 文字を表します。C 言語と C++ のプログラミングでも、日本語の文字は 2 バイト以上の連続するバイトで表現します。

■ 日本語の表現

日本語の文字は、Unicode、JIS、シフト JIS、日本語 EUC などで表現することができます。

かつては、日本語を扱うときにはシフト JIS や日本語 EUC などが使われてきました。しかし、ネットワークで国境を越えてコンピュータが接続され、国や言語を越えて情報を交換しなければならなくなったので、最近は、コンピュータのあらゆる分野で文字コードとして Unicode が使われるようになってきています。そして、ファイルに保存する際やネットワークを使った転送などでは、Unicode が事実上の標準の文字コードとなり、そのエンコード（符号化）方式としては UTF-8 が多く使われるようになっています。

Unicode では、原則的には 1 文字を 2 バイト以上の情報で表現します。C 言語と C++ の char のサイズは通常は 1 バイトですから、日本語の文字 1 文字は char を 2 個以上使って表現する必要があります。

なお、UTF-8 エンコーディングの Unicode 文字は 1 文字を 1 ～ 4 バイト（最長 6 バイト）の可変長の数値で表します（Unicode だからといって日本語が常に 2 バイトで表現されるわけではありません）。

C++ では、文字列は string で表されますが、string の実態は char の配列です。そのため、string クラスのメソッドを使って日本語処理を行うと予期しない結果になる場合があります。なお、C/C++ には、2 バイトで 1 文字を表すために、wchar_t 型が定義されています。また、C++ の新しいバージョンでは、Unicode 文字列を表現するために u16string、u32string、u8string が追加されています。

■ ロケール

地域や国によって変わるのは文字だけでなく、日時や金額の表記なども地域や国によって変わることがあります。日時や金額の表記のような地域や国によって変わることは、ロケール

（locale）で表現します。

　日本の環境固有のものを扱う C++ のプログラムでは、必要に応じてたとえば次のように <clocale> で定義されている std::setlocale() を使ってロケールを日本に設定します。

```
std::setlocale( LC_ALL, "Japanese" );
または
std::setlocale( LC_ALL, "ja_JP.UTF-8" );
または
std::setlocale( LC_ALL, "ja_JP.EUC" );
```

　LC_ALL はロケールに関するあらゆる設定を変更することを意味します。この他に、たとえば、LC_CTYPE（文字列処理関数のロケール）、LC_NUMERIC（数値の表現）、LC_MONETARY（金額の表現）、LC_TIME（日時の表現）などを使って、個別にロケールを指定することもできます。

> C++ の <locale> にもロケールのクラスである locale が定義されています。これは主にプログラムの中で複数のロケールを切り替えながら何らかの作業を行うような場合に使われます。
> ロケールについては、それだけでひとつのテーマになるほど多様で複雑ですが、この段階ではロケールというもので国別の言語や通貨などを切り替えられるということを認識しておけば良いでしょう。

■ 日本語を含むプログラム

　一般的には、そのシステムのネイティブな文字コードを使って作ったソースコードは、そのシステムのコンパイラでそのままコンパイルして、そのまま実行できるのが普通です。現在では多くのシステムが UTF-8 をサポートしているので、文字列リテラルに日本語を含むプログラムであっても、UTF-8 でプログラムのソースコードを作成し、UTF-8 の環境で普通にコンパイルして実行すれば問題は発生しないでしょう。

　Windows ではまだシフト JIS（ANSI）が使われていることがあります。Windows の日本語表示で文字化けが発生した場合は、ソースファイルと文字列を表示させるウィンドウのエンコードを一致させます。

　ソースファイルと文字列を表示させるウィンドウのエンコードを一致させるには、ソースファイルのエンコーディングを変換する方法と、ウィンドウのコードページを変える方法があります。ウィンドウのコードページを変えるには、ソースファイルが UTF-8 で保存されてい

て、Windows のウィンドウを UTF-8 に対応させたいときには「chcp 65001」を実行します。ソースファイルがシフト JIS で保存されていて、ウィンドウをシフト JIS に対応させたいときには「chcp 932」を実行します。

　日本語を含むプログラムをコンパイルして実行したときに何らかのトラブルが発生したら、そのプログラムを実行する環境のネイティブな文字コード（エンコード）を調べて、ソースファイルの文字コードと実行する環境のネイティブな文字コードを一致させてください。

Note 文字列については第 5 章「文字と文字列」、文字化けについては付録 B「トラブル対策」も参照してください。

問題 1-2

日本語で「こんにちは C++」と表示する C++ のプログラムを作成してコンパイルし、実行してください。

2

C++ の基本要素

この章では、プログラミング言語としての C++ の基本的な要素について説明します。

2.1 プログラムの構成

ここでは、C++ 言語プログラムの構成要素について説明します。

■ C++ の最も単純なプログラム

最も単純な C++ プログラムである hello.cpp を以下に示します。

リスト 2.1 ● hello.cpp

```cpp
// hello.cpp
#include <iostream>

int main(int argc, char* argv[])
{
  std::cout << "Hello, C++" << std::endl;
  return 0;
}
```

このファイルは以下のような要素から構成されています。

■ コメント

// からはじまり、行末までは C++ のコメントです。C++ では、/* から */ までの C 言語タイプのコメントも使うことができます。コメントの詳しい説明と例は、2.2 節「基本要素」の「コメント」を参照してください。

■ #include ディレクティブ

コメントの後には、次の行があります。これを #include ディレクティブと呼びます。

```
#include <iostream>
```

この #include ディレクティブは、このプログラムで使っているシンボルや演算子などを宣言しているファイル iostream を、#include を使ってインクルードします（ソースファイルのこの場所に取り込みます）。

ここで iostream をインクルードしているのは、後で使う標準的な入出力に必要な情報が iostream で宣言されているからです。

■ main()

C++ のプログラムは、プログラムが起動すると自動的に実行される特別な関数であるエントリー関数から実行されます。エントリー関数の名前は通常は main() です。

hello プログラムでは、main() を次の形式にしています。

```
int main(int argc, char* argv[])
```

これは関数 main() が終了したときに整数（int）の値を返し、最初に main() が呼び出されたときに、コマンドラインの引数の数を整数（int）型の変数 argc で、引数の文字列の配列を文字の配列のポインタ argv で受け取ることを意味します。

main() が返す値がない場合や、コマンドライン引数を受け取る必要がないなどの場合には、次のようにしてもかまいません。

```
int main()

void main(void)
```

　関数の戻り値の型としての void は、関数が値を返さないことを示します。関数の引数（パラメーター）リストの void は、関数が引数を受け取らないことを示します。

　なお、何らかのフレームワークを使う場合には、main() に代わる特定のエントリー関数が用意されている場合や、エントリー関数を使わない場合もあります。たとえば、Windows アプリケーションを作成するときには、main() は Windows アプリケーションのための基本的な部分として既に記述されているものを使うので、一般のプログラマーはエントリー関数としての main() を直接使うことは通常はありません。

■ コード

　最初に実行されるプログラムコードは main() の { と } の間に書きます。この場合は次の 2 行です。

```
std::cout << "Hello, C++" << std::endl;

return 0;
```

　最初の「std::cout」は、名前空間 std に定義されている cout を表し、std::cout を**標準出力**といいます。標準出力は、簡単にいえばこのプログラムを起動したターミナル（コマンドプロンプト）ウィンドウのことで、プログラムが実行されたときに「Hello, C++」という文字列が表示されるところです。

名前空間については第 15 章で説明します。

　<< は、その右側のものをその左側のところに送り込むための演算子です。この場合は「std::cout << "Hello, C++"」なので、「Hello, C++」という文字列を std::cout に送り込み、結果として文字列が表示されます。

　「<< std::endl」は、さらに std::endl を標準出力に送り込みます。この std::endl は改行を表すシンボルです。

　<< で出力するための実体は別のところに定義されていて、コンパイルする際に自動的にリンク（結合）されます。

　「return 0;」は main() が終了したときに OS（またはこのプログラムを呼び出したモジュー

ル)にゼロを返します。main() を起動した側はゼロが返されることで問題なく終了したことを、ゼロ以外の値が返されたことでエラーがあったことを認識することができます。

　厳密には、main() を int を返す関数として記述した場合には、この関数（すなわちプログラム）が終了するときには、必ず何らかの整数を返すようにするべきです（最近の C++ では省略することができます）。

```
int main()
{
   ⋮
  return 0;      // ←最近のC++では省略可
}
```

2.2 基本要素

　ここでは C++ プログラムの最も基本的な要素である、空白（ホワイトスペース）、コメント、識別子（名前）、定数、変数などについて説明します。ここで解説することは、ほとんどどのような種類のプログラムを記述する際でも必須の事項です。

■ 空白

　空白とみなされる、スペース、タブ、改行、復帰などの総称をホワイトスペースと呼びます（改行、復帰はホワイトスペースに含まない場合もあります）。ここではホワイトスペースを「空白」と表記します。

　C++ では、以下のような場合を除いて、原則的に空白をいくつでも自由に挿入したり削除できます。

- キーワードや変数などの名前の中には空白は挿入できない
  たとえば、「MyName」という名前を変数や関数などの名前として使うことができますが、空白を含む「My Name」のような名前は定義できません。

- トークンの前後にある必要不可欠な空白は削除できない

トークン（言語要素）の区切りとして必要な空白は削除できません。たとえば、if や return などのキーワードの前後には少なくとも 1 つ以上の空白が必要です。

- 2 文字で意味をなす演算子は、文字間に空白を入れることができない
  たとえば、等価であるかどうか示す演算子 == は 2 文字で 1 つの意味をなす演算子なので、= ＝のように 2 つの文字の間に空白を入れることはできません。同様に空白を間に入れることができない 2 文字以上の演算子には、たとえば、不等であることを示す演算子 !=、インクリメント演算子 ++、デクリメント演算子 -- などがあります。また、C++ の入出力で良く使われる << や >> も間に空白をいれることはできません。

- 文字列リテラルの中の空白は、挿入した数だけそのまま評価される
  文字列リテラル（プログラムの中に埋め込まれた文字列）の中に空白を文字と文字の間に 5 個入れれば、それを出力したときには空白 5 個分だけスペースがあきます。一方、ソースコードのインデント（次で説明）に使う空白は、2 個から 4 個に変更しても、ソースコードの外観が変わるだけで、プログラムの動作や効果には影響を与えません。

■ インデント

ソースコードを読みやすくするために、行の先頭を他の行より右側に表示する目的で、行の始めに空白を入れることを**インデント**（字下げ）といいます。

たとえば、main() を次のように書くと、どこまでが main() の内容の範囲であるか、言いかえるとどこまでが { と } で区切られた範囲であるかわかりにくくなります。

```
int main(int argc, char* argv[])
{
std::cout << "Hello, C++" << std::endl;

return 0;
}
```

これを次のように空白を入れて、{ と } で区切られた範囲の内容を右にずらすと、範囲がわかりやすくなります。

```
int main(int argc, char* argv[])
{
  std::cout << "Hello, C++" << std::endl;
```

```
    return 0;
}
```

また、たとえば、第 6 章「制御構造」で取り上げる for や if のブロックは、次のようにすると どこまでがブロックの範囲（{ } で囲まれた範囲）であるかわかりにくく、論理的にも追跡しにくいコードになります。

```
for (int i=0; ;i++)
{
std::cout << ">";
std::cin >> s;

if (s == "exit")
{
break;
}
text.push_back(s);
}
```

これは、次のようにインデントして適宜空行を入れると、とても明確になります。

```
for (int i=0; ;i++)
{
  std::cout << ">";
  std::cin >> s;

  if (s == "exit")
  {
    break;
  }
  text.push_back(s);
}
```

インデントの幅は自由ですが、通常は、1 つの字下げの単位を、スペース 2 個、4 個、8 個分のいずれかにするのが普通です。以前はインデント 1 つの幅としてスペース 8 個または 4 個分にすることが一般的でしたが、現在はスペース 2 個分にすることもよくあります。また、インデントに水平タブを使うこともよくあります。

■ コメント

コメントはソースプログラムの中に記述できる注釈です。コメントはプログラムの実行に影響を与えません。

C++ で使うことができるコメントには、C 言語スタイルのコメント（/* ... */）と C++ スタイルのコメント（// ...）があります。

C 言語スタイルのコメントは、/* から */ までがコメントとみなされます。たとえば、次のように記述します。

```
/* これはC言語スタイルのコメント*/
```

C 言語スタイルのコメントの /* と */ の間には、改行を含めることができます。ですから、次のように 2 行以上に渡るコメントを記述することが可能です。

```
/* C言語スタイルのコメントなら、
2行以上のコメントも記述できる*/

/*
 * こんなふうにコメントブロックを
 * 記述することもできる。
 */

/*********************************
 * これでもOK
 *********************************/
```

コメントの中の * や **** は外見を整えるためのものです。あくまでも、/* で始まったコメントは */ まで続くとみなされます。

C 言語スタイルのコメントをネストすることは多くの処理系で認められていません。C 言語スタイルのコメントのネストとは、「/* これは /* コメント */ のネスト */」のように、/* */ の中に /* */ のコメントを記述することです。

C++ のコメントは、// 以降、行末までです。

```
// これはコメント

if (a) { // このように行の途中から記述することもできる
```

コメントはプログラムの注釈に使う他に、開発中やデバッグの時に、特定のコードを一時的に無効にするために使うこともできます。

■ 言語キーワード

#include や #define のようなディレクティブ、if や switch のようなステートメント、int や double のような型宣言に使う単語などは、C++ のキーワードです。C++ のキーワードは再定義できません。また、キーワードと同じ名前を変数名など他の目的に使うことはできません。

C++ の主なキーワードは以下のとおりです（詳細はコンパイラが準拠する規格によって異なります）。

alignas	alignof	and	and_eq	asm
auto	bitand	bitor	bool	break
case	catch	char	char16_t	char32_t
class	compl	const	const_cast	constexpr
continue	decltype	default	delete	do
double	dynamic_cast	else	enum	explicit
export	extern	false	final	float
for	friend	goto	if	inline
int	long	mutable const	namespace	new
noexcept	not	not_eq	nullptr	operator
or_eq	override	private	protected	public
register	reinterpret_cast	return	short	signed
sizeof	static	static_assert	static_cast	struct
switch	template	this	thread_local	throw
true	try	typedef	typeid	typename
union	unsigned	using	virtual	void
volatile	wchar_t	while	xor	xor_eq

良く使われるキーワードの説明と例は、第 3 章以降を参照してください。

なお、使用可能ですが、使わないことが推奨されているキーワードもあります。たとえば、C++11 以降ではキーワード register は使用可能ですが推奨されません。

また、コンパイラや開発ツールの中には、それぞれ独自にキーワードを追加している場合があります。

■ データ型

C++ には**データ型**という概念があります。これは、値は何らかの型に属するものとして扱います。

たとえば 'A' という文字は文字型、"Hello" という文字列は文字型の配列または String 型のオブジェクト、123 という値は整数型、23.456 という数は実数型というように、値に応じた型を意識してプログラミングを行います。

このようにデータの型というものを考慮する理由は、異なる型の値の演算は意味がないか、意図とは異なってしまう結果を導くことがあるからです。たとえば、100 人という人数と23.7℃という温度は加算できませんし、仮に加算しても意味はありません。"ABC" という文字列と 123 という値を加算したり乗算することもできません。数は数、文字は文字というように型に分けることで演算が可能になります。

C++ では、基本的なデータ型のサイズと数値の範囲などは、処理系に依存します。たとえば、ひとことで整数といっても、そのサイズは処理系によって 8 ビットだったり 16 ビットだったりします。

■ 識別子

識別子とは、プログラムで使う変数、関数、クラス、構造体、共用体、列挙体、クラスや構造体のようなデータ構造のメンバーなどに付ける名前で、シンボルともいいます。

ここで説明する識別子に関する説明は、変数名、関数名、新しく定義したクラス名、構造体名など、プログラミングで使うほとんどの名前に原則的に当てはまります。また、goto ステートメントのジャンプ先として使う「ラベル」と呼ぶ特殊な識別子も使うことができます。

名前を付けるときには、容易に理解できる範囲で短く簡潔な名前を付けるべきです。識別子の名前付けの規則は処理系やオプションの指定によって異なることがありますが、識別子を付けるときには、基本的には次のような点に注意を払う必要があります。

- 名前には、アルファベットの大文字（A 〜 Z）と小文字（a 〜 z）、数字（0 〜 9）、アンダースコア（_）、特定の範囲のユニバーサル文字名を使うことができます。
  ただし、最初の文字は、A 〜 Z、a 〜 z、あるいは下線記号（_）でなければなりません。最初の文字が数字であってはなりません。wanwan_dog は有効な名前ですが、11_dog は無効です。

- 識別子には、大文字小文字も含めてキーワードと同じ名前を付けることはできません。

たとえば、if や return などは識別子として使うことはできません。

また、原則としてデータ型と同じ名前を付けることはできません。たとえば、「int int = 3;」はエラーになります。

● 識別子の長さは長過ぎないようにする必要があります。

有効な識別子の長さは規格や処理系によって異なります。一般的な C++ コンパイラでは、かなり長い識別子でも有効と考えられますが、コンパイラの制限を超える長さの名前は、制限を越える部分が無視される場合があります。たとえば、Microsoft の C++ では、識別子の最初の 2048 文字だけが意味を持ちます。

C++ のプログラムは同じ名前の関数を定義できることやシンボリックデバッグ情報を付けるためなどの理由で、コンパイラがコンパイル時に名前を変更して長くすることがあります。その際にも名前の長さの制限が適用されて、制限を越える部分が切り捨てられることがあります。以上のような理由から、関数や変数などの名前があまり長過ぎることのないように配慮するべきです。

2.3 定数と変数

ここでは、定数と変数について説明します。

■ 定数

定数は、プログラムの実行中に変わらない値です。文字、文字列、数値を定数として指定できます。

定数の定義方法は、#define を使う方法と、キーワード const を使う方法があります。また、一連の整数定数を定義したいときには enum を使って列挙型として定義します（列挙型は第 10 章「構造体、共用体、列挙体」で説明します）。

#define は定数を定義するプリプロセッサディレクティブです。たとえば、次のように使います。

```
#define DEFCHAR 'A'           // 文字定数（文字定数の定義には''を使う）
#define MYNAME "Pochi Dog"     // 文字列定数（文字列定数の定義には""を使う）
#define PI 3.14                // 数値の定数
```

　#define を使って定義する定数は、慣例としてそれが定数であることが明確になるように、MYNAME のようにすべて大文字の名前にすることがあります。しかし、これは慣例であり、定数名を常にすべて大文字にしなければならないわけではありません。

　#define は DEBUG のようなプリプロセッサが使う特別な定数を定義したり、マクロ（第 8 章「関数とマクロ」参照）を定義するときにも使います。

　強固なプログラムを開発するためには、定数を定義する場合は、可能な限り #define の代わりに、次に説明するキーワード const を使って定数を定義してください。const で定義した値は型がチェックされるので、より安全確実なプログラミングが可能です。

　キーワード const は変数の値が不変であることを示し、文字、文字列、数値の他、ポインタ宣言にも使うことができます。const を使って宣言した値は、プログラムの実行中に変更することはできません。const で宣言したデータのポインタを関数の引数として使っても、その引数を受け取った関数は値を変更できません。

　定数の宣言の例をいくつか示します（データ型ごとについて後の章でも説明します）。

```
// 文字定数（文字定数の定義には''を使う）
const char c = 'A';

// 文字列定数（文字列定数の定義には""を使う）
const string MyName = "Pochi Dog";   // stringは標準C++のクラス

// 実数値の定数（ネイピア数の例）
const double e = 2.718281828459;

// 整数値の定数
const int n = 5;
char name[256] = "Pochi";

// ポインタ宣言。定数変数のポインタしか代入できない
char *const pname = name;            // 定数ポインタ
```

問題 2-1

円周率の定数を定義して、半径 5.0 の円の面積を計算して出力するプログラムを作成してください。

■ 変数

変数は、値を保存するためのシンボルです。変数を宣言するには、型と名前、および必要に応じて配列のサイズを指定します（データ型ごとの説明は後の章にあります）。

ここではいくつかの変数の宣言例を示します。

```
int i;              // 整数変数の宣言
char c;             // 文字変数の宣言（文字1文字を保存する）
string name;        // 文字列の宣言
char name[256];     // 文字列変数の宣言（文字配列として宣言する）

char *ps;                   // ポインタ変数の宣言と
ps = (char *)malloc(256);   // メモリーの確保
```

変数名を付けるときには慣例として次のような慣例に従うことがよくあります。

- 単純な役割の整数変数には、i、j、k などを使う
  ループのカウンタのような単純な役割の変数には、i、j、k などを使うことがよくあります（Fortran という昔からあるプログラミング言語で誕生して以来受け継がれている慣例です）。

```
for (int i=0; i<n; i++)    // for文の中でも宣言できる
```

- 役割を端的に表す名前を付ける
  たとえば、文字列バッファから取り出した 1 文字を一時的に保存するための単純な役割の文字変数には c や ch を、文字列変数には s や str を、バッファには buf や buff、buffer などを使うことがよくあります。

- 言葉をつなげて名前を作るときには、アンダースコアを入れるか、大文字小文字を適切に使う

```
char MyFavoritSong[256];

int n_box;
```

変数は使う前に必ず宣言しなければなりません。宣言の場所はプログラムのはじめである

必要はなく、使う前に宣言する限り、実行されるコードの中でも変数を宣言することができます。

```
int x = 10;
std::cout << x << std::endl;

double y = 123.4;              // コードの途中で変数を宣言できる
std::cout << y << std::endl;

std::string s = "Hello,";      // コードの途中で変数を宣言できる
std::cout << s << "C++" << std::endl;
```

　次の例では、変数 i は for 文のブロックの中だけで使っているので、for 文の中で宣言する例です。

```
int main(int argc, char* argv[])
{
  int x = 0, n = 10;           // 変数は使う前に宣言する

  for (int i = 0; i < n; i++)  // forのブロックの中で使う変数iは
  {                            // for文の中で宣言しても良い
    x = i * (i - 1);
  }

  std::cout << x << std::endl;
}
```

 Note　C 言語では、関数の中の変数はすべての実行されるコードの前に宣言しなければなりません。

■ auto 変数

　C++11 で導入されたキーワード auto は、型を指定しないで変数などを宣言すると、その宣言の初期化式からコンパイラが型を推論するようにします。

　たとえば、次のようにすると、自動的に n は整数型の変数として、s は文字列型の変数とし

て宣言されます。

```
auto n = 100;

auto s = "Hello, C++";
```

初期化式が与えられてコンパイラが型を推論できる限り、変数の型は何でもかまいません。たとえば文字列やメソッドを実行して得られる値でもかまいません。

```
auto s = std::string("Hello, C++");

std::array<int, 10> a{ 1, 3, 5, 7, 9 };
auto n = a.size();
```

auto 変数は、タイプ量が大幅に減るという点だけでもとても有用です。たとえば、「std::string s」とする代わりに「auto s」で良いので、タイプ量は半分以下になります。

> Python のように実行時に変数の型が決まる言語とは違って、C++ の auto 変数の型はコンパイル時に決定します。そのため、ひとつの auto 変数に実行時の状況に応じて異なる型の値を保存するようなことはできません。

問題 2-2

整数型の変数と実数型の変数を宣言して初期化し（値を設定し）、それを加算した結果を変数に保存してから出力するプログラムを作成してください。

■ グローバル変数

ソースファイルの関数定義の外で宣言した変数は、プログラム全体で有効な**グローバル変数**になります。

たとえば、次の total はグローバル変数です。

```
#include <iostream>

int total = 0;

int main()
{
    ⋮
}
```

キーワードexternを付けて宣言すれば、別のファイルからでもアクセスできるようになります。

```
// main()があるのとは別のファイル
#include <iostream>

extern int total;    // main()があるファイルのtotalと同じ変数を使うことができる

int func()
{
    ⋮
  total = ...;
}
```

　グローバル変数はどこからでも素早くアクセスできます。たとえば、ビットマップを扱うプログラムで、ビットマップを保存しておいてプログラムのどこからでも素早く値を変更できるようにしたい場合などにはグローバル変数にすることがあります。

　グローバル変数は便利そうに見えるかもしれません。しかし、予期しない変更を行って発見しにくいバグの原因となるようなことがあるので、特別な理由がない限り使うべきではありません。

3

値と計算

C++ の基本的な数値型は、整数、浮動小数点数（実数）、void の 3 種類に分けることができます。ここでは、数と計算について説明します。

3.1 整数

整数に属する型は、整数と文字を保存するための型です。通常 1 バイトの文字を保存するための型は、実際にはその文字を表す文字コードの整数を保存するため、整数型とみなすことがあります。

■ 基本的な整数の型

整数の主な基本型を次の表に示します。

表3.1●整数の基本型

型	内容
char	アスキー文字 1 文字を保存する
signed char	符号付き文字を保存する
unsigned char	符号なし文字を保存する
short int	短い整数を保存する
signed short	符号付きの短い整数を保存する

型	内容
unsigned short	符号なしの短い整数を保存する
int	整数を保存する
signed int	符号付き整数を保存する
unsigned int	符号なし整数を保存する
long	大きな整数値を保存する
signed long	大きな整数値を符号付きの値として保存する
unsigned long	大きな整数値を符号なしの値として保存する

signed は符号付きで（正と負の数である）あることを示し、unsigned は符号なし（正の数だけである）ことを示します。

char は文字を 1 文字分の情報（実際には 0 ～ 255 または –128 ～ 127 の整数値）を保存します。char の値が正の整数であるか符号付きであるかということは符号ビットの解釈で変わります。文字と文字列については第 5 章「文字と文字列」参照してください。処理系によって、char は signed char または unsigned char と定義されていて、通常はコンパイルオプションでもどちらかに指定可能です。

signed char は、符号付き文字（実際には –128 から 127 の値）を保存します。

unsigned char は、符号なし文字（実際には 0 ～ 255 の値）を保存します。

以下の整数型のサイズはコンパイラによって異なります。

short int は、int 以下の大きさの整数を保存します。通常は単に short と書くのと同じです。また、short int は int と同じである処理系もあります。

signed short は、int 以下の大きさの符号付き整数を保存します。

unsigned short は、int 以下の大きさの符号なし整数を保存します。

int は、その処理系の標準となるサイズの整数を保存します。多くの 32 ビットおよび 64 ビットコンパイラではサイズは 4 バイト（32 ビット –2,147,483,648 ～ 2,147,483,647）ですが、16 ビットのシステムなどでは 2 バイト（16 ビット、–32,768 ～ 32,767）、8 ビットのシステムなどでは 1 バイト（8 ビット、–128 ～ 127）である場合もあります。通常、int は signed int です。

signed int は、符号付き整数を保存します。通常、signed int は int と同じです。

unsigned int は、符号なし整数を保存します。

long は、大きな整数値を保存します。一般的には long は int の 2 倍のサイズですが、64 ビットの環境でもほとんどの場合に long は 4 バイトです。

signed long は、大きな整数値を符号付きの値として保存します。通常、signed long は long と同じです。

unsigned long は、大きな整数値を符号なしの値として保存します。

さらに、long long が指定できる場合があります。long long は long と同じである場合がよくあります。

■ 整数のサイズ

整数型のサイズは処理系によって異なります。整数型のサイズを調べるときには、sizeof() を使います。

次の例は、int、long と long long のサイズを出力するプログラムの例です。

リスト 3.1 ● isize.cpp

```cpp
#include <iostream>

int main()
{
  int i = 1;
  long l = 1234567;
  long long ll = 1234567890;

  std::cout << "sizeof(int)=" << (int)sizeof(i) << std::endl;
  std::cout << "sizeof(long)=" << (int)sizeof(l) << std::endl;
  std::cout << "sizeof(long long)=" << (int)sizeof(ll) << std::endl;

  return 0;
}
```

なお、sizeof() は関数ではなく、演算子です。

このプログラムをコンパイルし実行した例を示します（結果は環境によって異なります）。

```
>g++ -o isize isize.cpp

>isize
sizeof(i)=4
sizeof(l)=4
sizeof(ll)=8
```

■ 整数の最小値と最大値

データ型の最小値や最大値を調べるときには、climits に定義されている以下のような定数を使います。

表3.2●climitsの主な定数

定数	値
CHAR_MIN	char 型の最小値
CHAR_MAX	char 型の最大値
UCHAR_MAX	unsigned char 型の最大値
SHRT_MIN	short int 型の最小値
SHRT_MAX	short int 型の最大値
USHRT_MAX	unsigned short int 型の最大値
INT_MIN	int 型の最小値
INT_MAX	int 型の最大値
UINT_MAX	unsigned int 型の最大値
LONG_MIN	long 型の最小値
LONG_MAX	long 型の最大値
ULONG_MAX	unsigned long 型の最大値

次の例は整数の最小値と最大値を調べて出力する例です。

リスト 3.2 ● ilimit.c

```
#include <iostream>
#include <climits>

int main()
{
  std::cout << "CHAR_MIN=" << CHAR_MIN << std::endl;    // char型の最小値
  std::cout << "CHAR_MAX=" << CHAR_MAX << std::endl;    // char型の最大値
  std::cout << "UCHAR_MAX=" << UCHAR_MAX << std::endl;  // unsigned char型の最大値
  std::cout << "SHRT_MIN=" << SHRT_MIN << std::endl;    // short int型の最小値
  std::cout << "SHRT_MAX=" << SHRT_MAX << std::endl;    // short int型の最大値
  std::cout << "USHRT_MAX=" << USHRT_MAX << std::endl;  // ushort int型の最大値
  std::cout << "INT_MIN=" << INT_MIN << std::endl;      // int型の最小値
  std::cout << "INT_MAX=" << INT_MAX << std::endl;      // int型の最大値
  std::cout << "UINT_MAX=" << UINT_MAX << std::endl;    // unsigned int型の最大値
  std::cout << "LONG_MIN=" << LONG_MIN << std::endl;    // long型の最小値
  std::cout << "LONG_MAX=" << LONG_MAX << std::endl;    // long型の最大値
```

```
    std::cout << "ULONG_MAX=" << ULONG_MAX << std::endl; // unsigned long型の最大値
}
```

このプログラムをコンパイルし実行した例を示します（結果は環境によって異なります）。

```
>gcc -o limit limit.cpp

>ilimit
CHAR_MIN=-128
CHAR_MAX=127
UCHAR_MAX=255
SHRT_MIN=-32768
SHRT_MAX=32767
USHRT_MAX=65535
INT_MIN=-2147483648
INT_MAX=2147483647
UINT_MAX=4294967295
LONG_MIN=-2147483648
LONG_MAX=2147483647
ULONG_MAX=4294967295
```

iostream には、INT_MAX や INT_MIN のような定数が定義されています。

リスト 3.3 ● cpplimit.cpp

```
#include <iostream>

int main()
{
  std::cout << "INT_MAX=" << INT_MAX << std::endl;
  std::cout << "INT_MIN=" << INT_MIN << std::endl;

  return 0;
}
```

このプログラムをコンパイルし実行した例を示します（結果は環境によって異なります）。

```
>g++ -o cpplimit cpplimit.cpp
```

```
>cpplimit
INT_MAX=2147483647
INT_MIN=-2147483648
```

■ 整数の表現

10 進数の整数リテラルは、数学の通常の表現と同じように、123 や -256 のような形式で表します。

0x*n* または 0X*n* のように 0x や 0X で始まる表記は 16 進数表現の整数であることを表します。たとえば、0x41 は 10 進数で 65 であることを表します。

0*n* のように 0 で始まる表記は 8 進数表現の整数であることを表します。たとえば、8 進数 0101 は 10 進数で 65 であることを表します。

長整数（long）であることを明示的に示したいときには、数値の最後に l または L を付けて、12345l や 54321L のように記述します。

■ さまざまな整数型

多くの C/C++ コンパイラは、型指定を次のように組み合わせたり省略した表現を使うことができます。

```
unsigned short int
unsigned (unsigned intと同じ)

long int (longと同じ)
signed long
signed long int
unsigned long int

signed long long
signed long long int
unsigned long long
unsigned long long int
```

また、ほとんどのコンパイラは独自のデータ型を提供しています。たとえば、__int8、__int16、__int32、__int64（数字はビット数を表す）などを使うことができる場合があります。

■ 整数の入出力

キーボード（正確には標準入力）からの整数の入力には std::cin を使うことができます。
次の例は、整数（int）の変数 x を宣言して、そこに整数を入力するためのコード例です。

```
int x;
std::cin >> x;
```

 この場合、入力された値が文字列などで整数でなかったり、異常に大きな数が入力されてもエラーにはなりません。より安全確実な入力処理の方法は 17.1 節「例外処理」で説明します。

　複数の数を一度に入力することもできます。次の例は、int の変数 x と y を宣言して、そこに整数を入力するためのコード例です。

```
int x, y;
std::cin >> x >> y ;
```

出力するときには、std::cout を使って出力することができます。

```
std::cout << x;
```

あるいは次のようにまとめて出力します。+ は加算（和を求める）演算子です。

```
std::cout << x << "+" << y << "=" << x + y << std::endl;
```

 入出力については第 7 章「入出力」でも説明します。

　次の例はキーボードから整数を 2 つ入力すると、それらの値と、その和を出力するプログラムの例です。

リスト 3.4 ● intplus.c

```cpp
#include <iostream>

int main(int argc, char* argv[])
{
  std::cout << "整数を2つ入力してください:";
  int x, y;
  std::cin >> x >> y;

  std::cout << x << "+" << y << "=" << x + y << std::endl;

  return 0;
}
```

このプログラムを実行した例を次に示します。

```
>intplus
整数を2つ入力してください:23 10
23+10=33
```

 このプログラムを UTF-8 で作成して、Windows の ANSI（シフト JIS）のコマンドプロンプト（ターミナル）で実行すると文字化けが発生します。Windows でこのプログラムを実行する環境が Sift-JIS の場合は、プログラムを実行する前に、コマンドプロンプトに対してコマンド「chcp 65001」を実行してコードページを UTF-8 に変更してください。

　整数を 16 進数で出力したいときにはマニピュレーター std::hex を、8 進数で出力したいときにはマニピュレーター std::oct を使います。

```cpp
int x = 123;
std::cout << std::hex << x << std::endl;  // 16進数で出力（「7b」と出力される）
std::cout << std::oct << x << std::endl;  // 8進数で出力（「173」と出力される）
```

　整数のマニピュレーターを次の表に示します。

表3.3●整数のマニピュレーター

表現	マニピュレーター	例
16 進数	std::hex	std::cout << std:hex << 32;
10 進数	std::dec	std::cout << std:dec << 32;
8 進数	std::oct	std::cout << std:oct << 32;

16 進数で英大文字の表記で出力したいときには、std::uppercase を使います。

```
std::cout << std::uppercase << std::hex << x << std::endl; //「7B」と出力される
```

次のマニピュレーターを使うこともできます。

表3.4●表記のマニピュレーター

マニピュレーター	説明
std::showbase	基数などを表すプレフィックスを出力させる
std::noshowbase	基数などを表すプレフィックスを出力させない

また、2 進数の値 n は次の形式で出力できます。

```
std::cout << std::bitset<8>(n);
```

ブール値（bool 値）を出力するときには、次のマニピュレーターを使うことができます。

表3.5●ブール値のマニピュレーター

マニピュレーター	説明
std::boolalpha	bool 値を文字列として入出力させる
std::noboolalpha	bool 値を数値表記で入出力させる

たとえば、次のように使います（ブール値の変数 b の値が 0 以外なら数値で出力すると常に 1 になる点に注意してください）。

```
bool b = -1;
std::cout << std::boolalpha   << b << std::endl;  // trueと出力される
std::cout << std::noboolalpha << b << std::endl;  // 1と出力される
```

コンソールから 16 進数や 8 進数で入力するときにもマニピュレーターを使うことができます。

```
std::cin >> std::hex >> n;     // 16進数で入力
std::cin >> std::oct >> n;     // 8進数で整数入力
```

実行できるプログラムとして作ると、たとえば次のようになります。

リスト 3.5 ● inputhexoct.cpp

```cpp
#include <iostream>
#include <string>

int main(int argc, char* argv[])
{
  int n;
  std::cout << "16進数で整数入力：";
  std::cin >> std::hex >> n;

  // 10進数で出力
  std::cout << n << std::endl;

  std::cout << "8進数で整数入力：";
  std::cin >> std::oct >> n;
  // 10進数で出力
  std::cout << n << std::endl;

  return 0;
}
```

このプログラムのコンパイル・実行例を次に示します。

```
>g++ -o inputhexoct inputhexoct.cpp

>inputhexoct
16進数で整数入力：0x12
18
8進数で整数入力：023
19
```

整数の出力桁数を指定したい場合は、マニピュレーター setw を使います。たとえば、x の値がいくつであっても空白を含めて 3 桁で出力したいときには、次のようにします。

```
std::cout << std::setw(3) << x;
```

次の例は、九九の表を出力するプログラムの例です。

リスト 3.6 ● table99.cpp

```
#include <iostream>
#include <iomanip>

int main(int argc, char* argv[])
{
  // 九九の表を作る
  for (int i=1; i<10; i++)
  {
    for (int j=1; j<10; j++)
      std::cout << std::setw(3) << i * j;
    std::cout << std::endl;
  }
}
```

このプログラムを実行すると、すべての数値が空白を含む3桁で出力されるので、次のような整った表になります。

```
1  2  3  4  5  6  7  8  9
2  4  6  8 10 12 14 16 18
3  6  9 12 15 18 21 24 27
4  8 12 16 20 24 28 32 36
5 10 15 20 25 30 35 40 45
6 12 18 24 30 36 42 48 54
7 14 21 28 35 42 49 56 63
8 16 24 32 40 48 56 64 72
9 18 27 36 45 54 63 72 81
```

問題 3-1

3個の整数を入力するとその総和を出力するプログラムを作成してください。

■ 整数の演算

整数の加減乗除と剰余（割り算の余り）、代入の演算子として次の表に示すものを使うことができます。

表3.6●四則演算

演算子	名前	解説
+	加算演算子	左の値と右の値を加える
-	減算演算子	左の値から右の値を引く
*	乗算演算子	左の値と右の値を掛ける
/	除算演算子	左の値を右の値で割る
%	剰余（モジュロ）演算子	左の値を右の値で割った余りを求める

たとえば次のように使います。

```
x + y;   // xとyを加算する
x * y;   // xとyを掛け算する
x * 2;   // xを2倍する
x % 7;   // xを7で割った余りを求める
```

左辺の変数に値や計算結果を代入するための代入演算子は = です。

```
z = x + y;   // xとyを加算した結果を変数zに保存する
```

次の例は入力された整数を2倍にして出力するプログラムの例です。

リスト 3.7 ● inttwice.cpp

```cpp
#include <iostream>

int main(int argc, char* argv[])
{
  int x;
  std::cout << "整数を入力してください:";
  std::cin >> x;

  std::cout << x << "の2倍は" << x * 2 << std::endl;

  return 0;
}
```

演算と代入を同時に行うことができ、そのための次のような演算子があります。

表3.7●演算代入演算子

演算子	名前	解説
+=	加算代入演算子	左の値と右の値を加えてその結果を左側の変数に保存する
-=	減算代入演算子	左の値から右の値を引いてその結果を左側の変数に保存する
*=	乗算代入演算子	左の値と右の値を掛けてその結果を左側の変数に保存する
/=	除算代入演算子	左の値を右の値で割ってその結果を左側の変数に保存する
%=	剰余代入演算子	左の値を右の値で割ってその余りを左側の変数に保存する

たとえば次のように使います。

```
x += y;    // xとyを加算した結果を変数xに保存する
x *= 2;    // xを2倍した結果を変数xに保存する
x %= 7;    // xを7で割った余りを変数xに保存する
```

■ インクリメントとデクリメント

整数型の値は、数を 1 だけ増やしたり、1 だけ減らしたりする演算子を使うことができます。数を 1 だけ増やすことを**インクリメント**、1 だけ減らすことを**デクリメント**といいます。

表3.8●インクリメントとデクリメント演算子

演算子	名前	解説
++	インクリメント演算子	値を 1 だけ増やす
--	デクリメント演算子	値を 1 だけ減らす

たとえば次のように使います。

```
x = 2;     // xの値は2
y = ++x;   // xがインクリメントされてyは3になる
```

上の例は変数の前にインクリメント演算子（++）を付けているので、前置インクリメントといいます。前置インクリメントは、変数の値をインクリメントしてから全体を評価します。そのため、上の例で y は 3 になります。

変数の後にインクリメント演算子やデクリメント演算子を付けることもできます。そのような演算子の使い方を後置演算子といいます。

後置インクリメント演算子は、たとえば次のように使います。

```
x = 2;        // xの値は2
y = x++;      // yに2が代入されてからxがインクリメントされて3になる
```

上の例は変数の後にインクリメント演算子を付けているので、変数の値を評価して代入を行ってから、変数をインクリメントします。そのため、上の例で y は 2 になります。

■ 整数オーバーフロー

整数型の範囲を超えた値を整数の変数に代入してもエラーになりません。たとえば、次のように char に char の範囲（0 ～ 0xFF）を超える値を代入したとします。

```
char c;
c = 0x12f;
```

これはエラーも警告もなくコンパイルされて次の代入と同じ効果になります。

```
c = 0x2f;
または
c = 0x12f & 0xFF;
```

特に、実行時に入力や演算の結果として整数のオーバーフローが発生する可能性がある場合には、入力や演算の代入の前に範囲をチェックする必要があります。

なお、整数型の最大値（char の場合は 0xFF）でマスクすることによって予期しないエラーを防ぐことができる場合があります。

```
int n;
char c;
std::cin >> n;   // nへの入力あるいは演算結果の代入
c = n & 0xFF;    // 0xFFでマスクする
```

3.2 実数

実数は浮動小数点数として扱います。浮動小数点数は、1.2345×10^5 のような形式で表現できる数です。

浮動小数点数型

浮動小数点数型には、1.23 や −0.456 のような実数値を保存します。実数は常に符号付きの値です。いいかえると、浮動小数点数型には正の数も負の数も保存できます。

C++ の浮動小数点数の型を次の表に示します。

表3.9●浮動小数点数の基本型

型	内容	典型的なサイズ
float	最小の浮動小数点型。	4 バイト
double	サイズが float 型以上で、long double 型以下の浮動小数点型。	8 バイト
long double	サイズが double と等しい浮動小数点型。型としては異なる。	8 バイト

それぞれの型の実際のサイズと保存できる数の範囲は処理系によって異なります。

実数計算で通常使うデータ型は double です。float は単純な数値計算やパフォーマンス（演算速度）が特に重要な場合に使われます。

浮動小数点数の表現

浮動小数点数リテラルは、12.34 のように日常使う表現の他に、0.123e2（$0.123 \times 10^2 = 12.3$）や 1.2E-3（$1.2 \times 10^{-3} = 0.0012$）のように e や E を使って表現することもできます。

データ型が float であることを明示的に示すときには、12.3f や 23.45F のように数値の最後に f または F を付けます。

実数の入出力

コンソール（一般的にはキーボード）からの実数の入力にも std::cin と >> を使うことができます。

次の例は、実数（double）の変数 x を宣言して、そこに実数を入力するためのコード例です。

```
double x;
std::cin >> x;
```

複数の数を一度に入力することもできます。次の例は、double の変数 x と y を宣言して、そこに実数を入力するためのコード例です。

```
double x, y;
std::cout << "実数を2つ入力してください:";
std::cin >> x >> y;
```

出力するときには、std::cout を使って出力することができます。

```
std::cout << x << std:endl;
```

次の例はキーボードから実数を2つ入力すると、それらの値と、その和を出力するプログラムの例です。

リスト 3.8 ● dblplus.cpp

```cpp
#include <iostream>

int main(int argc, char* argv[])
{
  double x, y;
  std::cout << "実数を2つ入力してください:";
  std::cin >> x >> y;

  std::cout << x << "+" << y << "=" << x + y << std::endl;

  return 0;
}
```

実数の書式を指定して出力したいときには、<ios> や <iomanip> で定義されているマニピュレーターを使います。

表3.10●実数の出力に使えるマニピュレーター

名前	説明
std::setfill	埋める文字を設定する
std::setprecision	浮動小数点数を出力する精度を設定する
std::setw	出力する幅を設定する
std::showpoint	小数点を常に出力させる
std::noshowpoint	小数点を不要なら出力させない
std::showpos	正符号を出力させる
std::noshowpos	正符号を出力させない
std::uppercase	英大文字の表記で出力
std::nouppercase	英小文字の表記で出力
std::left	左揃え
std::right	右揃え
std::fixed	小数点数表記で入出力する
std::scientific	指数表記で入出力する
std::hexfloat	16 進法で指数表記で入出力する（C++11）
std::defaultfloat	小数点数・指数表記の自動切り替えを行う（C++11）

たとえば、次のように使います。

```
double x = 12.3;
// 8桁の右揃えで出力する
std::cout << std::right << std::setw(8) << x << std::endl;
// 8桁の左揃えで出力する
std::cout << std::left  << std::setw(8) << x << std::endl;

double y = 12.34567;
// 4桁で出力する
std::cout << std::setprecision(4) << y << std::endl;
// 指数表記で出力する
std::cout << std::scientific      << y << std::endl;
```

問題 3-2

キーボードから3つの実数を入力すると、それらの値と、その和を指数形式で出力する
プログラムを作ってください。

■ 実数の演算

実数の計算も、次の場合を除いて、すでに説明した整数の場合と同じ演算子を使って計算することができます。

- 実数はインクリメントとデクリメントはできない
- 整数の除算の剰余（余り、% 演算子）は実数では使用できない

式の値が float だけの場合は float で行われますが、そうでなければ式の値の計算は double で行われます。たとえば、式に int や float の数が含まれていても、その式の中にひとつでも double の数が含まれていれば計算は double で行われます。これは精度を維持するためです。

実数計算は原則として double で行うと考えて良いといえますが、いくつか例外があります。

- 精度を重視しない場合には float でもかまわない。
- 精度よりパフォーマンスを重視するときには float を使用したほうが良い場合がある（特に GPU を使った座標などの計算の場合）。

実数の演算では、誤差が発生することがあるので注意を払う必要があります。

たとえば、次のような float と double の同じであるはずの値を比較するプログラムを実行したとします。

リスト 3.9 ● realerr.cpp

```cpp
#include <iostream>

int main(int argc, char* argv[])
{
  float x;
  double y;

  x = 0.8f * 1.7f;
  y = 0.8 * 1.7;

  if (x == y)
    std::cout << x << "と" << y << "は同じ" << std::endl;
  else
    std::cout << x << "と" << y << "は異なる" << std::endl;

  return 0;
}
```

これを実行すると、次のようになるでしょう（環境によっては異なる結果になる場合があります）。

```
>g++ -o realerr realerr.cpp

>realerr
1.36と1.36は異なる
```

このようになる理由は、実数計算では CPU（FPU）内部で数値を 2 進数で表現するために誤差が発生するからです。これは double と float が混在している場合には特に起きやすいことですが、double だけや float だけの演算でも誤差が発生することがあります。

上の例で「1.36 と 1.36 は同じ」という結果にしたい場合、良く使われる方法は、次のように 2 つの値の差の絶対値が十分小さいかどうかで調べる方法です。

```
if (fabs(x - y) < 1.0e-5)      // 比較する数の差が極めて小さいか？
  std::cout << x << "と" << y << "は同じ" << std::endl;
else
  std::cout << x << "と" << y << "は異なる" << std::endl;
```

3.3 その他の型

型がないことを示す型や日付時刻の型、複数の要素からなる複合型、処理系やライブラリ独自の型などがさまざまな型が使われることがあります。

■ void

void は型がないことを表す型です。

実際には、void は次の 2 つの場面で使われます。

- 値を返さない関数を宣言したり、引数のない関数を宣言するとき
- ポインタ値を型のない値として扱うとき

関数や関数の引数は典型的には特定の型になりますが、値を返さない関数を宣言したり、引

数のない関数を宣言することもできます。たとえば、次の宣言は、関数 func() には引数がなく、返す値もないことを示します。

```
void func(void);
```

void 型の変数を宣言することはできません。

```
void x;      // これは間違い
```

void 型の数は作成できませんが、void 型のポインタ（void *）は作成できます。

void 型のポインタは任意の型のデータを指すことができます。式は、void * 型に明示的に変換するか、またはキャストできます（かっこで囲んだ型に強制的に変換できます）。

```
#include <iostream>
#include <string>

int main(int argc, char* argv[])
{
  // 任意の型の値のポインタを保存する
  void* pv;

  // 文字列のポインタを(void *)でキャストして保存する
  pv = (void*)(new std::string("Hello"));

  // pvの16進表記を表示する
  std::cout << "pv=" << std::hex << pv << std::endl;
}
```

■ 日付時刻

プログラムの中で日付時刻値を使うことはよくあります。日付時刻値は time_t という構造体に保存することができます。

Note　ここでは、構造体やポインタなどまだ説明されていないことが出てきますが、この段階では、以下の一連のステップを現在時刻を取得するためのひとつのパターンとして理解しておけば十分です。

　現在時刻を取得するには引数を NULL にして time() を呼び出し、戻り値を time_t 型の変数に保存します。

```
#include <ctime>

std::time_t t;
t = std::time(NULL);     // 現在時刻を取得する
```

　時刻の値を現地時間に変換するには localtime() を使いますが、その前に地域（正確にはロケール）を指定するために setlocale() を呼び出します。

```
struct tm *ptm;

std::setlocale(LC_ALL, "japanese");   // ロケールを日本にする
ptm = std::localtime(&t);             // 日付/時刻を構造体に変換する
```

　ptm には現地時間が入った tm 構造体のポインタを保存します。
　ローカル時刻に変換した値は、asctime(ptm) で文字列に変換することができます。

```
std::asctime(ptm);
```

　また、時間のそれぞれの成分は tm 構造体のメンバー tm_year、tm_mon、tm_mday 、tm_hour、tm_min、tm_sec で表されます。ただし、tm_year は 1900 年からの経過年数、tm_mon の値は 0 ～ 11 である点の注意してください。

```
std::cout << ptm->tm_year + 1900 << "年"
          << ptm->tm_mon + 1 << "月"
          << ptm->tm_mday << "日"
          << ptm->tm_hour << "時"
          << ptm->tm_min << "分"
          << ptm->tm_sec << "秒";
```

　次の例は、日本における現在の日時を出力する例です。

リスト 3.10 ● now.cpp

```cpp
#include <iostream>
#include <ctime>
#include <locale>

int main(void)
{
  std::time_t t;
  struct tm* ptm;

  std::setlocale(LC_ALL, "ja_JP");  // または"japanese"

  // 現在時刻を取得する
  t = std::time(NULL);

  // 日付/時刻を構造体に変換する
  ptm = std::localtime(&t);

  std::cout << "現在の日時（日本）="
            << std::asctime(ptm) << std::endl;

  std::cout << ptm->tm_year + 1900 << "年"
            << ptm->tm_mon + 1 << "月"
            << ptm->tm_mday << "日"
            << ptm->tm_hour << "時"
            << ptm->tm_min << "分"
            << ptm->tm_sec << "秒";

  return 0;
}
```

■ 複合型

　複数の値からなる複合型には、複素数型やベクトル、座標の型などさまざまな型があります。これらは通常は構造体またはクラスとして定義します。構造体やクラスについては後の章で取り上げます。

■ 処理系やライブラリ独自の型

各処理系やライブラリは、言語仕様には含まれていない、さまざまな型を定義していることがあります。

型定義は、通常、ヘッダーファイルの中で行われています。ですから、ライブラリのヘッダーファイルを調べることで、独自に定義されている型を知ることができます。

たとえば、次のような固有の型が使用可能である場合があります。

表3.11●処理系やライブラリに独自の型の例

型	内容
_int*n*	サイズ付きの整数。*n*はビット数で表した整数変数のサイズで、8、16、32、64など。たとえば、_int64は64ビットの整数型を表す。
BOOL	ブール値の型。true/falseの値を保存する。
BSTR	32ビットの文字ポインタ。
BYTE	8ビットの符号なし整数。unsigned char と同じ。
COLORREF	カラー値として使われる32ビット値（Windows）。
DWORD	WORD の2倍のサイズの整数。
LONG	通常は32ビットの符号付き整数。
LPARAM	パラメーター（引数）として使われる LONG（32ビット）の値（Windows）。
LPCSTR	定数文字列の LONG（32ビット）のポインタ（Windows）。
LPSTR	文字列の LONG（32ビット）のポインタ（Windows）。
LPVOID	型が指定されていない LONG（32ビット）のポインタ（Windows）。
LRESULT	関数が返す LONG（32ビット）のポインタ（Windows）。
UINT	unsigned int
WORD	16ビットの符号なし整数。

※（Windows）は Windows でよく使われる型を示しています。

3.4 乱数

プログラミングでは、良く乱数を使います。C++11以降で導入された \<random\> でさまざまな分布の乱数を生成することができます。ここでは、C++11以降の C++ の乱数生成方法を紹介します。

■ <random> で生成する乱数

<random> には、さまざまな分布の乱数を生成するためのメンバーがあります。

最も基本的なものは random_device クラスです。これは、非決定論的な（疑似ではない）乱数を生成するためのクラスです。

単純な使い方は、次のように変数を作成して呼び出すだけです。

```
std::random_device rnd;              // 変数を作成する
std::cout << rnd() << std::endl;     // 乱数を発生させる
```

生成される値は min() から max() の範囲で、これらの値を調べるには次のようなコードを実行します。

```
std::cout << "max=" << rnd.max() << std::endl;
std::cout << "min=" << rnd.min() << std::endl;
```

筆者の現在の環境では、min は 0 で、max は 4294967295（0xFFFFFFFF）です。

次の例は 10 個の乱数を生成して表示する例です。

リスト 3.11 ● randomdev.cpp

```
#include <iostream>
#include <random>

int main()
{
  std::random_device rnd;
  // 10個の乱数を発生させる
  for (int i = 0; i < 10; ++i)
    std::cout << rnd() << std::endl;
}
```

■ 疑似乱数

randomdev.cpp で使った乱数を生成するコードは何も問題なく使うことができますが、実行時の速度に関して必ずしも満足できない場合があります。より速い疑似乱数は次のコードで生

成できます。

```
std::random_device rnd;
std::mt19937 mt(rnd());
std::cout << mt() << std::endl;
```

mt19937 は、メルセンヌ・ツイスター法という手法で疑似乱数を生成します。19937 は、この方法で生成される乱数列の周期が $2^{19937} - 1$ であることから名付けられています。なお、この乱数の 64 ビット版として mt19937_64 もあります。

次の例はメルセンヌ・ツイスター法で疑似乱数を 10 個生成して表示する例です。

リスト 3.12 ● randomdevmt.cpp

```
#include <random>
int main()
{
  std::random_device rnd;
  std::mt19937 mt(rnd());
  for (int i = 0; i < 10; ++i) {
    std::cout << mt() << std::endl;
  }
}
```

一定の範囲の整数の乱数を生成したいときには、uniform_int_distribution を使って次のようにします。

```
std::random_device rnd;
std::mt19937 mt(rnd());
// n〜mの範囲の乱数生成
std::uniform_int_distribution<> rand100(n, m);
std::cout << rand100(mt) << std::endl;
```

実数の場合は、uniform_int_distribution の代わりに uniform_real_distribution を使います。

次の例は、0 〜 99 の範囲の整数の乱数を生成するプログラムの例です。

リスト 3.13 ● random100.cpp

```cpp
#include <iostream>
#include <random>

int main()
{
  std::random_device rnd;
  std::mt19937 mt(rnd());
  // 0〜99の範囲の乱数生成
  std::uniform_int_distribution<> rand100(0, 99);
  for (int i = 0; i < 20; ++i)
    std::cout << rand100(mt) << std::endl;
}
```

■ 正規分布の乱数

　これまでに示した乱数を生成する方法は、基本的にはどの値の確率も等しい一様分布にほぼ従う乱数でした。しかし、世の中の値の中には、正規分布に従うものが多数あります。正規分布は平均値付近に多くの値があり、そこから離れるに従って数が減る分布です。

　次の図は、平均が 70 で標準偏差が 10 の正規分布になるように 10000 個の乱数を生成したときのヒストグラムの例です（図示したヒストグラムでは値の範囲の境界が目視できるように意図的に境界の間に空白を入れてあります）。

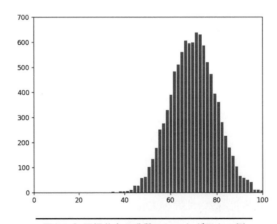

図3.1 ● 正規分布の乱数のヒストグラムの例

normal_distribution を使うと、正規分布に従うランダムな値（乱数）を生成することができます。

コンストラクタの書式は次の通りです。

```
normal_distribution(RealType mean = 0.0, RealType stddev = 1.0);
```

引数 mean は正規分布の平均値、stddev は標準偏差です。

たとえば、次の例は平均値 70 で、標準偏差が 10 の norm を作る例です。

```
std::normal_distribution<> norm(70.0, 10.0);
```

次の例は、平均が 70 で、分散が 10 の正規分布になる乱数を生成するプログラムの例です。

リスト 3.14 ● randomnorm.cpp

```cpp
#include <iostream>
#include <random>

int main()
{
  std::random_device rnd;
  std::mt19937 mt(rnd());
  std::normal_distribution<> norm(70.0, 10.0);
  for (int i = 0; i < 10; ++i)
    std::cout << norm(mt) << std::endl;
}
```

問題 3-3

0 ～ 255 の範囲の整数の乱数を 10 個生成して 16 進数で表示するプログラムを作成してください。

4

演算子

ここでは、C++ の演算子のうち加減乗除のような第 3 章で取り上げた自明のものを除いた主な演算子について説明します。

4.1 比較演算子

数値の比較などに使われる演算子として以下のような演算子が用意されています。

■ <（小なり関係演算子）

書式は次の通りです。

```
expr1 < expr2
```

これは式 *expr1* と式 *expr2* の大小関係を判定します。式 *expr1* の値が式 *expr2* の値より小さいと true を返します。

次のコードでは、n1 と n2 を比較して、n1 の方が小さいかどうか調べてその結果を出力します。

```
if (n1 < n2)
  std::cout << "n1の方が小さい" << std::endl;
```

```
else
    std::cout << "n1の方が大きいか等しい" << std::endl;
```

Note if文はその直後に指定した条件式が真である場合に直後のステートメントを実行し、そうでなければ else の後のステートメントを実行する実行制御文です。実行制御については第6章「制御構造」で説明します。

■ >（大なり関係演算子）

書式は次の通りです。

```
expr1 > expr2
```

これは式 *expr1* と式 *expr2* の大小関係を判定します。式 *expr1* の値が式 *expr2* の値より大きいと true を返します。

■ <=（以下の関係演算子）

書式は次の通りです。

```
expr1 <= expr2
```

これは式 *expr1* と式 *expr2* の大小関係を判定します。式 *expr1* の値が式 *expr2* の値より小さいか等しいと true を返します。

次の例は、n1 と n2 を比較して、その結果を出力します。

```
if (n1 <= n2)
    std::cout << "n1の方が小さいか等しい" << std::endl;
else
    std::cout << "n1の方が大きい" << std::endl;
```

■ >=（以上の関係演算子）

書式は次の通りです。

```
expr1 >= expr2
```

これは式 *expr1* と式 *expr2* の大小関係を判定します。式 *expr1* の値より大きいか等しいと
true を返します。

■ ==（等価演算子）

書式は次の通りです。

```
expr1 == expr2
```

これは式 *expr1* と式 *expr2* の大小関係を判定します。式 expr1 の値と式 expr2 の値が等しい
と true を返します。

次の例では、2 つの整数値 n1 と n2 を比較して、その結果を出力します。

```
if (n1 == n2)
  std::cout << "n1とn2は等しい" << std::endl;
else
  std::cout << "n1とn2は違う" << std::endl;
```

同じかどうか調べる等価演算子は = ではなく、== である点に注意してください。= を使うと、
値が代入されてその結果が評価されてしまいます。次の例では、式 n1=n2 で n2 の値が n1 に代
入されるので、n2 が 0 以外の値のとき、常に「n1 と n2 は等しい」と出力されます。

```
if (n1 = n2)
  std::cout << "n1とn2は等しい" << std::endl;
else
  std::cout << "n1とn2は違う" << std::endl;
```

■ != （不等価演算子）

書式は次の通りです。

```
expr1 != expr2
```

これは式 *expr1* と式 *expr2* の大小関係を判定します。式 expr1 の値と式 expr2 の値が等しくないときに true を返します。

```
int n;
if (n != 99)
    // nが99でないとき実行するコード
```

4.2 ビット関連演算子

ビット単位で操作するときに使う演算子には以下のようなものがあります。

■ << （左シフト演算子）

この演算子は整数型だけに適用され、書式は次の通りです。

```
expr1 << expr2
```

これは式 *expr1* の各ビットを式 *expr2* の値だけ左にシフトします。符号を考慮しない場合、整数のビットを左に 1 だけシフトするごとに値は 2 倍になります。

次の例は n1 の値である 8 の各ビットを、2 だけ左にシフトします。結果は 32 になります（int 型の定義によって結果が異なることがあります）。

```
int n1 = 8;
std::cout << (n1 << 2) << std::endl;
```

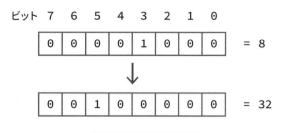

図4.1●左シフト演算

 Note　<< は出力ストリーム演算子としても使われます。

■ >>（右シフト演算子）

この演算子は整数型だけに適用され、書式は次の通りです。

```
expr1 >> expr2
```

これは式 *expr1* の各ビットを式 *expr2* の値だけ右にシフトします。符号を考慮しない場合、整数のビットを右に 1 だけシフトするごとに値は 1/2 倍になります。

次の例は n1 の値である 8 の各ビットを、2 だけ右にシフトします。結果は 2 になります（int 型の定義によって結果が異なることがあります）。

```
int n1 = 8;
std::cout << (n1 >> 2) << std::endl;
```

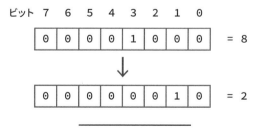

図4.2●右シフト演算

>> は入力ストリーム演算子としても使われます。

■ <<= （左シフト代入演算子）

この演算子は整数型だけに適用され、書式は次の通りです。

```
var <<= expr2
```

これは、変数 *var* の値の各ビットを、式 *expr* の値だけ左にシフトして、結果を変数 *var* に代入します。

次の例は最初の値 n1 の各ビットを、第 2 の値 n2 だけ左にシフトします。

```cpp
// lshift.cpp
#include <iostream>
#include <bitset>

int main()
{
  unsigned int n1, n2;
  std::cin >> n1 >> n2;
  std::cout << "n1=" << n1 << " n2=" << n2 << std::endl;
  std::cout << "シフト前のn1=" << n1 << std::endl;
  n1 <<= n2;
  std::cout << "シフト後のn1=" << n1 << std::endl;
}
```

たとえば、n1 の値が 3、n2 の値が 2 のとき、n1 には 12 が代入されます。

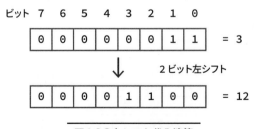

図4.3●左シフト代入演算

■ >>=（右シフト代入演算子）

この演算子は整数型だけに適用され、書式は次の通りです。

```
var >>= expr2
```

これは、変数 *var* の値の各ビットを、式 *expr* の値だけ右にシフトして、結果を変数 *var* に代入します。

次の例は最初の値 n1 の各ビットを、第 2 の値 n2 だけ右にシフトして、結果を 2 進数で出力します。

```cpp
// rshift.cpp
#include <iostream>
#include <bitset>

int main()
{
  unsigned int n1, n2;
  std::cin >> n1 >> n2;
  std::cout << "n1=" << n1 << " n2=" << n2 << std::endl;
  std::cout << "シフト前のn1=" << std::bitset<8>(n1)          << std::endl;
  std::cout << "シフト後のn1=" << std::bitset<8>(n1 >>= n2) << std::endl;
}
```

たとえば、n1 の値が 8 で、n2 の値が 2 のとき、n2 には 2 が代入されます。

図4.4●右シフト代入演算

問題 4-1
入力された整数値をシフト演算で 2 倍と 4 倍にして結果を出力するプログラムを作成し
てください。

4.3 論理演算子

論理演算子は、演算子の左右の値または(! の場合は)右側の値に作用して論理値を返します。

■ 論理 AND 演算子

論理 AND（論理積）演算子 && は、両方のオペランドが true の場合は true を返し、それ以
外の場合は false を返します。

次の論理演算子を使った式は、a と b の値が共に true のときに true と評価されます。

```
a && b
```

たとえば次のように使います。

```
double x = 1.0, y = 2.0;

if (x > 0 && y > 0)
  std::cout << "xもyも正" << std::endl;
else
  std::cout << "xかyのいずれかまたは両方が負" << std::endl;
```

■ 論理 OR 演算子

論理 OR（論理和）演算子 || は、右辺と左辺のどちらかが true なら true を返し、それ以外
の場合は false を返します。

次の論理演算子を使った式は、a と b の値のいずれかが true のときに true と評価されます。

```
a || b
```

たとえば次のように使います。

```
double x = 1.0, y = 2.0;

if (x > 0 || y > 0)
  std::cout << "xかyの少なくとも一方が正" << std::endl;
else
  std::cout << "xとyの両方が負" << std::endl;
```

■ 論理否定演算子

論理否定演算子！は、右辺の否定を評価します。つまり、右辺が true なら false になり、右辺が false なら true になります。

たとえば次のように使います。

```
double x = 1.2;

if ( !(x == 0.0))
  std::cout << "xはゼロでない" << std::endl;
else
  std::cout << "xはゼロ" << std::endl;
```

4.4　さまざまな演算子

これまでに取り上げなかった演算子として下記の演算子が用意されています。

■ &（アドレス演算子）

アドレス演算子は、アドレスと値の関係に関する演算を行います。

次の表に C++ のアドレス演算子を示します。

表4.1●アドレス演算子

演算子	説明	例
&	右辺の変数のアドレスを取得する。	&a
*	右辺の変数に格納されたアドレスを解決する。	*p

　&は、変数または関数のアドレスを参照します。このときのアドレスは必ずしもメモリー上の物理的な実アドレスであるとは限りません。

　たとえば、次のアドレス演算子を使った式は、aのアドレスをcに代入します。

```
c = &a
```

　*はアドレスにある値を表します。

　たとえば、次のアドレス演算子を使った式は、pのアドレスにある値をbに代入します。

```
b = *p
```

Note　&はビットごとのAND演算子としても使います。

■ 条件演算子

　条件演算子は、条件を評価した結果、真の場合と偽の場合に異なる式の値を返します。

　書式は次の通りです。

```
expr1 ? expr2 : expr3
```

　式 expr1 の評価結果に従って、式 expr1 の値が true なら式 expr2 が評価（実行）され、false なら式 expr3 が評価（実行）されます。

　expr2 と expr3 がステートメントであるときは、次の if 〜 else 構文と同じです。

```
if (expr1)
    expr2;
else
    expr3;
```

　次の例では、n が 0 か 0 より大きいときは関数 positive() が呼び出されて「n は正の値です。」と表示され、そうでなければ negative() が呼び出されて「n は負の値です。」と表示されます。

リスト 4.1 ● condition.cpp

```cpp
#include <iostream>

int positive(const int n)
{
  std::cout << n << "は正の値です。" << std::endl;
  return 1;
}

int negative(const int n)
{
  std::cout << n << "は負の値です。" << std::endl;
  return 0;
}

int main(int argc, char* argv[])
{
  int n;
  std::cout << "正か負の整数値を入力してください:";
  std::cin >> n;
  (n >= 0) ? positive(n) : negative(n);
}
```

問題 4-2

整数を入力すると、その整数が偶数であるか奇数であるかを調べて結果を出力するプログラムを、条件演算子を使って作成してください。

■ sizeof 演算子

sizeof 演算子は、変数や型のサイズを返します。これは関数に似た使い方をしますが、演算子です。

書式は次の通りです。

---

sizeof (*type-name*)

sizeof *unary-expr*

---

type-name は型の名前、*unary-expr* は単項式（Unary expression）です。

次の例は変数や型、構造体（第 10 章参照）の大きさを出力するプログラムの例です。

リスト 4.2 ● sizesmpl.cpp

```cpp
#include <iostream>
#include <string>

struct Member
{
  std::string name;
  std::string email;
  int age;
};

int main(int argc, char* argv[])
{
  int n = 0;
  std::cout << "sizeof n=" << sizeof n << std::endl;
  std::cout << "sizeof(int)=" << sizeof(int) << std::endl;

  double v = 0.0;
  std::cout << "sizeof v=" << sizeof v << std::endl;
  std::cout << "sizeof(double)=" << sizeof(double) << std::endl;
  std::cout << "sizeof(float)=" << sizeof(float) << std::endl;

  std::cout << "sizeof(Member)=" << sizeof(Member) << std::endl;
}
```

■ new 演算子と delete 演算子

new 演算子は、オブジェクトを作成して、作成したオブジェクトのポインタを返します。作成するのがクラスの場合、作成時にコンストラクタが呼び出されます。

作成に失敗した場合は、0 が返されるか、例外がスローされます。

作成したオブジェクトの使用を終了したら delete 演算子で削除します（メモリーを解放します）。

次の例は new 演算子と delete 演算子を使うプログラムの例です。

リスト 4.3 ● newsmpl.cpp

```cpp
#include <iostream>
#include <string>

struct Member
{
  std::string name;
  int age;
} *pMember;

int main(int argc, char* argv[])
{
  pMember = new Member;

  pMember->name = "Tommy";
  pMember->age = 23;

  std::cout << "pMember->name=" << pMember->name << std::endl;
  std::cout << "pMember->age=" << pMember->age << std::endl;

  delete pMember;
  pMember = NULL;
}
```

4.5 演算の優先順位

演算子は、評価される順位が決められています。ひとつの式に複数の演算子が使われている場合、優先順位の高いほうから先に演算が行われます。

■ 演算子の優先順位

C++ のさまざまな演算子には、優先順位があります。

演算子の優先順位を次の表に示します。順位の中の ( ) 内は結合規則（後述）です。

表4.2●演算子の優先順位

順位	演算子
1	::
2（左から右）	.、->、[]、()、++（後置）、--（後置）、typeid、const_cast、dynamic_cast、reinterpret_cast、static_cast
3（右から左）	sizeof、++（前置）、--（前置）、~、!、-（単項）、+（単項）、&（アドレス）、*（間接）、new、delete、()（キャスト）
4（左から右）	.*、->*
5（左から右）	*（乗算）、/、%
6（左から右）	+（加算）、-（減算）
7（左から右）	<<（左シフト）、>>（右シフト）
8（左から右）	<、>、<=、>=
9（左から右）	==（等価）、!=
10（左から右）	&（ビットごとの AND）
11（左から右）	^（ビットごとの排他的 OR）
12（左から右）	|（ビットごとの OR）
13（左から右）	&&
14（左から右）	||
15（右から左）	? :、=（譲渡）、*=、/=、%=、+=、-=、<<=、>>=、&=、|=、^=、throw
16（左から右）	,

1 つの演算子が複数の機能を持ち、機能によって優先順位が異なることがあるので注意してください。たとえば、単項演算子の - は、減算演算子の - より優先順位が高い点に注意する必要があります。

■ 式の演算の優先順位

演算子の優先順位が同じ式を評価するときには、次の規則に従います。

まず、式の一部がかっこ () で囲まれている場合、() で囲んだ部分を先に計算します。

同じ優先順位の式を計算するときには、結合規則に従います。

たとえば、乗算と除算がある次のような整数の式があるとします。

```
z = x * y / 3
```

乗算と除算の結合規則は左から右なので、式は左から右に評価されて、上の式は次のように計算されます。

```
z = (x * y) / 3
```

y を 3 で割ってから x をかけたいなら、次のようにする必要があります。

```
x * (y / 3)
または
y / 3 * x
```

5

文字と文字列

　ここでは、文字と文字列について説明します。英数文字と日本語の文字は異なった扱い方をする必要がある場合があります。日本語の文字を含む文字と文字列はこの章の最後で取り上げます。

5.1 文字

　ここでは最初に 1 バイトの英数文字（ASCII 文字）と英数文字列について説明します。

■ 1 バイトの文字

　char は 1 バイト文字の 1 文字分の情報を保存します。1 バイト文字の 1 文字は、C++ のソースコードではシングルクォーテーション（'）で囲みます。

```
c = 'A';
```

　1 文字分の情報は、実際には 0 〜 255 の整数値です。

　文字と数値は、次の ASCII コード表のように対応しています。表の一番左側の列は、2 桁の 16 進数で最下位の桁（右から 1 桁目）の値、表の最上部の行は 16 進数で右から 2 桁目の値を表しています。

表5.1●ASCIIコード表（7ビット）

	0	1	2	3	4	5	6	7
0	NUL	DLE	SP	0	@	P	`	p
1	SOH	DC1	!	1	A	Q	a	q
2	STX	DC2	"	2	B	R	b	r
3	ETX	DC3	#	3	C	S	c	s
4	EOT	DC4	$	4	D	T	d	t
5	ENQ	NAK	%	5	E	U	e	u
6	ACK	SYN	&	6	F	V	f	v
7	BEL	ETB	'	7	G	W	g	w
8	BS	CAN	(	8	H	X	h	x
9	HT	EM	)	9	I	Y	i	y
A	LF	SUB	*	:	J	Z	j	z
B	VT	ESC	+	;	K	[	k	{
C	FF	FS	,	<	L	¥	l		
D	CR	GS	-	=	M	]	m	}
E	SO	RS	.	>	N	^	n	~
F	SI	US	/	?	O	_	o	DEL

この表の値は 16 進表現なので、表を読むときには値の先頭に `0x` を付けます。

たとえば、`0x31` は「1」という文字、`0x41` は「A」という文字であることを表します。

つまり、次の表現は、どちらも変数 c に A という文字の情報が入ります。

```
char c = 'A';
char c = 0x41;
```

なお、表の中の大文字で 2 文字以上のシンボルのうち SP はスペースを表し、他のシンボルは制御文字としての機能を表しています（制御文字については次項「エスケープシーケンス」でいくつかについて説明しますが、それ以上のことはここでは説明しません）。

■ エスケープシーケンス

通常、文字として出力できない文字や特別な意味を持つ文字をソースコード上で表現するときには、円記号（¥）またはバックスラッシュ（\）として表示される文字と、特定の文字か数字の組み合わせを使います。この文字を連結したもの（シーケンス）を**エスケープシーケンス**といいます。エスケープシーケンスは、ソースコード上では 2 文字ですが、1 文字とみなし

ます。

次の例は改行コードを変数 lf に保存する例です。

```
char lf = '\n';
```

 円記号（¥）として表示されるか、バックスラッシュ（\）として表示されるかは環境によって変わります。いずれにしてもこのときの文字コードは 0x5C です。

次の例は改行のエスケープシーケンスと文字を混在させる例です。

```
// \nは改行のエスケープシーケンスなので、AとBそれぞれの後で改行される
std::cout << "A\nB\n";
```

文字列リテラルの中でダブルクォーテーション（"）を使いたいときや、文字定数の中でシングルクォーテーション（'）を使いたいときにもエスケープシーケンスを使います。

```
// 文字列の中に"を含めるときには\"にする
std::cout << "文字列は\"で囲みます" << std::endl;
std::cout << '\'' << std::endl; // 'が表示される
```

ANSI エスケープシーケンスを次の表に示します。

表5.2●ANSIエスケープシーケンス

エスケープシーケンス	意味
\a	ビープ音（アラート）
\b	バックスペース
\f	フォームフィード
\n	改行
\r	キャリッジリターン（復帰）
\t	水平タブ
\v	垂直タブ
\'	シングルクォーテーション（引用符）
\"	ダブルクォーテーション（二重引用符）
\\	円記号（環境によってはバックスラッシュ \ が表示される）

エスケープシーケンス	意味
\?	クェスチョンマーク（文字）
\ooo	8 進表記の ASCII 文字
\xhh	16 進表記の ASCII 文字

なお、円記号（¥）またはバックスラッシュ（\）は、ソースコードの行を連結する文字としても使われます。

```
std::string s = "長い長いとても長い文字列リテラルは\
\\記号を使って2行に分けることができます。";
```

■ 文字の入出力

キーボードからの文字の入力には、std::cin と << を使うことができます。

キーボードからの 1 文字を char 型の変数に入力するには次のコードを使います。

```
char c;
std::cin >> c;
```

1 文字を出力するには次のコードを使います。

```
std::cout << c;
```

次の例は、1 文字読み込んで、読み込んだ文字とその文字コードを出力するプログラムの例です。

リスト 5.1 ● get_char.cpp

```
#include <iostream>

int main()
{
  char c;
  std::cin >> c;
  std::cout << c << "="
    <<  std::uppercase << std::hex << (int)c << std::endl;
}
```

プログラムを起動して、たとえば［H］［Enter］とキーを押すと、「H=48」が出力されます。

複数の数を一度に入力することもできます。次の例は、char の変数 c1 と c2 を宣言して、そこに文字を入力するためのコード例です。

```
char c1, c2;
std::cin >> c1 >> c2;
```

次の例はキーボードから文字を2つ入力して、それらの値を出力するプログラムの例です。

リスト 5.2 ● twochar.cpp

```
#include <iostream>

int main()
{
  std::cout << "スペースを入れて文字を2つ入力してください：";
  char c1, c2;
  std::cin >> c1 >> c2;

  std::cout << c1 << std::endl;
  std::cout << c2 << std::endl;
}
```

5.2 文字列

C++ で文字列を保存したいときには std::string を使います。また、C 言語で文字列を保存するときのように char の配列を使って文字列を保存することもできます。

■ string

文字列を扱いたいときには文字列のクラスである std::string を使います。

```
std::string s = "Hello, C++";
```

文字列リテラルは、C++ のソースコードでは「"」で囲みます。

string 文字列を使った実行できるプログラムとしては次のようになります。

リスト 5.3 ● hellos.cpp

```
#include <iostream>

int main(int argc, char* argv[])
{
  std::string s = "Hello, C++";
  std::cout << s << std::endl;
  return 0;
}
```

このプログラムはコンソールに「Hello, C++」と出力します。

string では、次のようなメソッドを使うことができます。

表5.3●stringのメソッド

名前	説明
size()	string の中の文字列のサイズを取得する
length()	string の中の文字列の長さを取得する
max_size()	string に保存可能な最大の文字列のサイズを取得する
resize()	string のサイズを変更する
capacity()	メモリーを再確保せずに string に保存できる最大の要素数を取得する
reserve()	容量（capacity）を変更する
shrink_to_fit()	容量（capacity）を指定したサイズまで縮小する（C++11）
clear()	文字列をクリアする
empty()	文字列が空かどうかを判定する

たとえば、string の変数の中にある文字列の長さを調べるときには、length() を使います。

```
s.length();
```

string の変数の容量を調べるときには、capacity() を使います。

```
s.capacity()
```

　次の例は string に「1234567890abcdefghijklmn」という文字列を連結しながら、文字列の長さと容量を調べるプログラムの例です。

リスト 5.4 ● strlencap.cpp

```cpp
#include <iostream>

void printstr(const std::string s)
{
  // 文字列尾のものを出力したいときには次の行のコメントを外す
  // std::cout << s << std::endl;
  std::cout << "length=" << s.length();
  std::cout << " capacity=" << s.capacity() << std::endl;
}

int main(void)
{
  std::string s;
  printstr(s);
  for (int i=0; i<10; i++)
  {
    s += "1234567890abcdefghijklmn";
    printstr(s);
  }
}
```

　これを実行すると次のように出力されます。

```
length=0 capacity=15
length=24 capacity=24
length=48 capacity=48
length=72 capacity=72
length=96 capacity=96
length=120 capacity=120
length=144 capacity=144
length=168 capacity=168
length=192 capacity=192
length=216 capacity=216
length=240 capacity=240
```

これを見ると、最初は長さ（length）が 0 で容量（capacity）が 15 であり、上記の文字列を保存すると長さが 24 の文字列を保存するために容量が 24 に増えたことがわかります。さらに文字列を連結していくと容量が 48、72、96、……と自動的に増えていくことがわかります。

つまり、string の変数に値を保存するときには、文字列の長さをプログラムが心配する必要はありません。また、文字列の最後の '\0' についても考える必要はありません。

string には、ASCII 文字列の他、UTF-8 などのマルチバイト文字列や、バイト配列も保存することができます。

■ イテレーター

イテレーター（反復子、iterator）は、string の要素にアクセスする際に使うオブジェクトです。イテレーター（反復子）という名前が付いているのは、通常、string の各要素に順にアクセスするために反復して（繰り返して）使われるからです。

表5.4●stringのイテレーター

名前	説明
begin()	先頭の要素を指すイテレーターを取得する
end()	末尾の次を指すイテレーターを取得する
cbegin()	先頭の要素を指す読み取り専用イテレーターを取得する（C++11）
cend()	末尾の次を指す読み取り専用イテレーターを取得する（C++11）
rbegin()	末尾を指す逆イテレーターを取得する
rend()	先頭の前を指す逆イテレーターを取得する
crbegin()	末尾を指す読み取り専用逆イテレーターを取得する（C++11）
crend()	先頭の前を指す読み取り専用逆イテレーターを取得する（C++11）

たとえば、文字列 s の内容を順に取り出すためにイテレーターを取得したいときには次のコードを使います。

```
std::string::iterator it = s.begin();
```

次の例は、string 文字列 s の各要素（すなわち個々の文字）を表示するプログラムの例です。

リスト 5.5 ● striter.cpp

```cpp
#include <iostream>

int main(void)
{
  std::string s = "Hello, Dogs!";
  std::string::iterator it = s.begin();
  for (; it != s.end(); it++)
  {
    std::cout << *it << std::endl;
  }
}
```

it はイテレーターの値（アドレスのようなもの）を示し、*it は it が指している要素を表します。

なお、string の場合、*it は文字列を構成しているひとつのバイト値なので、日本語など ASCII 以外の文字を含む場合（2 バイト以上で構成される文字の場合）は、*it で文字を取得することはできません。

■ string の入出力

string の入出力は、数値の入出力の時と同じように、std::cin と std::cout を使って行うことができます。

```cpp
std::string s;

std::cin >> s;              // 変数sにキーボードから入力する
std::cout << "Name >";   // 文字列「Name >」をコンソールに出力（表示）する
```

次の例は、string の変数 s に名前の文字列を受け取って、「Hello, *xxx*」（*xxx* は入力した名前）と出力するプログラムです。

リスト 5.6 ● coutin.cpp

```cpp
#include <iostream>

int main(int argc, char* argv[])
{
```

```
  std::string s;

  std::cout << "Name >";
  std::cin >> s;

  std::cout << "Hello," << s << std::endl;
}
```

■ 文字列の操作

　string には、文字列の変更や文字列の操作を行うための関数が多数用意されています。

表5.5●stringの変更と操作の関数

名前	説明
append()	文字や文字列を追加する
assign()	文字列を再代入する
c_str()	C 言語の文字列表現を取得する
compare()	他の文字列との比較を行う
copy()	他の文字列にコピーする
data()	文字配列表現を取得する
ends_with()	指定の文字列で終わるかを判定する（C++20）
erase()	要素を削除する
find()	指定文字列を検索する
find_first_not_of()	指定文字が見つからない位置を先頭から検索する
find_first_of()	最初に現れる指定文字を検索する
find_last_nof_of()	指定文字が見つからない位置を末尾から検索する
find_last_of()	最後に現れる指定文字を検索する
get_allocator()	アロケータを取得する
insert()	文字／文字列を挿入する
operator basic_string_view()	std::basic_string_view 型に変換する（C++17）
pop_back()	末尾の 1 要素を削除する（C++11）
push_back()	末尾に要素を追加する
replace()	文字列の一部を置換する
rfind()	最後に現れる指定文字列を検索する
starts_with()	指定の文字列で始まるかを判定する（C++20）
substr()	部分文字列を取得する
swap()	他の basic_string オブジェクトとデータを入れ替える

　たとえば、string 文字列の中の文字や文字列を探す場合には find() を使います。find() は文字列が見つからない場合は string::npos を返し、見つかればその位置（1 文字目は 0）を返します。

　次の例は「Dog」を探すコードの例です。

```
std::string str = "Hello, Dogs";

// 文字列「Dog」を探す
int pos = (int)str.find("Dog");
if (pos != std::string::npos)
  std::cout << "Dogは" << pos + 1 << "文字目にあります。" << std::endl;
else
  std::cout << "Dogはありません。" << std::endl;
```

　また、たとえば部分文字列を取得したいときには substr() を使うことができます。

　次の例は、str にある 8 文字目以降を出力する例です。1 文字目は 0 なので、str.substr(7) としている点に注意してください。

```
// 8文字目以降の文字列を出力する
std::cout << str.substr(7) << std::endl;
```

　なお、string 文字列は演算子 + で連結できます。たとえば、「Hello, 」と「C++」を出力するコード行を次のようにすることができます。

```
std::string txt = "C++";
std::cout << "Hello," + txt << std::endl;
```

> **問題 5-1**
> exit が入力されるまでに入力された文字列を連結して出力するプログラムを作成してください。

5.3 配列に保存する文字列

文字列は char の配列として扱うこともできます。(配列について詳しくは第 9 章「配列とポインタ」参照)。

■ 文字配列

文字列は次のような形式で char の配列に保存することもできます。これを文字配列ともいいます。

```
char s[] = "Hello, C";
```

ここで重要なのは、文字列を char の配列に保存した場合、文字列の最後に '\0' が自動的に追加されるという点です。コンパイラは以降の処理でこの '\0' で文字列の最後を検出します。

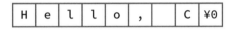

図5.1●charの配列に文字列を保存した状態

空文字列は、"" で定義します。

```
char s[] = ""; // sは空文字列
```

この場合、配列変数 s の中には '\0' だけが含まれます。

文字列の長さがわかっている場合は、次のように char の配列の長さを明示的に指定してもかまいません。

```
char s[9] = "Hello, C";
```

"Hello, C" は 8 文字ですが、文字列の最後の '\0' を保存する場所が必要なので「char s[9]」にします。

変数の中の文字列の長さは strlen() で調べることができます。

```
#include <cstring>

char s[9] = "Hello, C";
std::cout << strlen(s) << std::endl;
```

strlen() の書式は次の通りです。

```
size_t strlen(const char *str);
```

引数 str に長さを求める文字列のポインタを指定しますが、ここでは長さを求めたい文字列の変数名を指定すると考えてかまいません。戻り値は文字列の中の文字数（バイト数）が size_t 型の値として返されますが、size_t 型は整数なので、この段階では int と同じと考えてかまいません。

> **Note** 文字列 str の長さを返す関数ですが、正確には文字列のなかにある NULL（'\0'）までの長さを返します。NULL そのものは計算に含まれません。

文字列を保存している NULL そのものを含めた配列の長さは sizeof() でも調べることができます。

```
char s[] = "Hello, C";
std::cout << s << "の配列の長さ=" << sizeof(s) << std::endl;
```

この場合、結果は文字列の最後の NULL（'\0'）を含めた 9 になります。

次の例は、文字列の長さと配列の長さを出力するプログラムの例です。

リスト 5.7 ● strlengh.cpp

```
#include <iostream>
#include <cstring>

int main(void)
{
  char s[] = "Hello, C";
  std::cout << s << "文字列の長さ=" << strlen(s) << std::endl;
```

```
    std::cout << s << "の配列の長さ=" << sizeof(s) << std::endl;
}
```

このプログラムの実行状況はたとえば次のようになります。

```
>strlength
Hello, C文字列の長さ=8
Hello, Cの配列の長さ=9
```

文字列の長さが 8 文字であるので、配列には文字列の最後に追加された '\0' を含めて 9 に
なります。

■ 文字配列の入出力

コンソールからの文字列の入力には C 言語で使われている関数 gets() を使うことができま
す。

文字列を入力するためには、最初に、文字列を保存するための十分な長さの配列変数を宣言
します。このようなある程度まとまったデータを保存するための場所をバッファと呼ぶことが
あり、変数名として buff や buffer のような名前を使うことがあります。

```
char buff[256];    // 256は「十分な」長さ。他の値にしても良い
```

この場合、変数 buff は入力された文字列を受け取る文字の配列の変数で、「char s[256]」
として配列の大きさを 256 にしています。この値は必ずしも 256 である必要はなく、入力さ
れる文字列の最大の長さ +1 より長ければよいのですが、ここではせいぜい 255 文字しか入力
されないであろうと想定して 256 にしています。

標準入力から文字列を読み込む関数 gets() およびファイルストリームを指定して読み込む
関数 fgets() の書式は次の通りです。

```
char *gets(char *buff);

char *fgets(char *buff, int size, FILE *stream);
```

fgets() の書式は少々複雑に見えますが、最初の引数 buff は読み込んだ文字列を保存する

ための文字列バッファのポインタで、これは事前に作成しておいた char の配列の変数名を指定します。

size は読み出す最大の長さですが、これはバッファ buff の長さ未満の値を指定します。

stream は読み出すストリームのポインタですが、キーボードからの読み込みの時にはこれは stdin を指定します。

gets(buff) と fgets(buff, size, stdin) は似ていますが、fgets() は読み込む最大の長さを指定しているのに対して、gets() は読み込む最大の長さを指定しないので、指定した文字配列（この場合は buff）の長さより長い文字列を読み込んでしまう危険性があります。そのため、gets() は使わないことを推奨します。

これらの関数は戻り値として読み込みに成功したときは読み込んだ文字列のポインタを返し、エラーが発生するかファイルの終端に達したときは NULL を返しますが、ここで示すような単純なプログラムの場合は無視しても構いません。

したがって、次のコードでキーボードからの文字列を受け取って変数 s に保存することができます。

```
fgets(buff, 255, stdin);
```

読み込んだ文字列には、入力の際に押す［Enter］キーが改行コードの文字（\n）として文字列の最後に追加されます。

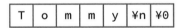

図5.2●charの配列にfgets( )で"Tommy"を読み込んだ状態

この改行コードを使わない場合には、次のようにして '\0' と置き換えます。

```
buff[ strlen(s)-1 ] = '\0';
```

strlen() は文字列の長さを調べる関数です。

ここまでをまとめると、必要なコードは次のようになります。

```
char buff[256];              // バッファ

std::cout << "Your Name:";
```

```
fgets(buff, 255, stdin);
buff[strlen(buff) - 1] = '\0';  // 最後の改行をNULLに置き換える
```

　次の例は、最初に「Your Name:」と出力し、キーボードから文字列を取得して、その文字列の前に「Hello,」を付けて出力するプログラムの例です。

リスト 5.8 ● fgetstr.cpp

```
#include <iostream>
#include <cstring>

int main(void)
{
  char buff[256];

  std::cout << "Your Name:";
  fgets(buff, 255, stdin);
  s[strlen(buff) - 1] = '\0';

  std::cout << "Hello, "  << buff << std::endl;
}
```

　実行時の状況は次のようになります。

```
>fgetstr
Your Name：Tommy
Hello, Tommy
```

このプログラムで日本語を使うと、環境によっては正常に動作しません。

■ 文字配列の連結

　整数や実数は、演算子 + で加算することができます。また string に保存した文字列も演算子 + で連結することができます。しかし、char の配列に入れた文字列を + で連結することはできません。

　文字列を連結するには、2つの文字列を連結する関数 strcat() を使います。この関数は、ヘッダーファイル cstring に次の形式で宣言されています。

```
char *strcat(char *dest, const char *src);
```

　関数の最初の引数 dest は、連結する先頭の文字列であり、連結した結果を保存することにもなる文字列です。後ろに文字列をつなげたい文字列が含まれている char の配列の変数（正確にはポインタ）をここに指定します。

　引数 src には、後ろに連結する文字列（char の配列、ポインタ）を指定します。

　この関数は、結果としてできた文字列 dest のポインタを戻り値として返します。

　より簡単に言えば、strcat( ) は、文字列 dest の後に文字列 src を付け加えます。このとき、dest の最後にある '\0' 文字は src の最初の文字で上書きされます。

　たとえば、次のようにします。

```
char dest[32] = "Good ";
char src[] = "morning!";

strcat(dest, src);
```

　dest には「Good 」という文字列を保存するために空白と '\0' を含めて長さが 6 あれば良いように思うかもしれませんが、後で src に入っている文字列「morning!」を連結しても溢れないように、十分長くしておく必要があります。ここでは 32 の長さにしておきます。

　次の例は、文字列を連結して出力するプログラムの例です。

リスト 5.9 ● catstr.cpp

```cpp
#include <iostream>
#include <cstring>

int main(void)
{
  char dest[32] = "Good ";
  char src[] = "morning!";

  strcat(dest, src);
```

```
    std::cout << dest << std::endl;
}
```

 Visual Studio など Microsoft のコンパイラを使う場合は、strcat() で警告が報告されないように「#pragma warning(disable : 4996)」という行を main() の前に入れます（付録 B「トラブル対策」参照）。

■ 文字配列の使用

　文字列を保存するときに文字配列を使う場合は、文字配列の長さや、文字列の終端の '\0' について十分な注意を払う必要があります。そしてこれは場合によっては必ずしも容易な問題ではありません。ちょっとしたミスで文字列の長さが文字配列の長さを超えてしまったり、文字列の終端の '\0' を忘れてしまって、プログラムの実行時に重大な問題が発生することがあります。

　また、たとえば、ユーザーが間違えて長すぎる文字列を入力してしまったような場合にも対処しなければなりませんが、これは必ずしも容易なことではありません。

　そのため、C++ で安全で安心なプログラムを実現するためには、特別な理由がない限り、文字列の保存に文字配列を使わずに string を使うほうが良いでしょう。

　文字配列を使わずに string を使うことで懸念されるのは、パフォーマンスの問題と、日本語を含む Unicode 文字に完全に対応していないことですが、後者は将来の C++ で改善されるでしょう。

5.4 数値と文字列の変換

　string では、数値を文字列に変換したり文字列を数値に変換するための関数が用意されています。

■ 数値から文字列への変換

　数値を string 文字列に変換するには次の表に示す関数を使うことができます。

表5.6●数値から文字列への変換関数

名前	説明
to_string()	数値から string に変換する（C++11）
to_wstring()	数値から wstring に変換する（C++11）

　次の例は、キーボードから入力された数を string 型の文字列にして出力する例です。

リスト 5.10 ● v2str.cpp

```cpp
#include <iostream>
#include <string>

int main(int argc, char* argv[])
{
  double n;   // 整数だけを扱いたい場合はintにする

  std::cout << "Number?";
  std::cin >> n;

  std::string s = std::to_string(n);

  std::cout << s << std::endl;
}
```

■ 文字列から数値への変換

　string 文字列を整数に変換するには次の表に示す関数を使うことができます。

表5.7●文字列から数値への変換関数

名前	説明
stoi()	文字列から int 型に変換する（C++11）
stol()	文字列から long 型に変換する（C++11）
stoul()	文字列から unsigned long 型に変換する（C++11）
stoll()	文字列から long long 型に変換する（C++11）
stoull()	文字列から unsigned long long 型に変換する（C++11）
stof()	文字列から float 型に変換する（C++11）
stod()	文字列から double 型に変換する（C++11）
stold()	文字列から long double 型に変換する（C++11）

これらの関数は引数の文字列のはじめの数値部分を数値に変換して返します。変換できない場合は 0 または 0.0 を返します。文字列のはじめの数値部分とは、文字列の中の数値か小数点として解釈できない空白以外の文字の直前までです。

たとえば、string から int に変換したい時は stoi() を使うことができます。string から double に変換したい時は stod() を使うことができます。

次の例は、入力された文字列を整数に変換するプログラムの例です。

リスト 5.11 ● str2val.cpp

```cpp
#include <iostream>
#include <cstdlib>

int main(int argc, char* argv[])
{
  std::string s;

  std::cout << "Number(String)>";
  std::cin >> s;

  std::cout << "整数=" << std::stoi(s) << std::endl;
  std::cout << "実数=" << std::stod(s) << std::endl;
}
```

このプログラムの実行例を次に示します。

```
>345.67
整数=345
実数=345.67
```

小数点を示すピリオド（.）が含まれる数値文字列を整数に変換する場合は、ピリオドまでの数の文字を変換するので、結果として切り捨てになることに注意してください。

問題 5-2
2 個の整数値を入力すると、その和と、数値を連結した文字列（たとえば 2 個の整数値が「123」と「45」なら「12345」）を出力するプログラムを作成してください。

5.5 日本語の文字と文字列

ここでは、日本語の文字と文字列について説明します。

■ 日本語の文字

日本語のような Unicode 文字は、char 型の変数ひとつに 1 文字として保存することはできません。

次のようなコードは、ほとんどのコンパイラでコンパイルできます（警告は報告されるでしょう）が、文字「あ」のコード全体が c に保存されないので間違いです。

```
char c = 'あ';                // 間違い
std::cout << c << std::endl;  // 「あ」は表示されない
```

Unicode 文字は、char の配列または string として保存することができます。

```
char ch[] = "あ";
std::string s = "あ";
```

C++11 以降、Unicode 文字や文字列を保存できる型として、u16string や u32string が用意されています。

```
std::u16string s16 = u"あ";     // C++17
```

また C++20 では、u8string が導入されました。

これらはそれぞれ、UTF-16 の文字列、UTF-32 の文字列、UTF-8 の文字列を保存できます。

ただし、本書執筆時点では、これらの文字列はパスを表すために限定的に使われます。

■ 日本語文字列

日本語のような 1 バイトでは表現できない Unicode 文字の文字列は、string としても char の配列として文字列としても扱うことができます。

```
char cs[] = "あいうえおkakikukeko";
std::string s = "aiueoかきくけこ";
```

次の例は、文字列を定義して、文字列とその長さを出力するプログラムの例です。

リスト 5.12 ● strcharray.cpp

```
#include <iostream>
#include <string>
#include <cstring>

int main(void)
{
  char cs[] = "あいうえおkakikukeko";
  std::string s = "aiueoかきくけこ";

  std::cout << cs << std::endl << "長さ=" << strlen(cs) << std::endl;
  std::cout << s  << std::endl << "長さ=" << s.length() << std::endl;
}
```

　日本語のような2バイト以上の文字が含まれる文字列の場合、文字列の長さと文字数は一致しません。
　筆者の環境でMicrosoftのコンパイラで上のプログラムを実行した結果は次のようになりました。

```
あいうえおkakikukeko
長さ=20
aiueoかきくけこ
長さ=15
```

　筆者の環境でg++コンパイラで上のプログラムを実行した結果は次のようになりました。

```
あいうえおkakikukeko
長さ=25
aiueoかきくけこ
長さ=20
```

日本語のような2バイト以上の文字が含まれる文字列の扱いが、コンパイラの実装によって異なることがわかります。

■ 日本語文字列の操作

日本語文字列の操作では、string 文字列であっても、char の配列に保存した文字列であっても、文字数と文字列の長さ（バイト数）が一致しないという問題があります。もちろん、文字列の中の文字の位置もバイト単位での位置とは一致しません。また、現時点では日本語のような2バイト以上の文字が含まれる文字列を容易に扱う機能は C++ には実装されていません。そのため、多少の工夫が必要になる場合があります。

たとえば、文字列の中からサブ文字列を取り出したいときには、substr() で取り出したい文字の位置を指定する際に具体的な文字数やバイト数で指定することが困難な場合があります。そのようなときには、取り出したい文字列の位置を find() で探して、探した結果を substr() に指定することで目的を達成できる場合があります。

```
int pos = str.find("日本語");              // 文字列「日本語」を探す
std::cout << str.substr(pos) << std::endl;   // 「日本語」以降の文字列を出力する
```

次の例は上に示したコードを実行できるようにしたプログラムの例です。

リスト 5.13 ● jpsubstr.cpp

```
#include <iostream>
#include <string>

int main(int argc, char* argv[])
{
  std::string str = "Hello, 楽しい日本語C++";
  std::cout << str << std::endl;

  int pos = str.find("日本語");               // 文字列「日本語」を探す
  std::cout << str.substr(pos) << std::endl;  // 「日本語」以降の文字列を出力する
}
```

このプログラムを実行すると、次のように出力されます。

```
Hello，楽しい日本語C++
日本語C++
```

6

制御構造

ここでは、プログラムの実行順序を制御する制御文について説明します。

6.1 条件分岐

条件分岐は、実行時の条件に応じて実行する内容を変えるための制御構造です。

■ if ステートメント

if 文は式を評価して実行するステートメントを決定します。

書式は次の通りです。

```
if (expr)
  stat1
[else
  stat2]
```

expr は条件式です。この式の値が真（true、式の値が 0 以外）のときに *stat1* を実行します。そうでなければ *stat2* を実行します。

たとえば、次のコードは n の値が 8 である（式の値が true）のときに文字列「Good!」を出

力します。

```
if (n == 8)
    std::cout << "Good!" << std::endl;
```

実行するコードを、次のように {} で囲まれた複数のステートメントにすることもできます。

```
if (n == 8) {
    std::cout << "Good!" << std::endl;
    n *= 2;      // たとえば値を2倍する
    std::cout << "値は=" << n << std::endl;
}
```

条件式を評価した結果に応じて、式の結果が真の場合と偽の場合で実行するコードを変えたいときには、if 〜 else を使います。

```
if (i == 8) {
    (iが8であるとき実行する一連のコード)
} else {
    (iが8でないとき実行する一連のコード)
}
```

次の例は、整数を入力すると、その値が0以下のときには「1以上の値を入力してください。」と出力し、値が1以上の値のときはその値とその値の2倍の値を出力します。

リスト 6.1 ● positiv.cpp

```
#include <iostream>

int main(int argc, char* argv[])
{
    int n;
    std::cout << "整数を入力してください>";
    std::cin >> n;

    if (n < 1)
        std::cout << "1以上の値を入力してください。" << std::endl;
    else
```

```
    std::cout << n << " x 2 = " << n * 2 << std::endl;
}
```

else に if を続けてさらに条件によって分岐を行うことができます。

たとえば、次のコードの場合、整数 x がゼロより大きい数であるときに「(x の値) は正の数です。」と出力され、x がゼロより小さい数であるときに「(x の値) は負の数です。」と出力されます。

```
if (x > 0) {
  std::cout << x << "は正の数です。" << std::endl;
} else if (x < 0) {
  std::cout << x << "は負の数です。" << std::endl;
}
```

else if の後にさらに続けて else を使うこともできます。

たとえば、次のコードの場合、整数 x がゼロより大きい数であるときに「(x の値) は正の数です。」と出力され、x がゼロより小さい数であるときに「(x の値) は負の数です。」と出力されます。そして、そのいずれでもない場合 (つまり x がゼロである場合) には「(x の値) はゼロです。」と出力されます。

```
if (x > 0) {
  std::cout << x << "は正の数です" << std::endl;
} else if (x < 0) {
  std::cout << x << "は負の数です" << std::endl;
} else {
  std::cout << x << "はゼロです" << std::endl;
}
```

キーボードから入力された整数が、正であるか負であるかゼロであるか調べるプログラムは次のようになります。

リスト 6.2 ● ifelse.cpp

```
#include <iostream>

int main(int argc, char* argv[])
{
```

```
  int x;
  std::cout << "整数を入力してください：";
  std::cin >> x;

  if (x > 0){
    std::cout << x << "は正の数です" << std::endl;
  } else if (x < 0) {
    std::cout << x << "は負の数です" << std::endl;
  } else {
    std::cout << x << "はゼロです" << std::endl;
  }
}
```

問題 6-1

実数を入力すると、それが正の数か負の数か、あるいはほぼゼロであるかを調べるプログラムを作ってください。

■ switch ステートメント

switch 文は条件に応じて実行するステートメントを切り替えます。

switch 文の書式は次の通りです。

```
switch ( expr )
{
  case const-expr1 :
    statement1;
    [break;]
  case const-expr2 :
    statement2;
    [break;]
 [default :
    statement-def;]
}
```

expr には整数値になる式を指定します。

const-expr は定数式で、*expr* の値が *const-expr1* である場合には *statement1* を実行し、

const-expr2 である場合には *statement2* を実行します。*expr* がどの *const-expr* とも一致しないときには、ステートメント *statement-def* がデフォルトとして実行されます。

expr に一致する値がなく default が存在しないときは、switch ブロックの次のステートメントを実行します。

const-expr は整数の定数でなければなりません。このときの定数は、–1、0、1、2、……のような数値でも、'a' や '\n' のような値、あるいは整数定数でもかまいません。

次の例は、変数 n の値に従って、「Zero」、「One」「Other」のいずれかを出力します。

```
switch (n) {
case 0:
    std::cout << "Zero" << std::endl;
    break;
case 1:
    std::cout << "One" << std::endl;
    break;
default:
    std::cout << "Other" << std::endl;
break;
}
```

ある case と次の case の間に break を入れないと、次の case 文のステートメントも実行されてしまいます。たとえば、次の例では、case 0 のときに実行するステートメントブロックの最後に break がないので、n が 0 のときには Zero と One が出力されます。

```
switch (n) {
case 0:
    std::cout << "Zero" << std::endl;
case 1:
    std::cout << "One" << std::endl;
    break;
}
```

switch { ... } の中の最後の case、または default のステートメントの最後には break; を入れる必要はありません。しかし、後でプログラムを変更したときなどに起こしやすい単純なミスを防ぎより安全確実なプログラムにするために、switch { ... } の最後には必要がなくても break; を入れることを習慣にすると良いでしょう。

次の例は、入力された値に従って、「Zero」、「One」「Other」のいずれかを出力します。

リスト 6.3 ● switchc.cpp

```cpp
#include <iostream>

int main(int argc, char* argv[])
{
  int n;

  std::cout << "整数を入力してください>";
  std::cin >> n;

  switch (n) {
    case 0:
      std::cout << "Zero" << std::endl;
      break;
    case 1:
      std::cout << "One" << std::endl;
      break;
    default:
      std::cout << "Other" << std::endl;
      break;
  }

  std::cout << "switch...case...done" << std::endl;
}
```

6.2 繰り返し

繰り返しは、同じコードを繰り返して実行するための制御構造です。

■ for ステートメント

for 文は、ループ式を更新しながら、条件が真である限り、プログラムコードを繰り返すときに使います。

書式は次の通りです。

```
for ( [init-expr]; [cond-expr]; [loop-expr] )
  statement
```

init-expr は初期化式で、ループを開始する前に実行したい式を記述します。*cond-expr* は ループを継続する条件式です。この値が真である限り、ループを継続します。

loop-expr はループ式で、繰り返しごとに評価する式です。

statement は繰り返して実行するステートメントで、ステートメントまたは {} で囲んだス テートメントブロックでもかまいません。

for は、通常、繰り返しの回数があらかじめ分かっているか、繰り返すステートメントの中 でカウンタ変数が必要であるときに使います。たとえば、n 回繰り返すときには、次のような コードを実行します。

```
for (i=0; i<n; i++)
{
    (繰り返すコード)
}
```

上のコードで、「i = 0」が初期化式、「i < n」が条件式、「i++」が増分の式です。繰り返す コードが 1 つの式である場合は {} を省略できますが、わかりやすいソースコードを書きたい ときや単純なミスを防ぐためには、なるべく省略しない方が良いでしょう。

初期化式やループ式は、カンマで区切って複数の式を記述できます。

```
for (i=0, j=0; i<n; i++, j++)
```

C++ ではこの初期化式でループの中で使うローカル変数を宣言することができます。

```
for (int i=0; i<n; i++)
```

次の例は、0 から 10 までの数を加算して出力するプログラムの例です。

リスト 6.4 ● forsmpl.cpp

```cpp
#include <iostream>

int main(int argc, char* argv[])
{
  int x = 0;
  for (int i=0; i<=10; i++)
  {
    x += i;
  }
  std::cout << x << std::endl;
}
```

問題 6-2

0! から 5! までの数の数の階乗を表示するプログラムを作ってください。

■ while ステートメント

while 文は条件が真である限りプログラムコードを繰り返します。

書式は次の通りです。

```
while ( expr )
  statement;
```

expr は条件式で、この式の値が真である間（0 になるまで）繰り返し実行します。

statement は繰り返して実行するステートメントで、{} で囲んだコードブロックでもかまいません。

次の例は、キーボードから 1 バイトづつ読み取って出力することを［Enter］キーが押されるまで繰り返すプログラムの例です。

リスト 6.5 ● readline.cpp

```cpp
#include <iostream>

int main(int argc, char *argv[])
```

```
{
  int c;
  while ((c = getc(stdin)) != '\n')
    putc(c, stderr);
}
```

　while の条件式に 1（または true）のような値を指定することで、条件が常に真になるようにすることがあります。ただし、このテクニックを使うときには、ループから確実に抜け出せるように注意を払う必要があります。無限ループにならないようにカウンタ変数を定義して、カウンタがある値を超えたらエラーになるようにすることもひとつの方法です。

　次の例も、キーボードから 1 バイトづつ読み取ることを［Enter］キーが押されるまで繰り返すプログラムの例ですが、条件式を 1 にしているので最後に読み取った改行も出力されます。

リスト 6.6 ● readline1.cpp

```
#include <iostream>

int main(int argc, char *argv[])
{
  int c, n;
  n = 0;
  // 改行が入力されるまで繰り返す
  while (1) {
    c = fgetc(stdin);
    if (c == '\n')
      break;
    n++;
  }
  std::cout << n + 1
    << "バイト入力されました。" << std::endl;
}
```

■ do ステートメント

　do 〜 while は、ステートメントを実行してから条件式を判断して、式が真であればステートメントを繰り返して実行します。

この制御構造は、通常、繰り返しのコードを少なくとも1回は実行した後で条件式を評価したいときに使います。

書式は次の通りです。

```
do
  statement;
while ( expr );
```

statement は繰り返して実行するステートメントです。

expr は繰り返しを継続する条件式で、この式の値が真である限り、ステートメントを繰り返し実行します。この while の後の式 *expr* を入れる（ ）の後にセミコロン（;）が必要である点に注意してください。

x に 10 以上の整数が入力されるまで一連のプログラムコードを繰り返すときには、次のようにします。

```
int x;
do {
    （繰り返すコード）
  std::cin >> x;
} while (x < 11);
```

do ループは、繰り返すコードを必ず1回は実行します。それに対して、for や while は、ループの中のコードをたとえ1回も実行しなくても、繰り返しの条件を満足しなければループを終了して、ループの次のコードを実行します。

次の例は、do ～ while ループを使って文字を1文字ずつ読み込み、［Enter］キーが入力されたら終了するプログラムの例です。この例のように、いつループが終了する条件が発生するかわからないようなときには do ～ while ループを使うのが適切です。

リスト 6.7 ● dowhile.cpp

```
#include <iostream>

int main(int argc, char* argv[])
{
  char c;
  do
```

```
    {
      c = getchar();
      putchar(c);
    } while (c != '\n');
}
```

一連のプログラムコードをn回繰り返すときには、次のようにします。

```
int i = 0;
do {
   （繰り返すコード）
   i++;
} while (i < n);
```

次の例は、0から10までの数を加算して出力するプログラムの例です。

リスト 6.8 ● dosmpl.cpp

```
#include <iostream>

int main(int argc, char* argv[])
{
  int x = 0;
  int i = 0;
  do {
    x += i;
    i++;
  } while ( i < 11);

  std::cout << x << std::endl;
}
```

　一般的には、このプログラムのように繰り返す回数が決まっている場合は for 文を使うほうが適切です。

■ continue ステートメント

　continue ステートメントは、do ステートメント、for ステートメント、while ステートメントのループの中で使って、以降のコードを実行しないで、繰り返しの開始位置に制御を移し

ます。

　たとえば、キーボードから受け取った文字がスペースであるときに *statement* を実行しないで繰り返す場合は次のようにします。

```
do
{
  c = getchar();
  if (c == ' ')
    continue;
  statement;
} while (c != '\n');
```

　次の例では、キーボードから文字を 1 文字ずつ読み込み、読み込んだ文字が空白文字であるときには、以降のコードを飛ばして、ループの先頭に戻り、次の文字を読み込みます。

リスト 6.9 ● ignoresp.cpp

```
#include <iostream>

int main(int argc, char* argv[])
{
  char c;
  do
  {
    c = getchar();
    if (c == ' ')
      continue;
    putchar(c);
  } while (c != '\n');
}
```

6.3 その他のステートメント

　ここでは、これまでに取り上げなかった実行の制御に使われるステートメントについて説明します。

■ break ステートメント

　break は繰り返しや制御の流れを中断します。

　break はループの中で使って、最も内側の do、for、while ステートメントのいずれかを終了させます。また、switch ブロックで特定の case を終了するときにも使います。

　次の例は n が –1 になったときに do ループを抜け出ます。

```
int n = 10;

do {
  if (n == -1)
    break; // nが-1になったらループを抜け出る
  n -= 1;
} while (i < n);
```

■ goto ステートメント

　goto は指定したところにジャンプします。

　書式は次の通りです。

```
goto name;
```

　name はジャンプ先のラベルで、goto はジャンプ先 name に無条件にジャンプします。ジャンプ先のラベルはコロン（:）を使って定義します。

　次の例は、0 ～ 9 の範囲の偶数を出力するプログラムの例です。

リスト 6.10 ● even.cpp

```cpp
#include <iostream>

int main(int argc, char* argv[])
{
  int i;
  for (i = 0; i < 10; i++)
  {
    if (i % 2)
      goto newline;
    std::cout << i << std::endl;
  newline:
    ;
  }
}
```

goto をむやみに使うとプログラムの流れを追跡しにくくなる可能性があります。他に方法がない場合や特別な理由がない限り、goto は使わないでください。

goto を使うよりも、goto を使わないほうが簡潔に記述できることがよくあります。

たとえば、上の even.cpp は次のように書き換えるべきです。

リスト 6.11 ● goodeven.cpp

```cpp
#include <iostream>

int main(int argc, char* argv[])
{
  int i;
  for (i = 0; i < 10; i++)
  {
    if (i % 2 == 0)
      std::cout << i << std::endl;
  }
}
```

一見、goto を使わなければ記述できそうにないコードでも、goto を使わずに簡潔に記述できることがよくあります。goto を使わないで記述するときには、次のようなテクニックを使います。

- 複数のステートメントを {} の中に記述する。
- 一部のコードを別の関数にして、その関数を呼び出す。
- return を使って関数の途中からリターンする。
- continue を使ってループの残りの部分をスキップする。
- switch ステートメントを活用する。

■ return ステートメント

return ステートメントは、関数の実行を終了して、呼び出し側の関数に制御を戻します。式 *expr*（値を含む）を指定したときには、呼び出し側の関数に値（戻り値）を返します。

書式は次の通りです。

```
return [expr] ;
```

expr は関数が返す値として評価される式で、関数の型が void の場合は指定しません。

関数が返す値は、関数の型と同じ型でなければなりません。たとえば、関数を int func() のように宣言したときには、返す値は int でなければなりません。関数を double func() のように宣言したときには、返す値は double でなければなりません。float func() のように宣言したときには、返す値は float 型の実数値でなければならず、倍精度で計算した値を返すときには (float) でキャストする必要があります。

```
float func(...)
{
  double t = 1.23;
  v = t * ...

  return (float) v;
}
```

値を返す必要がない関数であっても、関数が正常終了した（成功）か、何らかのエラーが発生した（失敗）かということだけを示すために、int かブール値を返すようにすることがあります。そのようなときには、一般に次のような方法を使います。

- 関数を int 型で宣言して 0（成功）または –1（失敗）を返す。
- 型 BOOL（と必要に応じて TRUE と FALSE）を定義しておき、関数を BOOL 型で宣言し、TRUE

または true（成功）か FALSE または false（成功）を返す（BOOL や TRUE と FALSE は使用するライブラリのヘッダーで定義されていることがあります）。

　このようにして関数を実行した結果として成功か失敗かを示す値を返すようにすると、呼び出し側では戻り値をチェックすることでエラーの有無を確認できます。

7

入出力

この章では、キーボードから入力したり画面に表示する方法とファイルへの書き込みと読み出しについて説明します。ファイル入出力の方法は、他のデバイスへの入出力やネットワークでの通信とも共通する部分があります。

7.1 標準入力と出力

ここでは、最も基本的な入出力について説明します。

■ 標準入出力

これまでキーボードからの入力と説明してきたものは、一般的には stdin と表現されて、正確には**標準入力**といいます。

標準入力は、通常はキーボードですが、OS のリダイレクトやパイプと呼ぶ機能を使ってファイルから入力したり、他のプログラムの出力を入力することもできます。

出力は通常はコンソールウィンドウに出力されて、結果として文字などが表示されて見ることができますが、このような出力先は stdout と表現されて、**標準出力**といいます。

標準出力は、通常はコンソールウィンドウですが、OS のリダイレクトやパイプと呼ぶ機能を使ってファイルに出力したり、出力を他のプログラムに入力することもできます。

表7.1●標準入出力

シンボル	名前	具体的な入力出先の例
stdin	標準入力	キーボード、ファイル（リダイレクトやパイプ使用）
stdout	標準出力	ウィンドウ、ファイル（リダイレクトやパイプ使用）

> **Note** stdin と stdout は一般的な入出力に使いますが、原則として、これをファイルストリームに置き換えることでファイルに入出力することができます。

　stdin と stdout は C 言語で導入されて C++ でも使用できますが、さらに C++ では標準入出力用に次の表に示すオブジェクトが用意されています。

表7.2●標準入出力オブジェクト

オブジェクト	名前	具体的な入力出先の例
cin	標準入力	キーボード、ファイル（リダイレクトやパイプ使用）
cout	標準出力	ウィンドウ、ファイル（リダイレクトやパイプ使用）
wcout	ワイド文字用標準出力	ウィンドウ、ファイル（リダイレクトやパイプ使用）

　なお、wcout のようなワイド文字用オブジェクトは C++ の規格に含まれていますが、実装の状況はコンパイラに依存するので、必ず期待した通りに使えるとは限りません。

　cinやcoutは名前空間stdに定義されていて、これまでに何度も使ってきました。たとえば、次のように使います。

```
std::cin >> n;                        // 入力の例
std::cout << "n=" << n << std::endl;   // 出力の例
```

■ 標準エラー出力とログ

　stdout が一般的な出力に使うのに対して、stderr は主にエラー情報を出力するときに使います。

表7.3●標準エラー出力

シンボル	名前	具体的な入力出先の例
stderr	標準エラー出力	ウィンドウ

C++ には標準エラー出力オブジェクトがあります。また、ログ出力用に clog と wclog があります。

表7.4●標準エラー出力オブジェクト

オブジェクト	名前	具体的な入力出先の例
cerr	標準エラー出力	ウィンドウ
clog	標準ログ出力	ログファイル
wcerr	ワイド文字用標準エラー出力	ウィンドウ
wclog	ワイド文字用標準ログ出力	ログファイル

cerr も名前空間 std に定義されていて、たとえば、変数 err_no にエラーコードが入っているとすると、次のように使います。

```
std::cerr << "エラー発生。コード=" << err_no << std::endl;
```

stdout の出力先をリダイレクトやパイプでファイルなどにして、エラーメッセージを stderr や cerr に出力すると、エラーメッセージだけをコンソールに表示することができます。

7.2 ストリーム

C++ では入出力をストリーム（stream、データの流れ）であると考えます。

■ ストリーム入力関数

ストリーム入出力に関連する主な関数を次の表に示します。

表7.5●主なストリーム入出力関数

名前	説明
close()	ファイルを閉じる
gcount()	最後に実行した非書式化入力関数での入力文字数を取得する
get()	文字・文字列を入力する
getline()	1 行の文字列を入力する
ignore()	入力文字を読み捨てる
is_open()	ファイルを開いている場合に true を返す

名前	説明
open()	ファイルを開く
peek()	次の入力文字を確認する
putback()	任意の文字1文字を入力ストリームに戻す
rdbuf()	ストリームバッファオブジェクトの取得
read()	指定した数の文字を入力する
readsome()	指定した数までの文字を入力する
seekg()	読み取り位置を移動する
swap()	2つのオブジェクトを入れ替える（C++11）
swap()	値の交換（C++11）
sync()	ストリームバッファの同期
tellg()	現在の読み取り位置を取得する
unget()	最後に読み取った1文字を入力ストリームに戻す

■ 標準入力からのテキスト入力

ストリーム入出力関数の中の getline() を使ってテキスト行を入力することができます。getline() には複数の書式がありますが、改行 '\n' までを1行として std::string の変数 txt にテキスト行を読み込むときには次の書式で使います。

```
std::string txt;

std::getline(std::cin, txt);
```

次の例は、「quit」が入力されるまでキーボードからテキスト行を入力して表示するプログラムの例です。

リスト 7.1 ● getlines.cpp

```
#include <iostream>
#include <string>

int main()
{
  std::string txt;

  while (std::getline(std::cin, txt))  // 1行ずつ読み込む
```

```
  {
    if (txt == "quit")
      break;
    // コンソールに出力する
    std::cout << "->" << txt << std::endl;
  }
}
```

このプログラムの実行例を示します。

```
Hello Dogs.
->Hello Dogs.
I love Japan.
->I love Japan.
Happy new doys.
->Happy new doys.
quit
```

Note　getline() の第 3 の引数に文字を指定すると、その文字までのテキストが読み込まれます。た とえば、「getline(std::cin, txt, ' ')」とするとスペースまでの文字列が読み込まれます。

> **問題 7-1**
> 「quit」が入力されるまでキーボードから入力された数の合計を出力するプログラムを
> 作ってください。

■ ファイル入出力

　ここでは C++ の入出力オブジェクトを使ってテキストをファイルに書き込む方法を示し、そ の後でファイルから読み込む方法を示します。

　最初にファイルを出力ストリーム（データを流すようにして送り出す場）として開きます。

```
#include <fstream>

std::ofstream ofs("./cppsample.data");
```

これでカレントディレクトリの「cppsample.data」という名前のファイルに出力するストリームオブジェクト ofs ができます。

次に、<< を使ってテキストをファイル（出力ストリーム）に書き込みます。

```
ofs << txt << std::endl;
```

この方法は、出力先が異なるだけで、sdt::cout に出力するのと同じ方法です。

最後にファイルを閉じます。

```
ofs.close();
```

次の例は、「quit」が入力されるまでテキスト行をキーボードから受け取って、カレントディレクトリのファイル cppsample.data に書き込むプログラムの例です。

リスト 7.2 ● writetxt.cpp

```cpp
#include <iostream>
#include <fstream>
#include <string>

int main()
{
  std::ofstream ofs("./cppsample.data");
  std::string txt;

  while (std::getline(std::cin, txt))   // 1行ずつ読み込む
  {
    if (txt == "quit")
      break;
    // ファイルに書き込む
    ofs << txt << std::endl;
  }
  //ファイルを閉じる
  ofs.close();
}
```

このプログラムの実行例を示します。

```
Hello dogs!
Good dog.
I love Japan.
quit
```

　ファイルから読み出すためには、最初にファイルを入力ストリーム（データを流すようにして受け取る場）として開きます。

```
#include <fstream>

std::ifstream ifs("./cppsample.data");
```

　これでカレントディレクトリの「cppsample.data」という名前のファイルから入力するストリームオブジェクト ifs ができます。
　そして、std::getline() を使ってテキストをファイル（入力ストリーム）から読み出します。

```
std::getline(ifs, txt)
```

　最後にファイルを閉じます。

```
ofs.close();
```

　次の例は、カレントディレクトリのファイル cppsample.data からファイルの最後までテキストを読み込んでコンソールに出力するプログラムの例です。

リスト 7.3 ● readtxt.cpp

```
// readtxt.cpp
#include <iostream>
#include <fstream>
#include <string>

int main()
{
  std::ifstream ifs("./cppsample.data");
  std::string txt;
  while (!ifs.eof()) {
```

```
    std::getline(ifs, txt);
    // コンソールに出力する
    std::cout << txt << std::endl;
  }
  //ファイルを閉じる
  ifs.close();
}
```

なお、入力の最後は次のようにして検出する方法もあります。

```
while (std::getline(ifs, txt))
{
  // コンソールに出力する
  std::cout << txt << std::endl;
}
```

問題 7-2

sample.csv という名前の CSV ファイルを作成して、そのファイルの内容を読み込んで表示するプログラムを作ってください。

7.3 C スタイルの書式付き入出力

　C++ では cout と << を使った出力が多くの場合に役立ちますが、書式を指定したいときには C 言語で使われてきた関数 scanf() や printf() を使って値を入出力する方法が便利な場合があります。

■ printf()

関数 printf() は出力する書式を指定して使います。
printf() の基本的な書式は次の通りです。

```
printf(format, v1, v2, v3, ...);
```

format は出力する書式指定文字列です。書式指定の方法については後で説明します。

v1、*v2*、*v3*、……は出力する値です。これらの出力する値は、書式指定文字列の％に続く文字に対応させます。

たとえば、次の printf("%d %5.2f %c\n", x, v, c) の場合、変数 x の値は %d の部分に、変数 v の値は %5.2f の部分に、変数 c の値は %c の部分にあてはめられて出力され、最後に改行（\n）します。

図7.1●書式文字列と変数

> %d、%5.2f、%c などの意味については次項「書式指定文字列」で説明します。

format に指定する書式は文字列そのものでもかまいません。また、第5章「文字と文字列」で説明したエスケープシーケンスを使うこともできます。たとえば「A」、タブ文字、「BC」、改行文字を続けて出力したい場合は次のようにします。

```
printf("A\tBC\n");
```

printf() では、出力する書式でエスケープシーケンス \n を使ってこのように明示的に改行を指定しない限り、出力後の改行は行われません。たとえば、次のようなコードを実行するとします。

```
printf("Name:")
```

すると、「Name:」と出力された後で改行は行われないので、カーソル（入力する場所を示す点滅）は「Name:」の直後にあります。

```
Name:█
```

改行のエスケープシーケンスを含む書式を指定する例を次に示します。

```
int n = 123;

printf("nの値は=%d\n", n);
```

これを実行すると「n の値は =123」と出力され、出力後に改行されます。

■ 書式指定文字列

書式指定文字列は、出力や入力などの書式を指定する文字列です。

printf() やファイルへの出力に使うことができる fprintf()、そして入力に使う scanf() などには、書式指定文字列を使って出力や入力の際の書式（フォーマット）を指定することができます。

「%d」はそこに整数を 10 進数で出力することを意味しますが、たとえば、「%x」を指定するとそこに整数を 16 進数で出力します。また、たとえば、「%7.3f」を指定するとそこに実数を全体で 7 桁で小数点以下 3 桁で出力します。

```
int n = 28;

printf("nの値は=%d\n", n);      // 出力は「nの値は=28」
printf("nの値は=%x\n", n) ;     // 出力は「nの値は=1c」

double v = 27.4567;

printf("vの値は=%7.3f\n", v);   // 出力は「vの値は= 27.457」
```

このような書式指定文字列を一般化すると次のように表現できます。

```
%[flags][width][precision][pre-type]type
```

出力の形式を指定する type に指定可能な主な文字を次の表に示します。

表7.6●主な書式指定文字

指定子	解説
%d	10進数で出力する
%b	2進数で出力する
%o	8進数で出力する
%#o	0付き8進数で出力する
%x	16進数で出力する（a-fは小文字）
%#x	0x付き16進数で出力する（a-fは小文字）
%X	16進数で出力する（A-Fは大文字）
%#X	0x付き16進数で出力する（A-Fは大文字）
%U	Unicodeコードポイントに対応する文字で出力する
%f	実数表現で出力する
%F	実数表現で出力する（%fと同じ）
%e	仮数と指数表現で出力する（eは小文字）
%E	仮数と指数表現で出力する（Eは大文字）
%g	指数部が大きい場合は%e、それ以外は%fで出力する
%G	指数部が大きい場合は%E、それ以外は%Fで出力する
%s	文字列をそのままの書式で出力する
%p	ポインタの値を16進数で出力する
%x	16進数表現で出力する（a-fは小文字）
%X	16進数表現で出力する（A-Fは大文字）
%v	型に応じたデフォルトの形式で出力する
%T	値の型の名前を出力する

pre-type には、型を補足する次の文字を指定できます。

表7.7●プリタイプの文字

プリタイプ	意味
h	データは short またはシングルバイト
l	データは long または倍精度
L	データは long または倍精度

flags には、次のような文字を指定できます。

表7.8●フラグの文字

フラグ	意味	例
+	正の整数でも符号を付ける	%+d
-	10 進数で出力し、右を半角スペースで埋める	%-8d
0	指定した桁数だけ左を 0 で埋める	%08d
空白	指定した桁数だけ空白で埋める	% 8d

　flag は他のオプションと組み合わせることがよくあります。たとえば *flag* と *width* を指定した %0*nd*（*n* は数値）という書式指定文字列は、整数を 10 進数で出力し、*n* で指定した桁数だけ左を 0 で埋めます。

　width には、出力する幅を指定します。

　precision には、出力する小数点以下の桁数を指定します。この数値を指定する場合は数値の前にピリオド（.）を付ける必要があります。

　% そのものを出力したいときには、"%%" にします。

　さまざまな出力指定を行って出力するプログラムの例を次に示します。

リスト 7.4 ● fmtstr.cpp

```cpp
#include <iostream>
#include <string.h>

int main(void) {
  int n = 123;
  double x = 34.567;
  char s[] = "Hello";

  // 整数を10進数と16進数で出力する。
  printf("10進数で%d\n", n);
  printf("小文字16進数で%x  大文字16進数3桁で%3X\n", n, n);

  // 実数を小数点以下2桁で
  printf("%%7.2lfで%7.2lf %%07.2ldで%07.2lf\n", x, x);

  // 文字列と数値
  printf("%s(%d)\n", s, n);
}
```

　このプログラムの出力は次のようになります。

```
10進数で123
小文字16進数で7b 大文字16進数3桁で  7B
%7.2lfで    34.57 %07.2ldで00034.57
Hello(123)
```

■ scanf()

キーボードからの入力をプログラムが受け取る方法は複数あります。ここでは、書式を指定したキーボード（正確には標準入力）からの入力の方法として scanf() を使う方法について説明します。

scanf() の書式は次の通りです。

```
scanf(format, varlist...)
```

この関数は標準入力から読み込んだテキストをスキャンして、書式文字列 format に従って順に引数に保存します。書式文字列は書式が入力に限定されることを除いて printf() と同じです。

varlist は入力された値を保存する変数のポインタのリストです。ポインタなので数値の場合は変数名の前に & を付けてたとえば &n のように記述します。

たとえば、キーボードから入力された整数を変数 n に、実数を v に保存したい場合は次のコードを実行します。

```
printf("整数と実数を入力してください：");
int n;
double v;
scanf("%d %lf", &n, &v);
```

このコードを使った実行できるプログラム全体は次のようになります。

リスト 7.5 ● scanfsmpl.cpp

```
#include <iostream>

int main(int argc, char* argv[])
{
```

```
    printf("整数と実数を入力してください：");
    int n;
    double v;
    scanf("%d %lf", &n, &v);
    printf("%dと%lfの合計（整数）は%d\n", n, v, n + (int)v);
    printf("%dと%lfの合計（実数）は%lf\n", n, v, n + v);
}
```

このプログラムの実行例を次に示します。

整数と実数を入力してください：**12 23.456**
12と23.456000の合計（整数）は35
12と23.456000の合計（実数）は35.456000

入力する数値の桁数を指定することもできます。

```
scanf("%3d", &n);      // 整数を3桁で入力する
scanf("%7.2lf", &v);   // 実数を小数点以下2桁の8桁で入力する
```

 Note 関数 scanf() や printf()、puts() などは標準入出力に読み書きしますが、名前の先頭に f が付いた関数 fscanf() や fprintf()、fputs() を使うと、ファイルに読み書きすることができます（例は後で示します）。

7.4 Cスタイルのファイル入出力

ここでは C 言語でも使われている関数を使ってファイルへ入出力する方法を説明します。

■ バイトの入出力

ここでは、1 バイト（ASCII 文字 1 文字と考えても良い）単位でファイルに書き込む方法と、1 バイト単位でファイルからデータを読み込む方法について順に説明します。

ファイルへの出力を行うには、最初に fopen() でファイルを開きます。fopen() の書式は次の通りです。

```
FILE *fopen(const char *pathname, const char *mode);
```

pathname には（必要に応じてパスを含む）ファイル名を指定します。mode はファイルを開くときのモードで、mode には以下の値のいずれかを指定します。

表7.9●modeの値

mode の値	意味
r	ファイルを読み出すために開く。
r+	読み出しと書き込みのために開く。
w	書き込みのためにファイルを開き、既存のファイルであればもとのファイルを長さ 0 にする。
w+	読み出しと書き込みのために開く。
a	書き込みのために開く。
a+	読み出しと書き込みのために開く。

また、mode には b や a を指定することもできます。b を指定した場合は開くファイルがバイナリファイルであることを意味します。a を指定した場合は開くファイルがテキストファイルであることを示します。ただし、コンパイラによっては ANSI C との互換性のためだけに指定可能になっていて実際には何ら影響を与えないことがあります。

Note プラットフォームや処理系によっては mode にさらに c、n、t を指定できる場合があります。

fopen() はファイルのオープンに成功すると、ファイルポインタの値を返すので、これを後で使用できるように FILE 型のポインタ変数に保存しておきます。

たとえば、#define でファイル名を定義しておくとすると、次のようにしてファイルを開きます。

```
#define FILENAME "sample.dat"

FILE* fp = fopen(FILENAME, "wb");
```

コードはこれで間違いないのですが、ファイルを開くような実行時にエラーが発生する可能性が高い場合には、通常はエラーに対処するコードを追加します。

　fopen() はエラーの場合に NULL を返すので、たとえば次のような形式でエラーに対処するためのコードを記述します。

```
fp = fopen(FILENAME, "wb");
if (fp == NULL) {
  // エラー処理
}
```

ファイルアクセスの際の主なエラーとしては、指定した場所が存在しない、ファイルを作成できない、書き込む空きスペースがないなどがあります。

　具体的なコードは、たとえば次のようになります。

```
// ファイルを開く
FILE* fp = fopen(FILENAME, "wb");
if (fp == NULL) {
  fprintf(stdout, "ファイルを開くことができません.\n");
  return -1;
}
```

　ファイルに 1 バイト書き込むには、fputc() を使います。fputc() の書式は次の通りです。

```
int fputc(int c, FILE *stream);
```

　c は書き込むバイト値を int 型で指定します。stream には fopen() で取得したファイルポインタを指定します。

```
fputc(c, fp);
```

　fputc() もエラーになる可能性があるので、エラーに対処するコードを追加したり、書き込んだバイト数をカウントするコードを追加したりします。次の例は書き込みが成功したらカウンタ変数 count をインクリメントするコードの例です。

```
if (fputc(c, fp) != EOF)
  count++;;
```

1 バイトだけでなく、たとえば ASCII コードで 0x31 〜 0x7A までの文字（バイト）を書き込むなら、for ループで次のようにします。

```
count = 0;
for (c=0x30; c<0x7b; c++)
{
  if (fputc(c, fp) != EOF)
    count++;;
}
```

ファイルへの書き込みが終わったら、fclose() を次の形式で呼び出してファイルを閉じます。

```
// ファイルを閉じる
fclose(fp);
```

次の例は、ASCII コードで 0x31 〜 0x7A までの文字をバイトデータとしてファイル sample. dat に 1 バイトずつ書き込み、最後に書き込んだバイト数を表示するプログラムの例です。

リスト 7.6 ● putbytes.cpp

```
#include <iostream>
#define FILENAME "sample.dat"

int main(int argc, char* argv[])
{
  // ファイルを開く
  FILE* fp = fopen(FILENAME, "wb");
  if (fp == NULL) {
    std::cerr << "ファイルを開くことができません." << std::endl;
    return -1;
  }

  // ASCIIコードで0x31〜0x7Aまでの文字（バイト）を書き込む
  int c, count = 0;
  for (c=0x30; c<0x7b; c++)
```

```
  {
    if (fputc(c, fp) != EOF)
      count++;;
  }
  // ファイルを閉じる
  fclose(fp);
  std::cout << count << "バイト書き込みました." << std::endl;
}
```

ファイルからの入力を行う場合も、最初に fopen() でファイルを開きます。

先ほど書き込んだファイルを読み込むときには、mode には読み込むことを示す r と、バイト単位のアクセスであることを示す b を指定します。

また、fopen() はファイルのオープンに成功すると、ファイルポインタの値を返すので、これを後で使用できるように FILE 型のポインタ変数に保存しておきます。

```
FILE* fp = fopen(FILENAME, "rb");
```

ファイルを開くことに伴うエラー処理もファイルに書き込むときのように追加します。

コードはたとえば次のようになります。

```
// ファイルを開く
FILE* fp = fopen(FILENAME, "rb");
if (fp == NULL) {
  std::cerr << "ファイルを開くことができません." << std::endl;
  return -1;
}
```

ファイルから 1 バイト読み込むには、fgetc() を使います。fgetc() の書式は次の通りです。

```
int fgetc(FILE *stream);
```

stream には fopen() で取得したファイルポインタを指定します。

```
c = fgetc(fp);
```

　c には読み込んだバイト値が保存されますが、fgetc() の場合もエラーになったりファイル
の終端に達する可能性があります。そのような場合には EOF が返されます。EOF が返されな
かったら、たとえば putchar() で読み込んだ文字を表示することができます。

```
c = fgetc(fp);
if (c != EOF) {
  putchar(c);
}
```

　1 バイトだけでなく、ファイルの終端である EOF になるまでバイト数をカウントしながらバ
イトを読み込むには、たとえば while ループで次のようにします。

```
count = 0;
while (!feof(fp))
{
  c = fgetc(fp);
  if (c != EOF) {
    putchar(c);
    count++;
  }
}
```

　ファイルへの書き込みが終わったら、fclose() を次の形式で呼び出してファイルを閉じます。

```
fclose(fp);
```

　次の例は、ファイル sample.dat にあるデータを 1 バイトずつ読み込んでそのデータを表示
し、最後に読み込んだバイト数を表示するプログラムの例です。

リスト 7.7 ● getbytes.cpp

```
#include <iostream>
#define FILENAME "sample.dat"

int main(int argc, char* argv[])
{
  // ファイルを開く
  FILE* fp = fopen(FILENAME, "rb");
```

```
    if (fp == NULL) {
      fprintf(stdout, "ファイルを開くことができません.\n");
      return -1;
    }

    // ファイルの終端であるEOFになるまでバイトを読み込む
    int c, count = 0;
    while (!feof(fp))
    {
      c = fgetc(fp);
      if (c != EOF) {
        putchar(c);
        count++;
      }
    }

    std::cout << std::endl;
    std::cout << count << "バイト読み込みました." << std::endl;
    // ファイルを閉じる
    fclose(fp);
  }
```

実行すると次のように表示されます。

```
0123456789:;<=>?@ABCDEFGHIJKLMNOPQRSTUVWXYZ[\]^_`abcdefghijklmnopqrstuvwxyz
75バイト読み込みました
```

■ 文字列の入出力

ここでは fputs() を使ってテキストをファイルに出力する方法に続けて、fgets() でテキストファイルを読み込む方法を説明します。

ファイルにテキスト行を書き込むためには fputs() を使うことができます。

fputs() の書式は次の通りです。

```
int fputs(const char *s, FILE *stream);
```

s はファイルに書き込むテキストを指すポインタ、stream は次のようにして fopen() を使っ

て開いたファイルのポインタです。書き込みなので *mode* には "w" を含めます。

```
// ファイルを開く
fp = fopen(FILENAME, "w");
```

　次の例は、キーボードからテキストを入力して、ファイル sample.txt にそのテキストを保存することを繰り返すプログラムの例です。テキストの入力とファイルへの保存は、ユーザーが［Enter］だけを入力するまで繰り返します。

リスト 7.8 ● puttexts.cpp

```cpp
#include <iostream>
#include <string.h>
#define FILENAME "sample.txt"

int main(int argc, char* argv[])
{
  // ファイルを開く
  FILE* fp = fopen(FILENAME, "w");
  if (fp == NULL) {
    fprintf(stdout, "ファイルを開くことができません.\n");
    return -1;
  }

  // コンソールから文字列を取得してファイルに書き込む
  int count = 0;
  char buffer[256];
  while (1)
  {
    if (fgets(buffer, 255, stdin) == NULL) {
      fprintf(stderr, "標準入力でエラーです. ");
      break;
    }
    if (strlen(buffer) < 2)  // 読み込んだ文字列が"\n"だけなら終了
      break;
    fputs(buffer, fp);
    count++;
  }
  // ファイルを閉じる
  fclose(fp);
```

```
    std::cout << count << "行のテキストを書き込みました." << std::endl;
}
```

ファイルからテキスト行を読み込むためには fgets() を使うことができます。
fgets() の書式は次の通りです。

```
char *fgets(char *s, int size, FILE *stream);
```

s は読み込んだテキストを保存する char の配列を指すポインタ、size は読み込む最大のサイズで、この値は s の長さより長く指定してはいけません。

```
fp = fopen(FILENAME, "r");    // ファイルを開く

char buffer[256];
fgets(buffer, 255, fp);        // ファイルのテキスト行を読み込む
```

fgets() の引数 *stream* に指定する fp は読み込むファイルを指すポインタで、次のようなコードで取得します。ファイルを読み込むときには、次のように *mode* に "r" を指定する点に注意してください。

```
fp = fopen(FILENAME, "r");    // ファイルを開く
```

fgets() はファイルの終端に達するかエラーになると NULL を返すので、ファイルの終わりまでテキスト行を繰り返し読み込むときには、次のようにして fgets() が NULL を返すまで読み込みます。

```
// ファイルの終端になるまでテキスト行を読み込む
while (1)
{
  if (fgets(buffer, 255, fp) == NULL)
    break;
}
```

次の例は、ファイル sample.txt にあるテキストデータを 1 行ずつ読み込んでそのデータを

表示し、最後に読み込んだ行数を表示するプログラムの例です。

リスト 7.9 ● fgettexts.cpp

```cpp
#include <iostream>
#define FILENAME "sample.txt"

int main(int argc, char* argv[])
{
  // ファイルを開く
  FILE* fp = fopen(FILENAME, "r");
  if (fp == NULL) {
    fprintf(stdout, "ファイルを開くことができません.\n");
    return -1;
  }

  // ファイルの終端になるまでテキスト行を読み込む
  int count = 0;
  char buffer[256];
  while (1)
  {
    if (fgets(buffer, 255, fp) == NULL)
      break;
    std::cout << buffer;
    count++;
  }
  std::cout << std::endl;
  std::cout << count << "行のテキストを読み込みました." << std::endl;
  // ファイルを閉じる
  fclose(fp);
}
```

　なお、標準入力から文字列を読み込む関数として gets() がありますが、この関数は読み込む文字列の最大の長さを指定できないので、用意したバッファより長い文字列を読み込む危険性があります。安全安心なプログラムを作成するためには、gets() は使わないでください。

■ 書式付きファイル出力

　ここでは書式付きでファイルに出力する方法に続けて書式付きでファイルからデータを読み込む方法を説明します。

　printf() を使って書式付きでコンソールに出力したのと同じような方法で、関数 fprintf()
を使って書式付きでファイルに出力することができます。書式は基本的に 7.3 節「C スタイル
の書式付き入出力」の「書式指定文字列」で説明したものと同じです。

　まず、fopen() でファイルを開きます。

```
fp = fopen(FILENAME, "w");
```

　ファイルに書き込むには fprintf() を使います。

```
int fprintf(FILE *stream, const char *format, ...);
```

　たとえば、整数を 5 桁で、その後に空白をひとつ入れて最大 20 バイトの文字列を出力する
なら次のようにします。

```
fprintf(fp, "%5d %20s", n, buffer)
```

　この関数は書き込んだバイト数を返します。書き込みでエラーが発生した場合は負の数を返
します。

　書き込み終わったらファイルを閉じます。

```
fclose(fp);
```

　次の例は、上で示した書式でデータを保存するプログラムの例です。この例では、
「fprintf(s, ...」で標準出力や標準エラー出力に出力するコード例も含めてあります。

リスト 7.10 ● fprintdata.cpp

```
#include <iostream>
#ifdef _MSC_VER
#pragma warning(disable : 4996) // Microsoftのコンパイラで警告を抑止する
#endif
#define FILENAME "formated.data"

int main(int argc, char* argv[])
{
  char buffer[256];
```

```
  // ファイルを開く
  FILE* fp = fopen(FILENAME, "w");
  if (fp == NULL) {
    fprintf(stderr, "ファイルを開くことができません.\n");
    return -1;
  }

  // ファイルにデータを3件書き込む
  fprintf(stdout, "番号と名前を3件入力してください\n");
  int i, n, count = 0;
  for (i=0; i<3;i++)
  {
    if (scanf("%d %s", &n, buffer) != 2)  // 2項目入力されていないとエラー
      break;
    if (fprintf(fp, "%5d %20s", n, buffer) < 0)
      break;
    count++;
  }
  fprintf(stdout, "%d件のデータを書き込みました.\n", count);

  // ファイルを閉じる
  fclose(fp);
}
```

実行時の状況はたとえば次のようになります。

```
番号と名前を3件入力してください
10 Tommy
11 Kelly
12 Kenta
3件のデータを書き込みました.
```

Note データの区切りを空白の代わりにカンマ (,) にすれば、CSV (Comma-Separated Values) ファイルとして出力することができます。

■ 書式付きファイル入力

コンソールからの書式付きの入力には scanf() を使いましたが、ファイルからの書式付きの入力には fscanf() を使うことができます。

最初に fopen() を使ってファイルを開きます。

```
fp = fopen(FILENAME, "r");
```

そして、fscanf() を使ってファイルから読み込みます。書式は次の通りです。

```
int fscanf(FILE *stream, const char *format, ...);
```

読み込むデータの書式は書式指定文字を使って記述します。

次の例の書式指定文字列 "%5d %s" は、最初の値が 5 桁の整数（実際には 5 桁未満の数とその前に付けられた空白で合計で 5 桁）で、空白に続けて文字列を読み込むことを意味します。

```
fscanf(fp, "%5d %s", &n, buffer)
```

fscanf() は読み込んだ値の個数が保存されます。

次のコード例では、意図したとおりに正常に読み込まれたら、読み込まれたデータ数すなわち fscanf() が返す値は 2 になります。

```
if (fscanf(fp, "%5d %s", &n, buffer) != 2)  // 2項目入力されていないとエラー
   // エラー処理
```

読み込みが終わったらファイルを閉じます。

```
fclose(fp);
```

次の例は、fprintdata.cpp で書き込んだデータを最後まで読み込んで表示するプログラムの例です。

リスト 7.11 ● fscandata.cpp

```cpp
#include <iostream>
#ifdef _MSC_VER
#pragma warning(disable : 4996)// Microsoftのコンパイラで警告を抑止する
#endif

#define FILENAME "formated.data"

int main(int argc, char* argv[])
{
  // ファイルを開く
  FILE* fp = fopen(FILENAME, "r");
  if (fp == NULL) {
    fprintf(stderr, "ファイルを開くことができません.\n");
    return -1;
  }

  // ファイルのデータを最後まで読み込む
  int n, count = 0;
  char buffer[256];
  while ( !feof(fp) )   // ファイルの終端まで繰り返す。
  {
    if (fscanf(fp, "%5d %s", &n, buffer) != 2)   // 2項目入力されていないとエラー
      break;
    printf("%5d %20s\n", n, buffer);
    count++;
  }

  printf("%d件のデータを読み込みました.\n", count);

  // ファイルを閉じる
  fclose(fp);
}
```

8

関数とマクロ

この章では、関数とマクロについて説明します。

8.1 関数

ここでは、基本的な関数の使い方といくつかの関数の例を示します。まず、C++ のライブラリにあらかじめ用意されているいくつかの関数の使い方を学んでから、8.2 節「関数の定義」に進んで関数の作り方を学びます。

■ 関数

関数は、何らかの処理を行って必要に応じて結果を返す、名前が付けられた呼び出し可能な一連のプログラムコードです。

 C++ プログラムのエントリーポイントである main() も 1 つの関数です。

C++ のコンパイラに付属しているライブラリには、あらかじめ定義されていてプログラマが利用できる関数が多数含まれています。

たとえば、あらかじめ定義されていて C++ に含まれる次の関数 fabs() は、引数の絶対値を返します。

```
double x, y;

y = fabs(x);
```

このとき注意する必要があるのは、関数 fabs() の宣言はヘッダーファイル cmath に含まれているので、このファイルを「#include <cmath>」でインクルードする必要があるという点です。

実行できるプログラムとしては次のようになります。

リスト 8.1 ● getabs.cpp

```
#include <iostream>
#include <cmath>

int main(int argc, char* argv[])
{
  double x;
  std::cout << "数を入力してください：";
  std::cin >> x;

  std::cout << x << "の絶対値は" << fabs(x) << std::endl;
}
```

■ 数学関数

cmath には他にも多数の数学関数が宣言されています。次の表に cmath に含まれる関数のうち主な関数を示します（すべての関数については C++ のドキュメントを参照してください）。

表8.1●cmathの主な関数

関数	機能
acos()	アークコサインを返す
asin()	アークサインを返す
atan()	アークタンジェントを返す
atan2()	アークタンジェントを返す
ceil()	引数の値を繰り上げた数を返す

関数	機能
cbrt()	引数値の立方根（3乗根）を求める
cos()	コサインを返す
cosh()	ハイパーボリックコサインを返す
exp()	自然対数 e を引数の値乗した値を返す
fabs()	浮動小数点実数の絶対値を返す
fmax()	最大値を返す（C++11）
fmin()	最小値を返す（C++11）
fdim()	正の差を返す（C++11）
floor()	引数の値を越えない最大の整数値を返す
fmod()	浮動小数点数の余りを返す
frexp()	浮動小数点実数を仮数と指数に分ける
log()	自然対数を返す
log10()	常用対数を返す
modf()	浮動小数点実数を整数と小数部分に分ける
pow()	ベキ乗を返す
round()	浮動小数点数を小数点以下で四捨五入する
sin()	サインを返す
sinh()	ハイパーボリックサインを返す
sqrt()	平方根を返す
tan()	タンジェントを返す
tanh()	ハイパーボリックタンジェントを返す

※この表で、三角関数に関する値の単位はラジアンです。

これらの関数を呼び出す例をいくつか示します。

```
y = ceil(x);    // 切り上げた結果を求める
y = floor(x);   // 切り捨てた結果を求める
y = round(x);   // 四捨五入した結果を求める
```

以下に cmath の関数のうちいくつかの関数の使用例を含むプログラムを示します。

リスト 8.2 ● cmathlib.cpp

```
#include <iostream>
#include <cmath>

int main(int argc, char* argv[])
```

```
{
  double x;

  std::cout << "実数を入力してください>";
  std::cin >> x;

  // 切り上げた結果を返す。
  std::cout << x << "を切り上げた値は" << ceil(x) << std::endl;
  // 切り捨てた結果を返す。
  std::cout << x <<  "を切り捨てた値は" << floor(x) << std::endl;
  // 四捨五入した結果を返す。
  std::cout << x <<  "を四捨五入した値は" << round(x) << std::endl;
  // e(2.71828182845904)を底とするべき乗を返す。
  std::cout << x <<  "自然対数eの乗の値を返す" << exp(x) << std::endl;
  // 平方根を返す。
  std::cout << x <<  "の平方根は" << sqrt(x) << std::endl;
  // 立方根を求める。
  std::cout << x <<  "の立方根は" << cbrt(x) << std::endl;
}
```

このプログラムの実行例を次に示します。

```
実数を入力してください>123.456
123.456を切り上げた値は124
123.456を切り捨てた値は123
123.456を四捨五入した値は123
123.456自然対数eの乗の値を返す4.13294e+53
123.456の平方根は11.1111
123.456の立方根は4.97933
```

C++ では関数のオーバーロード（多重定義）が可能なので、同じ名前の関数で引数や戻り値が異なるものが定義されている場合があります。たとえば、最大値を返す fmax() には次のような 3 種類の関数が定義されています。

```
float fmax(float x, float y);
double fmax(double x, double y);
long double fmax(long double x, long double y);
```

8.2 関数の定義

ここまではあらかじめ用意されている関数を使うことに焦点を当てました。ここでは独自の関数を定義する方法を説明します。

■ 関数の定義

関数を定義するときの書式は次の通りです。

```
type name([args]) {
  statement;
  [return expr;]
}
```

type は関数が返す値の型、name は関数の名前、args は関数の引数、expr は関数の戻り値、statement はその関数で実行する文です。引数は省略することができます。また、引数はカンマ（,）で区切って複数記述することができます。

関数の戻り値 expr は return 文の後に記述します。戻り値のない関数（void 型の関数）の場合は、return 文の後に値を指定しません（その場合には return 文は省略可能です）。

> **Note** 他のプログラミング言語とは違い、C++ では関数を定義するために、function や func というようなキーワードは付けません。

次の例は、整数の引数の値を 2 倍にして返す関数 twice() を定義する例です。

```
int twice(int n) {
  int x;
  x = 2 * n;
  return x;
}
```

twice の後の (〜) で囲まれた n の直前の int はこの関数の引数の型で、関数名の前の int

はこの関数の戻り値の型です。

この関数は n の値を 2 倍した結果（2 * n）を計算して返します。関数の戻り値は return 文の後に記述します。

上に示した関数は冗長なので、普通は次のように省略します。

```
int twice(int n) {
    return 2 * n;
}
```

次の例は、入力された整数を 2 倍にして、その結果を入力された値と共に出力するプログラムの例です。

リスト 8.3 ● inttwice.cpp

```
#include <iostream>

int twice(int n) {
  return 2 * n;
}

int main(int argc, char* argv[])
{
  int n;
  std::cout << "整数を入力してください >";
  std::cin >> n;

  // 入力された値と2倍の値を出力する
  std::cout << n << "の2倍=" << twice(n) << std::endl;
}
```

関数 main() の前に関数 twice() を記述したのは、C++ 言語では「シンボルは使う前に宣言しなければならない」という規則があるためです。この場合、main() の中で twice() を呼び出しているので、それより前にコンパイラが twice がどういうものであるか（名前と、引数は何であり戻り値はどのような型であるか）わかるようにしなければなりません。そこで、関数 main() の前に twice() を記述してあります。

次のようにあらかじめ関数の宣言だけをしておけば、関数 main() の後に twice() を記述しても構いません。このような関数の宣言を、**プロトタイプ宣言**といいます。

リスト 8.4 ● inttwice1.cpp

```cpp
#include <iostream>

int twice(int n);  // プロトタイプ宣言

int main(int argc, char* argv[])
{
  int n;
  std::cout << "整数を入力してください >";
  std::cin >> n;

  // 入力された値と2倍の値を出力する
  std::cout << n << "の2倍=" << twice(n) << std::endl;
}

int twice(int n) {
  return 2 * n;
}
```

Note　関数が返せる値はひとつだけです。複数の値を返したい場合は、たとえば第 9 章「構造体とクラス」で説明する構造体やクラスの形で返すか、あるいは、関数の引数をポインタにして後で説明する参照渡しにします。

問題 8-1
2 個の実数の引数の値を加算して返す関数 add2() を定義して、それを実行するプログラムを作成してください。

■ 可変長引数

printf() のように、任意の引数を指定できる関数があります。このような関数の引数を**可変長引数**といいます。関数を定義するときに、引数のリストの最後に ... を指定すると、関数の引数を可変長引数にすることができます。

次の宣言の例は、引数の最初の値が残りの引数の数で、2 番目以降が可変長の値のリストである関数の宣言です。

```
int sum(int count, ...);
```

可変長引数は、呼び出される関数の中では、cstdarg に宣言されている va_list、va_start、va_arg、va_end を使って扱います。

次に示す例は、引数の最初の値が残りの引数の数で、2 番目以降が加算したい数のリストである関数 sum() の定義です。

```
int sum(int count, ...)
{
  int total = 0;
  va_list ap;
  va_start(ap, count);

  for (int i = 0; i < count; i++) {
    total += va_arg(ap, int);
  }
  va_end(ap);
  return total;
}
```

va_list は引数リストを一時的に保存する変数（ap）の型、va_start はリストの最初の場所の値を変数 ap に保存し、va_arg はリストの中の次の値を取り出し、va_end は ap に関して必要な最後の処理を行います。

実行できるプログラムとして作成したものを次に示します。

リスト 8.5 ● sumfunc.cpp

```
#include <iostream>
#include <cstdarg>

int sum(int count, ...);    // プロトタイプ宣言

int main(int argc, char* argv[])
{
  std::cout << "合計は" << sum(5, 1, 3, 5, 7, 9) << std::endl;
}

// 合計を返す関数
```

```
int sum(int count, ...)
{
  int total = 0;
  va_list ap;
  va_start(ap, count);

  for (int i = 0; i < count; i++) {
    total += va_arg(ap, int);
  }
  va_end(ap);
  return total;
}
```

■ 値渡しと参照渡し

　関数の引数への渡し方には、値そのものを渡す**値渡し**と、値のアドレスを渡す**参照渡し**があります。

　値渡しの場合は、関数には値が渡されます。関数に値渡しで渡された値は、関数内に一時的に保存場所が作られて演算などに使われ、関数がリターンするときに破棄されます。そのため、関数内で値が変更されても、呼び出し側には何の影響もありません。

　値渡しの関数は、引数を通常の変数として宣言します。

```
int byVal(int a) {
  return a + 1;
}
```

　値渡しの関数を呼び出すときには変数や値（式を含む）をそのまま指定します。

```
byRef(n);
```

　次の例は値渡しの関数を呼び出すプログラムの例です。

リスト 8.6 ● byVal.cpp

```
#include <iostream>

// byVal( ) - 値渡しの関数
```

```
int byVal(int a) {
  return a + 1;
}

int main(int argc, char* argv[])
{
  int n = 1;
  std::cout << "n=" << n << std::endl; // n=1
  byVal(n);                            // 関数の呼び出し
  std::cout << "n=" << n << std::endl; // n=1のまま
}
```

　一方、参照渡しでは、値のアドレスが渡されるので、アドレスの場所の値が変更されると、呼び出し側に戻ったときにはその値が変更されています。

　参照渡しの関数は、引数をポインタとして宣言します。

```
int byRef(int *a) {
  *a += 1;
  return *a;
}
```

　参照渡しの関数を呼び出すときには変数の参照（& を付けたアドレス）を指定します。

```
byRef(&n);
```

　次の例は参照渡しの関数を呼び出すプログラムの例です。

リスト 8.7 ● byRef.cpp

```
#include <iostream>

// byRef( ) - 参照渡しの関数
int byRef(int *a) {
  *a += 1;
  return *a;
}

int main(int argc, char* argv[])
{
```

```
  int n = 1;
  std::cout << "n=" << n << std::endl; // n=1
  byRef(&n);                            // 関数の呼び出し
  std::cout << "n=" << n << std::endl; // n=2になる
}
```

Note 関数の中で変更された値をひとつだけ使いたいときには、一般的には、参照渡しにするよりも、変更された値を戻り値として返すようにするほうが良いでしょう。

■ 再帰関数

関数は、自分自身を呼び出すことができます。このような関数を**再帰関数**といいます。
再帰関数の書式は次のようになります。

```
type func(args) {
  if (base_case) {
    return rval0;
  }

  func(argsnext); // 自分自身を呼び出す
  return (rval);
}
```

type は関数の型、*args* は関数の引数、*base_case* は最終的にこの関数が最初の呼び出し場所に戻るときの条件、*rval0* は *base_case* が真であるときに返す値、*argsnext* は自分自身を呼び出すときの引数、*rval* はこの関数が返す値です。

ここでは階乗を計算する関数で説明します。n の階乗（n! と表す）は、1 から n までのすべての整数の積で n の階乗は次のようにして求めます。

n! = n × (n − 1) × (n − 2) × … × 2 × 1

次の例は階乗を計算するための再帰関数 factorial() です。

```
int factorial(int n) {
  if (n == 1) {
```

```
    return 1;
  }
  else {
    return n * factorial(n - 1);
  }
}
```

この関数は、nが1のときには1を返します。nが2以上のときには、nの値と (n - 1) を掛けた値を返します。

具体的な数値で説明すると、この関数は、1!のときにはnが1なので1を返して終わります。

2!のときには「n * factorial(n - 1)」を計算しようとしますが、nが2なので「2 * factorial(1)」の計算になり、factorial(1) は1なので「2 * 1」すなわち2を返して終わります。

3!のときにも「n * factorial(n - 1)」を計算します。nが3なので「3 * factorial(2)」の計算になり、factorial(2) は2なので「3 * 2」すなわち6を返して終わります。

このように、自分自身の結果を掛け算しながら、else の次の式 factorial(n - 1) が factorial(1) になるまで自分自身を呼び出し続けます。

次の例は階乗を求めるプログラムを実行できるようにまとめた例です。

リスト 8.8 ● factorial.cpp

```cpp
#include <iostream>

int factorial(int n) {
  if (n == 1) {
    return 1;
  }
  else {
    return n * factorial(n - 1);
  }
}

int main() {
  for (int n = 1; n < 6; ++n) {
    std::cout << n << "の階乗=" << factorial(n) << std::endl;
  }
}
```

このプログラムの実行結果を次に示します。

```
1の階乗=1
2の階乗=2
3の階乗=6
4の階乗=24
5の階乗=120
```

■ 関数のデフォルト引数

C++ では、関数の引数にデフォルト値を設定することができます。引数にデフォルト値を設定すると、その関数を呼び出すときに引数の値がデフォルト値で良い場合は引数を省略できます。

引数のデフォルト値の書式は単純で、次のように引数名の後に = と値を記述します。

```
type func(type1 arg1 = val1, type2 arg2 = val2, ...)
{
   // 関数の中身
}
```

たとえば、w（幅）と h（高さ）の引数から面積を求める次の関数では、w のデフォルト値として 10 を、h のデフォルト値として 8 を指定します。

```
int getArea(int w = 10, int h = 8)
{
   return w * h;
}
```

この関数は、次のどの形式でも呼び出すことができます。

```
getArea();       // 引数をすべて省略
getArea(y);      // 最初の引数だけ指定
getArea(x, y);   // 引数を省略しない
```

この関数を使うプログラムの例を次に示します。

リスト 8.9 ● defaultargs.cpp

```cpp
#include <iostream>

// デフォルト値を指定した関数
int getArea(int w = 10, int h = 8)
{
  return w * h;
}

int main(int argc, char* argv[])
{
  std::cout << "getArea()=" << getArea() << std::endl;
  std::cout << "getArea(5)=" << getArea(5) << std::endl;
  std::cout << "getArea(12, 8)=" << getArea(12, 8) << std::endl;
}
```

このプログラムを実行した結果を次に示します。

```
getArea()=80
getArea(5)=40
getArea(12, 8)=96
```

問題 8-2

　台形の面積を計算して返す関数を定義して、それを実行するプログラムを作成してください。

8.3 マクロ

マクロは、一定の手順をまとめて呼び出せるようにしたものです。

■ マクロの概要

マクロは、ソースコードの中で、マクロ名に指定したものと一致するものを、マクロの値として定義したものにコンパイル時に置き換える機能です。

たとえば、次のように定義したとします。

```
#define TRUE 1
```

すると、この行より後のソースコードの中のトークン（空白で囲まれた字句）とみなされるTRUE はコンパイル時にすべて 1 に置き換えられます。

また、次のように、PI に 3.1416 を定義すると、ソースコードの中のトークン PI はすべて3.1416 に置き換えられます。

```
#define PI 3.1416
```

Note この場合、PI という文字列だけが 3.1416 に置き換えられて、PIQU のような何かがつながった文字列や、文字列リテラルの中の文字列は置き換えられません。

上の例の 1 や 3.1416 の代わりに任意の文字列を記述できるので、コードを置き換えるようにすることもできます。コードを定義したマクロは、#define の直後の文字列を、コンパイル時にその場所をコードに置き換えます（例は後で示します）。

コードを定義したマクロは関数によく似ていますが、実行時に呼び出されるのではなくコンパイル時に展開されるという点で異なります。

一般的には、関数やメソッドを呼び出すよりもマクロを使うほうが高速であることが期待されますが、状況によってはコードが理解しにくくなり、またエラーの追跡などが関数より複雑になる傾向があるので、注意を払って使うべきです。

■ マクロの定義

マクロを定義するには #define を使います。

```
#define CNAME value

#define CNAME (expression)
```

CNAME はマクロの名前、value は置き替える値、expression は置き換える式（マクロの内容）です。

#define で値を定義する例はすでに示しました。

式は、たとえば引数の値を 2 倍するマクロは次のように定義します。

```
#define TWICE(x) ((x) * 2)
```

マクロを使うときには、関数を呼び出すのと同じ形式で使います。

```
TWICE(n);
```

実行できるプログラムの例を次に示します。

リスト 8.10 ● twicemacro.cpp

```cpp
#include <iostream>

#define TWICE(x) ((x) * 2)

int main(int argc, char* argv[])
{
  int n = 8;
  std::cout << n << "の2倍は=" << n << TWICE(n) << std::endl;
}
```

これは次のコードをコンパイルするのと同じです。

```cpp
#include <iostream>

int main(int argc, char* argv[])
```

```
{
  int n = 8;
  std::cout << n << "の2倍は=" << n * 2 << std::endl;
}
```

マクロの引数の名前を、マクロの定義でも ( ) で囲む必要がある場合があります。

仮に、たとえば次のようなマクロを定義したとします。

```
#define TWICE(x) (x * 2)
```

これを次のように使う場合は問題ありません。

```
int n = 3;
std::cout << n << "の2倍は=" << TWICE(n) << std::endl;
```

これは次のように展開されます。

```
int n = 3;
std::cout << n << "の2倍は=" << (n * 2) << std::endl;
```

しかし、次のように使う場合を考えてみましょう。

```
int n = 3;
std::cout << n << "の2倍は=", << TWICE(n - 1) << std::endl;
```

これは次のように展開されます。

```
std::cout << n << "の2倍は=" << (n -1 * 2) << std::endl;
```

演算子 * の優先順位は演算子 - より高いので、* が優先されて、これは、次のように計算されます。

```
int n = 3;
std::cout << n << "の2倍は=" << (3 - (1 * 2)) << std::endl;
```

ここで実行したいのは次のように展開したコードです。

```
int n = 3;
std::cout << n << "の2倍は=" << ((n - 1) * 2) << std::endl;
```

このようにするためには、次のように変数を ( ) で囲む必要があります。

```
#define TWICE(x) ((x) * 2)
```

実行できるプログラムとして作ると次のようになります。

リスト 8.11 ● macros.cpp

```
#include <iostream>
#define TWICE(x) ((x) * 2)
#define NGTWICE(x) (x * 2)

int main(int argc, char* argv[])
{
  int n = 3;

  std::cout << "TWICE(n-1)=" << TWICE(n-1) << std::endl;
  std::cout << "NGTWICE(n-1)=" << NGTWICE(n-1) << std::endl;
}
```

このプログラムをコンパイルして実行した結果を次に示します。

```
TWICE(n-1)=4
NGTWICE(n-1)=1
```

 Note このような問題をマクロの副作用と呼びます。

■ インライン関数

マクロのように、その場に関数のコードを展開するようにしたものが**インライン関数**です。
関数をインライン関数にするときには、キーワード inline を関数の型の前に付けます。

次の例は、関数 getArea() をインライン関数として宣言する例です。

```
inline int getArea(int w, int h)
{
  return w * h;
}
```

次の例はインライン関数を使うプログラムの例です。

リスト 8.12 ● inline.cpp

```
#include <iostream>

// インライン関数
inline int getArea(int w, int h)
{
  return w * h;
}

int main(int argc, char* argv[])
{
  std::cout << "getArea(5, 8)=" << getArea(5, 8) << std::endl;
}
```

コンパイラはこのプログラムを次のように展開してコンパイルします。

```
// inline.cpp
#include <iostream>

int main(int argc, char* argv[])
{
  std::cout << "getArea(5, 8)=" << w * h << std::endl;
}
```

関数呼び出しがコードに置き換わるので実行時の速度が速くなります。

インライン関数は、クラスのメンバー変数にアクセスする関数のような頻繁に使われる短い関数に適しています（構造体とクラスに関しては第 10 章「構造体」と第 11 章「クラス」で説明します）。

 inline を指定すれば必ずインライン展開されるというわけではありません。コードに置き換えるか、あるいは関数を呼び出すコードを生成するかどうかはコンパイラが決定します。

配列とポインタ

この章では、配列とポインタについて説明します。

9.1 配列

ここでは、同じ型の複数の要素をまとめて扱うことができる配列について説明します。

■ 配列とは

配列は、同じ型のデータを複数保存することができるデータ構造です。たとえば、複数のint 型のデータを同じ名前で保存することができます。

| a[0] | a[1] | a[2] | a[3] | a[4] | ⋯ |

a[0] 〜 a[n] までには同じ型の値が入ります。

図9.1●1次元配列のイメージ

配列は、いったん宣言したら、サイズを変更したり、既存の配列の最後に要素を追加した

り、配列の途中に挿入することはできません。

配列の要素の値を変更することは可能なので、たとえば、配列の中の2つの要素の値を入れ替えるような操作は可能です。

■ 配列の宣言と初期化

1次元の配列の場合、基本的には配列は次の形式で宣言します。

```
type name[size];
```

ここで、*name* は配列変数の名前、*size* は配列の要素数、*type* は配列の要素の型です。

たとえば、*int* 型の要素が5個の配列は次のように宣言します。

```
int a[5];
```

宣言しただけでは、各要素の値は不定です（どのような値が入っているかわかりません）。配列を宣言するのと同時に特定の値で初期化することもできます。

```
int a[5] = {1, 3, 5, 7, 9};
```

配列を宣言するのと同時に特定の値で初期化する場合は、配列変数の宣言のときにサイズを省略することができます。

```
int a[] = {1, 3, 5, 7, 9};
```

■ 配列の使い方

個々の要素はインデックス（添え字）で識別します。たとえば、配列 a の2番目の要素は a[1] で表されます（インデックスはゼロから始まります）。

```
n = a[1];    // 2番目の要素を変数nに入れる
```

先ほど定義した配列 a の要素をすべて出力するには、次のようにすることができます。

```
for (i = 0; i < 5; i++)
{
  std::cout << "a[" << i << "]=" << a[i] << std::endl;
}
```

インデックスは 0 から始まり、size − 1 で終わる点に注意してください。

次の例は、要素が 5 個の配列 a を作成してその要素をひとつずつ出力する例です。

リスト 9.1 ● intarray.cpp

```
#include <iostream>

int main(int argc, char* argv[])
{
  int a[5] = {1, 3, 5, 7, 9};

  for(int i=0; i<5;i++)
    std::cout << "a[" << i << "]=" << a[i] << std::endl;
}
```

実行結果は次のようになります。

```
a[0]=1
a[1]=3
a[2]=5
a[3]=7
a[4]=9
```

第 5 章「文字と文字列」で文字列は文字の配列であると説明しましたが、文字列の個々の文字も配列の要素として出力することができます。

次の例は、内容が "Hello" となる char の配列 s を作成してその要素をひとつずつ出力する例です。

リスト 9.2 ● chararray.cpp

```
#include <iostream>

int main(int argc, char* argv[])
{
```

```
  char s[] = "Hello";

  for(int i=0; i<5;i++)
    std::cout << "a[" << i << "]=" << s[i] << std::endl;
}
```

実行結果は次のようになります。

```
a[0] = H
a[1] = e
a[2] = l
a[3] = l
a[4] = o
```

配列の最初の値やポインタ値を << を使って出力することができます。

```
int a[] = { 1, 3, 5, 7, 9 };

std::cout << *a << std::endl;    // 最初の要素が出力される
std::cout << a << std::endl;     // ポインタ値が出力される
```

配列の要素の値を変更することもできます。次の例は、すでに使っている配列 a の 2 番目の要素と 4 番目の要素の値を変更する例です。

```
a[1] = 0;
a[3] = 0;
```

次のプログラムは、配列を作って使う例を示します。このプログラムでは、最初に各要素の内容が 1、3、5、7、9 の int の配列を作ります。また、"good dog" という文字の配列を作ります。そして int の配列の各要素を出力してからそれらを 2 倍して出力します。また、"good dog" という文字の配列のうち、スペースを除く各文字の値を 16 進数で 0x20 だけ引いてその結果を出力します（小文字の文字コードから 0x20 を引くと、同じ文字の大文字になります）。

リスト 9.3 ● arraysmpl.cpp

```
#include <iostream>
#include <cstring>
```

```
int main(int argc, char* argv[])
{
  int i;
  int a[] = { 1, 3, 5, 7, 9 };
  char s[] = "good dog";

  // 整数配列を出力する
  for(i=0; i<5;i++)
    std::cout << "a[" << i << "]=" << a[i] << std::endl;
  std::cout << std::endl;

  // 各要素を2倍する
  for (i=0; i < 5; i++)
    a[i] *= 2;    // a[i] = a[i] * 2;と同じ

  // 変更後の整数配列を出力する
  for (i=0; i < 5; i++)
    std::cout << "a[" << i << "]=" << a[i] << std::endl;
  std::cout << std::endl;

  // 文字列を出力する
  std::cout << s << std::endl;

  // 各要素に0x20を減算する
  for (i = 0; i < std::strlen(s); i++)
    if (s[i] != ' ')
      s[i] -= 0x20;

  // 変更後の文字列を出力する
  std::cout << s << std::endl;
}
```

このプログラムの実行結果は次のようになります。

```
a[0]=1 a[1]=3 a[2]=5 a[3]=7 a[4]=9
a[0]=2 a[1]=6 a[2]=10 a[3]=14 a[4]=18
good dog
GOOD DOG
```

■ 多次元の配列

多次元の配列を作って使うこともできます。たとえば、2次元の場合、配列は次の形式で宣言します。

```
type name[size_n][size_m];
```

これで size_n × size_m の大きさの配列ができます。

たとえば、4 × 5 の配列は次のように宣言します。

```
int a[4][5];
```

こうして作成した2次元配列のイメージを次の図に示します。

a[0,0]	a[0,1]	a[0,2]	a[0,3]	a[0,4]
a[1,0]	a[1,1]	a[1,2]	a[1,3]	a[1,4]
a[2,0]	a[2,1]	a[2,2]	a[2,3]	a[2,4]
a[3,0]	a[3,1]	a[3,2]	a[3,3]	a[3,4]

図9.2●2次元配列のイメージ

3次元以上の多次元配列も、`type name[n][m][l]...` の形式で宣言して使うことができます。

次の例は 9 × 9 の2次元配列を宣言する例です。

```
int a[9][9];
```

2次元配列のすべての要素に値を設定したり、2次元配列の要素の値を取得するときには、一般的には2重ループを使います。

```
for(i = 0; i< 9 ; i++)
  for (j = 0; j < 9; j++)
    a[i][j] = (i + 1) * (j + 1);
```

次の例は、9 × 9 の 2 次元配列を作成して九九の数を配列に保存した後、配列の内容を出力するプログラムの例です。

リスト 9.4 ● 99table.cpp

```cpp
#include <iostream>
#include <iomanip>

int main(int argc, char* argv[])
{
  int i, j;
  int a[9][9];

  // 九九の表を作る
  for(i = 0; i< 9 ; i++)
    for (j = 0; j < 9; j++)
      a[i][j] = (i + 1) * (j + 1);

  // 九九の表を出力する
  for (i = 0; i < 9; i++)
  {
    for (j = 0; j < 9; j++)
      std::cout << std::setw(3) << a[i][j];
    std::cout << std::endl;
  }
}
```

実行結果は次のようになります。

```
  1  2  3  4  5  6  7  8  9
  2  4  6  8 10 12 14 16 18
  3  6  9 12 15 18 21 24 27
  4  8 12 16 20 24 28 32 36
  5 10 15 20 25 30 35 40 45
  6 12 18 24 30 36 42 48 54
  7 14 21 28 35 42 49 56 63
  8 16 24 32 40 48 56 64 72
  9 18 27 36 45 54 63 72 81
```

要素数を完全に指定しない場合、2 次元の宣言は、9.2 節「ポインタ」で説明するポインタを使ってたとえば次のように宣言することもできます。

```
int *a[5];
```

問題 9-1

3次元の配列を宣言して要素に値を保存し、それらの値を出力するプログラムを作って
ください。

■ 配列の安全な使用

C++ では、想定した範囲を超えたメモリーにアクセスすることができます。たとえば、次の
コードは、2行目で配列のインデックスが配列の要素数を超えていますが、コンパイルして、
ほとんどの場合に何も警告もなく実行できます。

```
int a[5] = {1,3,5,7,9};
int x = a[8];        // 配列のインデックスが要素数を超えている
std::cout << x << std::endl;
```

コンパイラは、通常、配列のインデックスが要素数を超えているかどうか、いいかえると、
論理的に有効な範囲を超えたメモリー上の場所にアクセスしているかどうかをチェックしませ
ん（コンパイラ独自の拡張でチェックされる場合もあります）。

> **Note** 有効な範囲を超えたメモリー上の場所にアクセスしているかどうかのチェックを境界チェック
> と呼ぶことがあります。配列では、通常、境界チェックは行われません。

そのため、アクセスしてはならないメモリーにアクセスしてしまい、予期しない結果を引き
起こすことがあります。

また、次のようなコードをコンパイルして実行するとします。

```
int a[5];
int x =0, y=0;
for (int i=0; i<8; i++)
  a[i] = i;
```

```
std::cout << "x=" << x << std::endl;
std::cout << "y=" << y << std::endl;
```

コンパイルは（見かけ上）問題なく完了するでしょう。しかし、実行しようとすると、ランタイムライブラリでチェックされて例外が発生するか、実行できたとしても x と y の値が変わっているでしょう（実行時の状況は環境によって異なります）。

次のコードもコンパイルは問題なく完了するでしょう。そして、このプログラムを実行すると、入力する文字列が 11 バイト以下なら何も問題はありません。

```
char buff[12];
std::fscanf(stdin, "%s", buff);
    ⋮
std::fputs(buff, stdout);
```

しかし、11 バイトを超える文字列を入力しようとすると、ランタイムライブラリでチェックされて例外が発生するか、実行できたとしてもメモリーの予期しない部分を書き換えてしまいます。

配列を使う場合は、宣言した配列のサイズを超えてアクセスしたりデータを保存したりする可能性がないか、十分に注意を払うべきです。

配列は、配列の要素数を超える場所にアクセスする可能性が絶対にない場合に限って使うべきです。もし配列のインデックスが要素数を超えるような可能性や宣言した配列の要素数より大きなデータを保存する可能性が少しでもあるときには、配列を使うのはやめて、string や STL の array クラスあるいは list クラスなどを使うと良いでしょう（STL については第 14 章「STL コンテナとアルゴリズム」で説明します）。

9.2 ポインタ

ここではポインタについて説明します。

■ ポインタ

値がある場所を指す値を**ポインタ**といいます。いいかえると、ポインタには特定の値がある

メモリー上の場所を指す値が保存されています。

ポインタが指している値は、整数や実数である場合もありますが、構造体データや関数のアドレスである場合もあります。一方、ポインタそのものの値は、アドレスなので整数です。

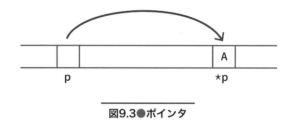

図9.3●ポインタ

 アドレスというのは、物理的なメモリー上のアドレスとは限りません。特に最近の OS はディスクにスワップしてメモリー容量を物理メモリー量より増やすことが普通に行われているので、ポインタの値が特定の物理的なメモリー上のアドレスであると考えることはできません。しかし、ポインタがメモリー上のアドレスを指すという見方はポインタを理解しやすくするために便利です。

ポインタとアドレスの関係を次のコードで考えてみましょう。

```
char c = 'A';
char *p;

p = &c;    // cのアドレスをpに保存する
```

上のようなコードがある場合、ポインタ p が指す場所には「A」が保存されているアドレスが入っています。この値はアドレスなので、たとえば 0x61FE17 などの整数です。ただし、この具体的なポインタの数値そのもの（絶対的な数値）は、重要ではありません。ポインタの数値は、OS や CPU のアーキテクチャ、使用可能なメモリー量、そのとき実行されている他のアプリや実行されているモジュールの状況など、そのときの状況によって異なります。同じ環境のひとつのプログラムの中でポインタ値を比較して判断するようなときや、値をつなげる場合にポインタの値が意味を持ちますが、それでもプログラマがポインタの数値そのものを扱うことはめったにありません（ポインタの値は実行時ごとに異なるからです）。ポインタの値を比較するためなどの理由でポインタの値を調べたい場合は、たとえば次のコードを使います。

```
std::cout << "p=" << std::hex << (unsigned long long)p << std::endl;
```

上の例では (unsigned long long) でキャストしていますが、これは環境に応じて変える必要があります。

ポインタ p が指す場所の値は *p で表すことができます。

```
std::cout << "*p=" << *p << std::endl;
```

ポインタのサイズは、sizeof() で調べることができます。

```
int size = (int)sizeof(p);
```

次の例は、ポインタの値とポインタが指す場所の値、そしてポインタのサイズを出力するプログラムの例です。

リスト 9.5 ● pointer.cpp

```cpp
#include <iostream>

int main(int argc, char* argv[])
{
  char c = 'A';
  char* p;

  p = &c;    // cのアドレスをpに保存する

  // ポインタの値を出力する
  std::cout << "p=" << std::hex << (unsigned long long)p << std::endl;

  // ポインタが指す場所の文字を出力する
  std::cout << "*p=" << *p << std::endl;

  // ポインタのサイズを出力する
  std::cout << "sizeof(p)=" << (int)sizeof(p) << std::endl;
}
```

このプログラムの実行例を次に示します。出力されるポインタの値やポインタのサイズは環

境によって異なります。

```
p=61fe17
*p=A
sizeof(p)=8
```

ポインタを理解するうえで、上に示した条件のとき、次の関係を覚えておくことは重要です。

```
p = &c;   // 「A」のアドレスは、
*p = c;   // xの値「A」は
```

　ここまでポインタの説明を読んできても、ポインタのことがまだよく理解できない場合もあるでしょう。ポインタは理解が難しいと考えられている傾向が実際にあります。しかし、それでもポインタを使うのには理由があります。

　C++ でポインタを扱うのには、主に次のような理由があります。

　まず、実行時にならないとサイズや長さがわからないデータを保存するときにポインタを使うことができます。この方法を使うと、使用できるメモリー量を上限として大きなデータをプログラムの内部で扱うことができるようになります。

　また、構造体などのデータ相互を連結したり、関数のアドレスを活用するようなときにポインタを使うことができます。

　なお、コンパイラが型を推測できる状況であれば、ポインタを宣言するときにも auto を使うことができます。

```
char c = 'A';
auto p = &c;
```

■ 配列とポインタ

　配列を次のように宣言して文字列 "Hello" で初期化し、配列変数のポインタを変数 p に保存したとします。

```
char a[] = "Hello";
char *p = a;
```

このとき、p は a[0] の場所を指しています。

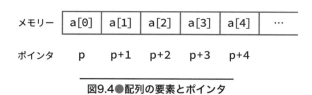

図9.4●配列の要素とポインタ

　そして、C/C++ ではメモリー上で配列の要素は連続して保存されているので、p+1 の場所には a[1] の値が、p+2 の場所には a[2] の値が、というようになり、ポインタの値が増えるごとに文字列の後ろの要素を指します。

　メモリー上で配列の要素は連続して保存されているというのは重要で、このことを使ってさまざまな操作を行うことができます。

> メモリー上で配列の要素は連続して保存されているといっても、このときのメモリー上というのは理論的なメモリーであり、物理メモリー上で連続しているかどうかはわかりません。OS を使うシステムでは、通常、OS がメモリーを管理して、配列の要素をメモリー上で理論的に連続して保存されているようにします。

　たとえば、次のようにすれば、配列の中の要素（この場合は文字）を順に出力できます。

```
std::cout << "a[0]=" << a[0] << std::endl;  // 先頭文字を出力する
std::cout << "a[1]=" << a[1] << std::endl;  // 2番目の文字を出力する
std::cout << "a[2]=" << a[2] << std::endl;  // 3番目の文字を出力する
  ⋮
```

　これを for 文を使って簡潔にすると、次のようになります。

```
for (i=0; a[i] != '\0'; i++)
  std::cout << "a[%d]=" << , i, a[i]); // 文字を順に出力する
```

　ところで、p には a[0] の場所が保存されていて、*p は a[0] の値（'H'）が含まれていますが、p の値を 1 だけ増やすとそこには a[1] の場所が保存されていて、*(p+1) は a[1] の値（'e'）が含まれています。つまり、次のようにして配列 a の中の文字を順に出力することができます。

```
std::cout << "" << *p << std::endl;          // 先頭文字を出力する
std::cout << "" << *(p + 1) << std::endl;    // 2番目の文字を出力する
std::cout << "" << *(p + 2) << std::endl;    // 3番目の文字を出力する
  ⋮
```

Note　✽は＋より演算子として優先順位が高いので、「std::cout << %c\n", *p + 1);」としてしまうと、a[0] の値（文字 'H'）に 1 を加えた値 'I' が出力されてしまいます。

p の値は p++ でインクリメントできるので、次のようにしても同じことができます。

```
for (i=0; *p != '\0'; i++)
  std::cout << *p++ << std::endl; // 文字を順に出力する
```

これらをまとめて実行できるようにしたプログラムの例を次に示します。

リスト 9.6 ● spointer.cpp

```
#include <iostream>

int main(int argc, char* argv[])
{
  char a[] = "Hello";
  char* p = a;
  int i;

  // 文字列を出力する
  std::cout << "s=" << p << std::endl;

  std::cout << "a[0]=" << a[0] << std::endl;        // 先頭文字を出力する

  std::cout << "a[0]=" << *p << std::endl;          // 先頭文字を出力する
  std::cout << "a[1]=" << *(p + 1) << std::endl;    // 2番目の文字を出力する
  std::cout << "a[2]=" << *(p + 2) << std::endl;    // 3番目の文字を出力する
  std::cout << "a[3]=" << *(p + 3) << std::endl;    // 4番目の文字を出力する
  std::cout << "a[4]=" << *(p + 4) << std::endl;    // 5番目の文字を出力する
  std::cout << std::endl;

  for (i=0; *p != '\0'; i++)
```

```
    std::cout << "a[" << i << "]=" << *p++ << std::endl; // 文字を順に出力する
    std::cout << std::endl;
}
```

実行すると次のようになります。

```
s=Hello
a[0]=H
a[0]=H
a[1]=e
a[2]=l
a[3]=l
a[4]=o

a[0]=H
a[1]=e
a[2]=l
a[3]=l
a[4]=o
```

　一般的に配列で多数の要素に連続アクセスする場合、配列の各要素にインデックスを使って
アクセスする（a[i]）よりも、ポインタをインクリメントしながらアクセスする（*p++）ほう
が、実行速度が速くなるという利点があります。

問題 9-2

3 次元の配列を宣言して要素に値を保存し、それらの値をポインタを使って出力するプ
ログラムを作り、実行結果を問題 9-1 の結果と比較してください。

■ 動的メモリー確保

次のようにして char の配列を宣言したとします。

```
char buff[256];
```

　すると、256 バイト分のメモリーが確保されて（変数にメモリーが割り当てられて）、buff
という名前で使えるようになります。

今度は次のように char のポインタを宣言したとします。

```
char* ps;
```

　これは char の場所を指すポインタ変数 ps が確保されただけで、これだけでは文字列を保存することはできません。

　メモリーを確保して使えるようにするには、たとえば malloc() を使って文字列を保存するためのメモリーを確保する必要があります。

　malloc() の書式は次の通りです。

```
void *malloc(size_t size);
```

　引数 size に確保するバイト数を指定します。

　次のようにすると、256 バイトのメモリーを確保して、変数 ps に割り当てることができます。

```
ps = (char *)malloc(256);
```

　この確保したメモリーは初期化されていない（どのような値が入っているかわからない）ので、初期化したい場合は memset() で初期化します。

　memset() は cstring で宣言されていて、書式は次の通りです。

```
void *memset(void *s, int c, size_t n);
```

　s は値をセットしたいメモリーの先頭アドレス、c はセットする値、n には値をセットするバイト数を指定します。

　たとえば、256 バイトのメモリーを値 0 で初期化するときには次のようにします。

```
memset(ps, 0, 256);
```

　これでポインタ ps が指すメモリー領域に値を保存できるようになりました。このメモリーは自由に使えますが、たとえば、buff という char の配列変数に文字列が入っているとすると、その内容（文字列）を ps にコピーするには、memcpy() を使います。

memcpy() は cstring で宣言されていて、書式は次の通りです。

```
void *memcpy(void *dest, const void *src, size_t n);
```

dest はコピー先、src はコピー元のアドレス、n はコピーするバイト数を指定します。
この場合は、次のようにして buff の内容を ps にコピーします。

```
memcpy(ps, buff, strlen(buff));
```

Note　コンパイラによっては memset() や memcpy() でポインタが 0 である可能性があるという警告が報告される場合があります。それを解決したい場合は、たとえば、次のようにポインタが NULL でないか調べるコードを追加します。

```
if (ps != NULL)
  memset(ps, 0, 256);
```

最後に、メモリーを割り当てたポインタ変数を引数として指定して free() を呼び出してメモリーを解放します。

```
free(ps);
```

このメモリーの開放の作業を忘れると、メモリーが割り当てられているけれど使われないままになってしまいます。このようなメモリーの無駄使いを**メモリーリーク**といいます。
次の例は動的に確保したメモリーを使う方法を示すプログラムの例です。

リスト 9.7 ● memalloc.cpp

```
#include <iostream>
#include <cstring>

int main(int argc, char* argv[])
{
  char buff[256];
  fprintf(stdout, "文字列：");
  fgets(buff, 255, stdin);
```

```
    fprintf(stdout, "buff=%s", buff);

    char* ps;
    // メモリーを確保する
    ps = (char *)malloc(256);
    // メモリーを初期化する
    memset(ps, 0, 256);
    // メモリーに文字列をコピーする
    memcpy(ps, buff, strlen(buff));

    fprintf(stdout, "ps=%s", ps);

    // メモリーを解放する
    free(ps);
}
```

実行例を以下に示します。

```
文字列：Hello, C++
buff=Hello, C++
ps=Hello, C++
```

　この例ではメモリーを 256 バイト確保していますが、大量のデータをプログラムの内部に保持したいような場合には、プログラムの実行時に必要な長さだけを確保することができるので、メモリーを節約することができます（9.1 節「構造体」の「構造体のリンク」の最後の［Note］参照）。

> ここでは動的にメモリーを確保する方法の説明のために、malloc() や memset() を使って文字列を保存する動的メモリー確保の例を示しましたが、より安全確実なプログラムを作るためには、文字列を保存するためにこの方法を使うことは推奨しません（string クラスなどを使うことを推奨します）。

■ ポインタの安全な使用

　配列と同様に、ポインタの場合も実際の要素数を超えて存在しない要素にアクセスしてもエラーになりません。また、動的メモリー確保でも、予期しない領域にアクセスして問題の

原因となる場合があります。これらの問題の可能性があるときには、配列を使うのはやめて、string や STL の array クラスあるいは list クラスなどを使うと良いでしょう。

　なお、ポインタを使う利点のひとつとして、C++ のオブジェクトを使うより実行時の速度が速くなるということがあります。速度が重要な場合は安全性に十分注意してポインタを使うことも考えられます。

9.3　関数のポインタ

　関数のポインタは、関数がある場所を示す値です。

■ 関数ポインタ

　関数ポインタは、関数がある場所を示す値を指し、関数を別の関数に渡すために使うことができます。

　たとえば、データを並べ替えるときに使うことができる cstdlib で宣言されている関数 qsort() には、比較関数のポインタを指定します。

　qsort() の書式は次の通りです。

```
void qsort(void *base, size_t nmemb, size_t size,
                int (*compar)(const void *, const void *));
```

　base には並べ替えるデータが入っている配列の先頭アドレス（ポインタ）を指定します。nmemb にはデータの数を指定します。size にはデータ 1 個のサイズを指定します。

　compar() は比較関数のポインタで、ここでは次のような比較関数を定義して使います。

```
int compare(const void *a, const void *b) {
  return *(int *)a - *(int *)b;
}
```

　この関数は引数 *a と *b の値を比較して、*a のほうが大きければ正の値を、*b のほうが大きければ負の値を、*a と *b が同じ値ならゼロを返して qsort() が並べ替えるときの判断基準とします。

データが data に 20 個保存されているとすると、qsort は次のように使います。

```
qsort((void *)data, 20, sizeof(data[0]), compare);
```

関数の名前 compare を指定することで関数のポインタを渡すことができる点に注意してください。

次の例は、0〜99 のランダムな数を 15 個生成して配列に保存し、小さい順にソートする（並べ替える）プログラムの例です。

リスト 9.8 ● sortdata.cpp

```cpp
#include <iostream>
#include <iomanip>
#include <ctime>
#include <cstdlib>
#define NDATA 15

// 比較関数
int compare(const void* a, const void* b)
{
  return *(int*)a - *(int*)b;
}

int main(void)
{
  // 乱数ジェネレーターを初期化する
  srand((unsigned int)time(NULL));

  int data[NDATA];
  int i;
  // 0 〜 99 のランダムな数を20個生成して保存する
  for (i=0; i<NDATA; i++)
    data[i] = rand() % 100;

  // 保存されているデータを出力する
  std::cout << "ソート前=";
  for (i=0; i<NDATA; i++)
    std::cout << std::setw(3) << data[i];
  std::cout << std::endl;

  // ソートする
```

```
  qsort((void*)data, NDATA, sizeof(data[0]), compare);

  // ソートされたデータを出力する
  std::cout << "ソート後=";
  for (i=0; i<NDATA; i++)
    std::cout << std::setw(3) << data[i];
  std::cout << std::endl;
}
```

このプログラムをコンパイルして実行する例を次に示します（結果は実行ごとに変わります）。

```
ソート前= 58 11  9  1  1 78 26 19 87 62 39 28 66 93 81
ソート後=  1  1  9 11 19 26 28 39 58 62 66 78 81 87 93
```

問題 9-3

–10 〜 10 の範囲のランダムな数を 20 個生成して配列に保存し、大きい順にソートするプログラムを作ってください。

9.4　コマンドライン引数

ここでは、プログラムを起動するときに指定できるコマンドライン引数（パラメーター）の使い方について説明します。

■ コマンドライン

プログラムを実行するときに、OS に対して入力する文字列全体を**コマンドライン**といいます。たとえば、コマンドプロンプト > または $ に対して次のように入力したとします。

```
>echo sample.dat 200 true
または
$echo sample.dat 200 true
```

　このときの「echo sample.dat 200 true」全体がコマンドラインで、空白で区切られた個々の文字列「echo 」や「sample.dat」、「200」、「true」は**コマンドライン引数**です（C/C++ プログラムはこれらすべてを引数として受け取りますが、最初の文字列はコマンドと同じ文字列で、残りがコマンドに対する引数です）。

■ コマンドライン引数の処理

　C/C++ のプログラムを起動するときにコマンドライン引数を指定すると、プログラムの中でそれらを利用することができます。このコマンドライン引数を取得するには、main() の引数を使います。

```
int main(int argc, char* argv[])
```

　プログラムを起動したとき、main() の引数 argc はコマンドライン引数の数 +1 の値が保存されています。argv はコマンドライン引数が文字配列のポインタの形で保存されています。
　たとえば、次のようなコマンドラインで起動したとします。

```
>program sample.dat 200 true
```

　すると、main() の引数の内容は次のようになります。

```
int argc = 4;
char argv[0] = "program";
char argv[1] = "sample.dat";
char argv[2] = "200";
char argv[3] =  "true";
```

　注意しなければならないことは、argv は「char *argv[]」の形なので、引数の値は文字列の配列であるという点です。また、引数に整数や実数を指定したとしても、プログラムに渡されるのは数値の文字列表現になります。
　for ステートメントを使ってコマンドライン引数を出力するコードは次のようになります。

```
for (i=0; i<argc; i++)
  std::cout << "argv[" << i << "]=" << argv[i] << std::endl;
```

次の例は、コマンドライン引数の数と内容を出力するプログラムの例です。

リスト 9.9 ● cmdargs.cpp

```cpp
#include <iostream>

int main(int argc, char* argv[])
{
  if (argc < 2) {
    std::cout << "引数を1個以上指定してください." << std::endl;
    return -1;
  }

  // コマンドライン引数の数を出力する
  std::cout << "argc=" << argc << std::endl;

  // コマンドライン引数を出力する
  for (int i=0; i<argc; i++)
    std::cout << "argv[" << i << "]=" << argv[i] << std::endl;
}
```

実行例を次に示します。

```
>cmdargs Hello 123 abc 23.45
argc=5
argv[0]=cmdargs
argv[1]=Hello
argv[2]=123
argv[3]=abc
argv[4]=23.45
```

引数が数値であって、数として扱いたい場合は、char の配列から数に変換する必要があります。char の配列から数に変換するには cstdlib で宣言されている次の表に示す関数を使うことができます。

表9.1●charの配列から数に変換する関数

関数	機能
int atoi(const char *nptr);	char の配列の文字列を整数に変換する
long atol(const char *nptr);	char の配列の文字列を long 整数に変換する
double atof(const char *nptr);	char の配列の文字列を double 値に変換する

次の例は、コマンドライン引数に指定した整数値を合計して出力するプログラムの例です。

リスト 9.10 ● sumargs.cpp

```cpp
#include <iostream>
#include <cstdlib>

int main(int argc, char* argv[])
{
  if (argc < 2) {
    std::cout << "整数の引数を1個以上指定してください." << std::endl;
    return -1;
  }

  // コマンドライン引数の値を加算する
  int total = 0;
  for (int i=1; i<argc; i++)
    total += std::atoi(argv[i]);

  std::cout << "Total=" << total << std::endl;
}
```

実行例を次に示します。

```
>sumargs 123 45 67 21
Total=256
```

10

構造体、共用体、列挙型

　ここでは、構造体や共用体、列挙体について説明します。構造体は、第 11 章のクラスを理解するためにも重要な概念です。

10.1 構造体

　構造体はメンバーと呼ばれる要素の集まりです。

■ 構造体の定義

　構造体は、いくつかのメンバーで構成されるデータ構造です。構造体のことを「型」あるいは「データ型」、「ユーザー定義型」と呼ぶことがあります。

　構造体の書式は次の通りです。

```
struct [tag] {
  member-list
} [decl];
```

　tag は構造体を識別するタグです。*member-list* は構造体のメンバーのリストで、メンバーは一般的なデータ型でも、ポインタでも、他の構造体やクラスでもかまいません。

　decl は変数宣言で、構造体を宣言すると同時に変数を宣言したいときには、*decl* に変数名を列挙します。通常はその構造体を宣言してすぐにその構造体を使いたいときに記述します。

　次の例は、XY というタグの構造体を定義し、この構造体の変数 pos1 を宣言した例です。

```
struct XY //構造体の宣言
{
    int x;
    int y;
} pos1;
```

　ここで作成した XY 構造体の変数 pos1 に値を保存するときには次のようにします。

```
pos1.x = 10;
pos1.y = 20;
```

　次の例のように typedef を使って構造体をデータ型として宣言することや、定義した構造体変数を作成するとともに初期化することもできます。

```
typedef struct XY Point;

int main(int argc, char* argv[])
{
  Point pos = {2, 3};
```

　次の例は点の座標を表す構造体 XY を宣言して使う例です。

リスト 10.1 ● struct1.cpp

```
#include <iostream>

 // 構造体の宣言（変数も同時に宣言）
struct XY
{
  int x;
  int y;
} pos1;

int main(int argc, char* argv[])
```

```
{
  struct XY pos = {2, 3};
  std::cout << "pos=(" << pos.x << "," << pos.y <<")\n";
  pos1.x = 10;
  pos1.y = 20;
  std::cout << "pos1=(" << pos1.x << "," << pos1.y <<")\n";
}
```

実行すると次のようになります。

```
pos=(2, 3)
pos1=(10, 20)
```

また、キーワード typedef を使って構造体を宣言するとともにデータ型として宣言することもできます。このときには tag を省略できます。たとえば、次のようにして2個のメンバーを持つ構造体をデータ型 Point として定義することができます。

```
typedef struct
{
  int x;
  int y;
} Point;
```

次の例は上のデータ型 Point を実行できるようにしたプログラムの例です。

リスト 10.2 ● struct2.cpp

```
#include <iostream>

 // 構造体の宣言（データ型として宣言）
typedef struct
{
  int x;
  int y;
} Point;

int main(int argc, char* argv[])
{
  Point pos = {2, 3};
```

```
  std::cout << "pos=(" << pos.x << "," << pos.y <<")\n";
}
```

■ 構造体を持つ構造体

構造体のメンバーを構造体にすることもできます。

たとえば、円の中心座標と半径を保存する構造体を作成するものとします。最初に中心座標 (x,y) を保存する構造体 Point を定義します。

```
// XY - 座標の構造体
typedef struct {
  int x;
  int y;
} XY;
```

そして、この構造体を保存し、さらに半径を保存する円の構造体を定義します。

```
// Circle - 円の構造体
typedef struct {
  XY center;
  int radius;
} Circle;
```

円の値は次のようにして作ることができます。

```
Circle c = { {40, 50}, 70 };
```

座標値にアクセスするためには、次の形式でアクセスします。

> （円の構造体変数）．（円の構造体メンバー）．（座標の構造体メンバー）

この例ではこれは次のようになります。

```
c.center.x              // 円のX座標
c.center.y              // 円のY座標
```

この式は、たとえば次のように使います。

```
std::cout << "中心座標は(" << center.x << "," << c.center.y")\n";
std::cout << "半径は" << c.radius << "\n";
```

実行できるプログラム全体を次に示します。

リスト 10.3 ● struct3.cpp

```cpp
#include <iostream>

// XY - 座標の構造体
typedef struct {
  int x;
  int y;
} XY;

// Circle - 円の構造体
typedef struct {
  XY center;
  int radius;
} Circle;

int main(int argc, char* argv[]) {

  Circle c = { {40, 50}, 70 };

  std::cout << "中心座標は(" << c.center.x << "," << c.center.y << ")\n";
  std::cout << "半径は" << c.radius << "\n";
}
```

これを実行すると、次のように出力されます。

```
中心座標は(40,50)
半径は70
```

■ 構造体のリンク

構造体を次の構造体にリンクしてリストを作成することができます。

ここでは次のような個人の番号と名前を保存する構造体を考えてみます。

```
// Member型の定義
typedef struct member {
  int number;
  char name[128];
  struct member *next;
} Member;
```

この構造体のメンバーは、番号（int number）と名前（char name[128]）、そして、この構造体の次の要素を表すポインタ（struct member *next）です。

この構造体を次の図のようにつなげます。

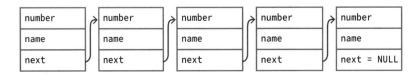

図10.1●構造体のリストのイメージ

構造体の next が次の構造体の先頭を指すというところがポイントです。最後の構造体の next は NULL にしてそれが最後の要素であることを識別します。

次の変数に入力されたデータを保存することにします。

```
Member data;

// 番号は自動で100から順につける
data.number = 100 + count;
```

```
// 名前は入力してもらい、data.nameに保存する
std::cout << "名前を入力してください（終了はquit）\n");
fgets(buffer, 127, stdin);
strcpy(data.name, buffer);
```

構造体をつなげるためにさらに次のポインタ変数を宣言して NULL で初期化しておきます。

```
Member* start = NULL;   // リスト構造の先頭
Member* last = NULL;    // リスト構造の終端
```

start が NULL だったら、最初の要素です。構造体のメモリーを確保して、last を start に設定します。そうでなければ 2 番目行のデータなので、やはり構造体のメモリーを確保して作成した構造体のアドレスを last の next に保存します。

```
if (start == NULL) { // 最初の要素
  start = malloc(sizeof(Member));
  last = start;
}
else {          // *nextに要素を追加する
  last->next = malloc(sizeof(Member));
  last = last->next;
}
```

これで last にデータを保存する準備ができたので、データを保存します。

```
*last = data;
last->next = NULL;
```

データを表示するには、構造体の next をたどっていきます。最初のデータは start が指している場所にあります。次のデータは現在の構造体の next が指しています。

```
Member* cur = NULL;     // 現在扱っているデータ

// データを表示する
for (cur = start; cur != NULL; cur = cur->next) {
  std::cout << "%5d %s\n", cur->number, cur->name);
}
```

実行できるプログラム全体は次のようになります。

リスト 10.4 ● structlist.cpp

```cpp
#include <iostream>
#include <cstdlib>
#include <cstring>
#include <iomanip>

// Member型の定義
typedef struct member {
  int number;
  char name[128];
  struct member *next;
} Member;

int main(int argc, char* argv[])
{
  Member data;
  Member* start = NULL;  // リスト構造の先頭
  Member* last = NULL;   // リスト構造の終端
  Member* cur = NULL;    // 現在扱っているデータ

  std::cout << "名前を入力してください（終了はquit）\n";
  char buffer[256];
  int count = 0;
  while (1) {
    std::fgets(buffer, 127, stdin);
    buffer[strlen(buffer)-1] = '\0';
    if (std::strcmp(buffer, "quit") == 0)
      break;

    if (start == NULL) { // 最初の要素
      start = (Member *)std::malloc(sizeof(Member));
      if (start == NULL) {
        std::cerr << "メモリーエラー" << std::endl;
        return -1;
      }
      last = start;
    } else {            // *nextに要素を追加する
      last->next = (Member *)malloc(sizeof(Member));
      last = last->next;
    }
```

```
    data.number = 100 + count;
    std::strcpy(data.name, buffer);
    *last = data;
    last->next = NULL;
    count++;
  }
  std::cout << count << "件のデータを登録しました.\n";

  // データを表示する
  std::cout << "登録されたデータ\n";
  for (cur=start; cur!=NULL; cur=cur->next) {
    std::cout << std::setw(5) << cur->number;
    std::cout << ":" << cur->name << std::endl;
  }
}
```

実行例を次に示します。

```
名前を入力してください（終了はquit）
Tommy
Yamada
Henry
quit
3件のデータを登録しました。
登録されたデータ
  100 Tommy
  101 Yamada
  102 Henry
```

Note このプログラムで、名前を保存する変数を「char name[128]」としないで「char *name」として、実行時に malloc() で必要なメモリーだけを確保するようにすれば、メモリーを大幅に節約できます。あるいは「string name」とするのも良い方法です。

■ 構造体の関数

構造体に関数を定義することもできます。

たとえば、次のような幅（width）と高さ（height）をメンバーとする長方形の構造体を宣

言したとします。

```
struct Rect // 長方形の宣言
{
  int width;
  int height;
};
```

　この長方形の構造体に、面積を計算する関数を定義すれば、構造体をより効果的に利用できます。構造体に関数を定義するには、構造体のメンバーとして関数を記述するだけです。次の例は面積を計算する関数 getArea() を構造体のメンバーとして追加する例です。

```
struct Rect // 長方形の宣言
{
  int width;
  int height;
  // 面積を返す関数
  int getArea() { return width * height;}
};
```

　引数がある関数を記述することもできます。次の例は幅と高さを n 倍にする関数を追加する例です。

```
struct Rect // 長方形の宣言
{
    :
  // 幅と高さをn倍にする関数
  void mult(int n) { height *= n; width *= n;}
};
```

　実行できるプログラムの例を次に示します。

リスト 10.5 ● structfunc.cpp

```
#include <iostream>

struct Rect // 長方形の構造体の宣言
{
```

```
    int width;
    int height;
    // 面積を返す関数
    int getArea() { return width * height;}
    // 幅と高さをn倍にする関数
    void mult(int n) { height *= n; width *= n;}
};
typedef struct Rect rectangle;

int main(int argc, char* argv[])
{
    // 幅が6で高さが8の四角形を作成する
    rectangle rect;
    rect.width = 6;
    rect.height = 8;

    // サイズを表示する
    std::cout << rect.width << " X " << rect.height << std::endl;
    // 面積を表示する
    std::cout << "面積=" << rect.getArea() << std::endl;

    // 幅と高さを2倍する
    rect.mult(2);
    // サイズを表示する
    std::cout << rect.width << " X " << rect.height << std::endl;
    // 面積を表示する
    std::cout << "面積=" << rect.getArea() << std::endl;
}
```

Note 一部の実装では、C++ のクラスのコンストラクタ（第11章参照）に相当する関数を記述できる場合もあります。

```
#include <iostream>

struct Rect // 長方形の宣言
{
    int width;
    int height;
    struct Rect(int w, int h) { width = w; height = h;};
    int getArea() { return width * height;}
```

```
};
typedef struct Rect rectangle;

int main(int argc, char* argv[])
{
  // 幅が6で高さが8の四角形を作成する
  rectangle rect = rectangle(6, 8);

  // サイズを表示する
  std::cout << rect.width << " X " << rect.height << std::endl;
  // 面積を表示する
  std::cout << "面積=" << rect.getArea() << std::endl;
}
```

問題 10-2

半径を入力すると、半径と面積を出力するプログラムを、構造体を使って作成してください。

10.2 共用体と列挙型

ここでは共用体と列挙型について説明します。

■ 共用体

共用体は型の異なる値を同じメモリーに保存するときに使います。構造体とは違って、共用体では先頭アドレスが重複する部分にすべてのメンバーの同じ値が保存され、それぞれの型の値として解釈されます。

たとえば、char、int、long の共用体のメモリー上の状態は次のようになります（ここでは char は 8 ビット、int は 16 ビット、long は 32 ビットと仮定します）。

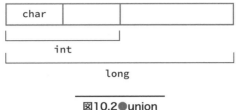

図10.2●union

　型の異なる値を保存する構造を作るには union を使います。union の書式は構造体に似ていて、次の通りです。

```
union [tag] {
  member-list
} [decl];
```

　tag は共用体を識別するタグです。*member-list* は共用体のメンバーのリストです。*decl* は変数宣言です。

　次の例は共用体を宣言して使用する例です。

リスト 10.6 ● unionsmpl.cpp

```cpp
#include <iostream>
#ifdef _MSC_VER
#pragma warning(disable : 4996)
#endif

  // 共用体の定義
union _CINT {
  unsigned long long ll;
  unsigned long l;
  int i;
  char ch;
};
typedef union _CINT cint;

int main(int argc, char* argv[])
{
  std::cout << "整数を入力してください:";
  int n;
  scanf("%d", &n);
```

```
  cint v;
  v.i = n;        // v に整数として保存する

  std::cout << v.ch << "=0x"
    << std::hex << (int)(v.ch & 0xff) << std::endl;        // 文字として取り出す
  std::cout << "v.i=" << std::dec << v.i << std::endl;      // intとして取り出す
  std::cout << "v.l=" << std::dec << v.l << std::endl;      // longとして取り出す
  std::cout << "v.ll=" << std::dec << v.ll << std::endl;   // longとして取り出す
}
```

このプログラムの実行例を次に示します（実行結果は環境によって異なる場合があります）。

```
整数を入力してください:12345
9=0x39
v.i=12345
v.l=12345
v.ll=12345
```

■ 列挙型

列挙型は、一連の整数の定数（列挙子）を定義するときに使います。これはあたかもデータ型であるかのように扱われます。一連の定数を定義するときには enum を使います。enum の書式は次の通りです。

```
enum [tag]
{
  id [= value]
  [ , ... ]
}
```

tag は列挙型の名前です。省略可能ですが、この列挙型の変数を宣言して使いたいときには必須です。

id は定数（列挙子）の名前です。

value は定数の値で、省略可能です。*value* を省略した場合、デフォルトでは最初の定数の値は 0 から始まり、以降の定数には 1 つ前の定数より 1 ずつ大きな値が割り当てられます。

次の例は、定数を 7 種類定義する例です。DATA_ID の実際の値は -1、DATA_NAME の値は 0、DATA_ADDRESS1 の値は 1、DATA_ADDRESS2 の値は 2、DATA_UNKNOWN の値は 99 です。

```
enum
{
    DATA_ID = -1,
    DATA_NAME,
    DATA_ADDRESS1,
    DATA_ADDRESS2,
    DATA_ADDRESS3,
    DATA_PHONE,
    DATA_UNKNOWN = 99
};
```

次の例は、DiskType という名前で、TYPE_SSD（値は 0）、TYPE_HD（1）、TYPE_CDROM（3）、TYPE_UNKNOWN（4）という 4 個の定数を定義し、DiskType 型の変数を宣言する例です。

```
enum DiskType
{
    TYPE_SSD,
    TYPE_HD,
    TYPE_CDROM = 3,
    TYPE_UNKNOWN
};
```

いったん列挙型を定義したら、その変数を宣言したり、別の値を保存することもできます。

```
DiskType dt;          // 列挙型の変数を宣言する
dt = (DiskType)8;     // 列挙型の変数に値を設定する
```

次の例は、列挙型で定義した値を使うプログラムの例です。

リスト 10.7 ● enumsmpl.cpp

```
#include <iostream>

// DiskTypeの定義
enum DiskType
{
```

```
  TYPE_SSD,
  TYPE_HD,
  TYPE_CDROM = 3,
  TYPE_UNKNOWN
};

int main(int argc, char* argv[])
{
  std::cout << "SSDの値は=" << TYPE_SSD << std::endl;
  std::cout << "HDの値は=" << TYPE_HD << std::endl;
  std::cout << "CD-ROMの値は=" << TYPE_CDROM << std::endl;
  std::cout << "不明の値は=" << TYPE_UNKNOWN << std::endl;
}
```

実行結果は次のようになります。

```
SSDの値は=0
HDの値は=1
CD-ROMの値は=3
不明の値は=4
```

Note 列挙型に名前空間を指定することで、他で定義されている定数と同じ名前で異なる定数を定義
することができます（名前空間については第15章「名前空間」で説明します）。

11

クラス

ここでは、C++ のクラスについて説明します。

11.1 クラス

クラスはオブジェクトを作成するときのひな型です。ここでは、クラスの持つ意味、クラスの定義の仕方と使い方について説明します。

■ クラスとオブジェクト

オブジェクト指向プログラミングでは、一般にクラスからオブジェクトを作成します。あるクラスの特定のオブジェクトはインスタンスといいます。

クラスは、オブジェクトのひな形となる定義です。オブジェクトはクラスのインスタンスとして作成しますから、オブジェクトを作成するためにはクラスを定義する必要があります。

オブジェクトは、特定の型（クラス）のインスタンス（具体的なオブジェクト）のことです。

たとえば、Dog（犬）クラスというのは型（種類）の名前であって、Dog クラスのたとえば pochi という特定の犬がインスタンスであり具体的なオブジェクトです。

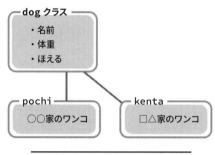

図11.1●クラスとインスタンス

　Dog は pochi だけではなく、隣の家の kenta も Dog ですから、同じクラスのオブジェクト（インスタンス）が複数存在することは何の不思議もありません。

　また、それぞれの Dog には、名前があり、体重があって、吠えるという共通の行動を取ります。

■ クラスの定義

　クラスは、いくつかのメンバーで構成されるデータ構造です。クラスを定義するときには、キーワード class と名前を使います。

　クラスの基本的な書式は次の通りです。

```
class [tag] {
  member-list
};
```

　tag はクラスを識別するタグです。*member-list* はクラスのメンバーのリストで、メンバーは一般的なデータ型でも、ポインタでも、定数でも、他のクラスや構造体でもかまいません。さらに、メンバーは関数でもかまいません。クラスには関数（プログラムコード）を定義できるという点は、クラスの持つ大きな特色です。

　次の例は Dog という名前のクラス定義の例です。

```
class Dog {

  // クラスのメンバー

};
```

ここに、name（名前）と weight（体重）という変数を作成してみましょう。

```
class Dog {
public:
  std::string name;    // 名前
  int age;             // 年齢
};
```

このクラス定義の2行目にある「public:」は、これらの変数がクラスの外側からアクセスできることを意味します。このようなアクセスの範囲を指定するものを**アクセス指定子**（またはアクセス修飾子）といいます。通常使われる主なアクセス修飾子を次の表に示します。

表11.1●アクセス指定子

修飾子	意味
public:	アクセスは制限されない。クラスの外部や継承されたクラスからもアクセスできる
protected:	そのクラスかそのクラスから継承されたクラスからアクセスできる
private:	そのクラス内部にアクセスが制限される

■ コンストラクタ

クラスを定義したら、クラスのインスタンスが作成される時に呼び出されるコンストラクタと呼ばれる特別な関数を定義します。この関数の名前はクラス名と同じで、関数の内容は必要に応じてクラスの初期化と、クラスのメンバー変数を設定するコードです。

```
class Dog {
public:
  std::string name;    // 名前
  int age;             // 年齢

  // コンストラクタ
  Dog(std::string dogname, int dogage)
  {
    name = dogname;
    age = dogage;
  }
};
```

　コンストラクタの引数を、クラスのメンバーの名前を同じにすることができます。その場合、クラスのメンバーであることを示すために this ポインタを使います。

```
class Dog {
public:
  std::string name;    // 名前
  int age;             // 年齢

  // コンストラクタ
  Dog(std::string name, int age)
  {
    this->name = name;
    this->age = age;
  }
};
```

■ メンバー関数

　次に、このクラスの中に bark（吠える）と print（名前と体重を出力する）という動作を表す関数を作成してみましょう。

　クラスの中の関数は特に**メンバー関数**と呼びます（他のオブジェクト指向プログラミング言語では**メソッド**と呼ばれることがあります）。

```
class Dog {
public:
  std::string name;    // 名前
  int age;             // 年齢

  // コンストラクタ
  Dog(std::string dogname, int dogage)
  {
    name = dogname;
    age = dogage;
  }

  // メンバー関数
  void bark() {
    std::cout << "ワン！ワン！" << std::endl;
```

```
  };

  void print() {
    std::cout << "名前=" << name
      << "  年齢=" << age << std::endl;
  };
};
```

これで Dog クラスが定義できました。

クラスのインスタンス（オブジェクト）を作成するには、キーワード new を使ってコンストラクタを呼び出します。

```
Dog* pochi = new Dog("ぽち", 5);
```

これでポインタ pochi が指す場所に Dog のインスタンス（オブジェクト）が作成されました。また、クラスのメンバー関数は次のような形式で呼び出します。

```
pochi->print();
```

new で作成したオブジェクトは、使い終わったら delete で削除します。

```
delete pochi;
```

次の例は、Dog という名前のクラスを定義して、その中に bark() と print() という名前のメンバー関数を定義したプログラムの例です。

リスト 11.1 ● dog.cpp

```
#include <iostream>
#include <string>

class Dog {
public:
  std::string name;    // 名前
  int age;             // 年齢

  Dog(std::string dogname, int dogage)
```

```
  {
    name = dogname;
    age = dogage;
  }

  void bark() {
    std::cout << "ワン！ワン！" << std::endl;
  };

  void print() {
    std::cout << "名前=" << name
      << "　年齢=" << age << std::endl;
  }
};

int main(int argc, char* argv[])
{
  Dog* pochi = new Dog("ぽち", 5);
  pochi->print();
  pochi->bark();
  delete pochi;      // 使い終わったらdelete
}
```

このプログラムの実行例を次に示します。

```
名前=ぽち　年齢=5
ワン！ワン！
```

問題 11-1

名前、年齢、毛の色を情報として持つ Dog クラスを定義して、複数の犬の情報を登録した後で、それらの情報を出力するプログラムを作ってください。

■ アクセサ

むやみに変更されると困るようなメンバー変数は private にすることで保護して、**アクセサ**と呼ぶメンバー変数にアクセスするための public 関数を使わないとクラスの外部からは変更できないようにすることができます。

たとえば、年月を表すクラス YMDate のメンバー変数を次のように定義します。

```
class YMDate {
private:
  int year;      // 年
  int month;     // 次
}
```

これで year と month にはクラスの外部からはアクセスできなくなります。

そして、クラスの外からこれらのメンバー変数にアクセスするために、getter（値を取得する関数）や setter（値を設定する関数）と呼ばれる public な関数を用意します。

このとき、たとえばメンバー変数に保存できる値の範囲をチェックするようにすることができます。

```
public:
  int getYear() {        // getter
    return year;
  }
  int setYear(int y) {  // setter
    if (y < 1900 || y > 2500) return -1;
    year = y;
    return 0;
  }
```

上の例では、getter である getYear() は year の値をそのまま返しますが、setter である setYear() は、y の値が 1900 未満か y の値が 2500 を超えるときには 1 を返してエラーであることを呼び出し側に知らせます。

年と月の両方の getter と setter を記述したクラス全体は次のようになります。

```
class YMDate {
private:
```

```
    int year;
    int month;

public:
  int getYear() {        // getter
    return year;
  }
  int setYear(int y) {   // setter
    if (y < 1900 || y > 2500) return -1;
    year = y;
    return 0;
  }
  int getMonth() {        // getter
    return month;
  }
  int setMonth(int m) { // setter
    if (m < 1 || m > 12) return 1;
    month = m;
    return 0;
  }
};
```

　上の例では、setMonth は、m の値が 1 〜 12 の範囲外の値であるときには −1 を返してエラーであることを呼び出し側に知らせます。

　このようにすることで、このクラスの外部から year や month の値を直接変更したり、year や month に不適切な値を保存することを抑止できます 。

■ クラスの中の列挙型

　クラスの中で列挙型を定義することもできます。

```
class DiscClass
{
public: // クラス外からアクセスできるようにする
  enum DiskType
  {
    TYPE_SSD = 0x12,
    TYPE_HD,
    TYPE_MO,
    TYPE_CDROM,
```

```
      TYPE_UNKNOWN = 99
  };
};
```

　他のクラスで定義した列挙子にアクセスするには、型あるいは定数名（列挙子名）をクラス名で修飾します。

```
if (n == DiscClass::TYPE_SSD)
  ⋮
```

　次の例は、DiscClass クラスの内部で列挙型 DiskType を定義して使用するプログラムの例です。

リスト 11.2 ● clsenum.cpp

```cpp
#include <cstdlib>
#include <iostream>

class DiscClass
{
public: // クラス外からアクセスできるようにする
  enum DiskType
  {
    TYPE_SSD = 0x12,
    TYPE_HD,
    TYPE_MO,
    TYPE_CDROM,
    TYPE_UNKNOWN = 99
  };
};

DiscClass::DiskType dt; // C++ ではタグだけで宣言可能

int main(int argc, char* argv[])
{
  if (argc < 2)
  {
    fprintf(stderr, "引数を指定してください。");
    return -1;
  }
```

```
  if (atoi(argv[1]) == DiscClass::TYPE_SSD)
    std::cout << "TYPE_SSD" << std::endl;
  else
    std::cout << "SSD以外" << std::endl;
}
```

11.2 継承

継承とは、あるクラスから派生したクラスが、もとのクラスが持つ特性や動作などを引き継ぐということです。

■ 継承

C++ のクラスは、他の既存のクラスから派生することができます。派生したクラスは、元のクラスを継承します。

わかりやすい例でたとえると、まず、「4 本足の動物」を Animal（動物）クラスとして定義したものとします。この「クラス」は、四本足（legs=4）で名前（name）と体重（weight）があり、歩く（walk）ことができるということだけはわかっていますが、どのような種類の動物であるかという点が未確定の、定義があいまいなクラスです。

プログラムの中で実際に具体的な犬というもの（オブジェクト）を使いたいときには、「Animal クラス」から派生したクラスとして、たとえば、「Dog クラス」という、より具体的なクラスを定義します。「Dog クラス」は、「Animal クラス」のもつあらゆる特性（四本足、名前がある、体重がある）や動作（歩くなど）をすべて備えているうえに、さらに「犬」として機能する特性（尻尾が 1 本ある）や動作（ワンと吠える）を備えています。つまり、「Dog クラス」は、より一般的な「Animal クラス」のもつ特性や動作を継承しているといえます。

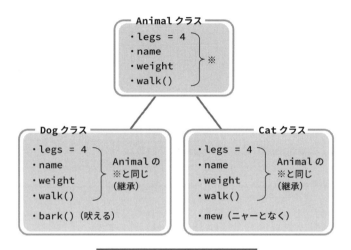

図11.2●継承（クラスの派生）

　あるクラスを継承して別のクラスを宣言するときに、継承元のクラスとして使われるクラスを**ベースクラス**といい、継承して作成した新しいクラスを**派生クラス**といいます。

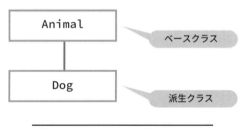

図11.3●ベースクラスと派生クラス

　ベースクラスは、基本クラス、スーパークラス、親クラスあるいは上位クラス、派生もとのクラスなどと呼ばれることがあります。

　派生クラスは、派生したクラス、子クラスあるいは下位クラス、サブクラスなどと呼ばれることがあります。

　ベースクラスと派生クラスは次のような形式で定義します。

```
class BaseClass
{
    （クラスの定義）
};

class SubClass : public BaseClass
{
    （クラスの定義、BaseClassのメンバーを継承している）
};
```

上の構造で、BaseClass はベースクラス、SubClass は BaseClass から派生したクラスです。

■ 継承の例

ここで、Dog クラスと Cat クラスを定義して使うことを考えてみましょう。

個々のクラスをまったく別々に定義することもできますが、最初に Animal クラスを定義して、それを継承する派生クラス Dog クラスと Cat クラスを定義すると、Animal クラスに共通することは Animal クラスに記述できるので、コードを整理できます。

そこで、まず、ベースクラスである Animal クラスを定義してみましょう。

```
class Animal
{
protected:
  std::string name;    // 名前
  int age;             // 年齢

public:
  Animal(std::string name, int age)
  {
    this->name = name;
    this->age = age;
  }

  void print() {
    std::cout << "名前=" << name
      << "  年齢=" << age << std::endl;
  }
};
```

　ベースクラスを定義するときに、書式上、特別なことは何もありません（これまでに説明したクラスの定義の方法と同じです）。

　次に、派生クラスである Dog クラスを定義してみましょう。次のように定義します。

```
class Dog : public Animal
{
  // nameやage、print()はAnimalクラスで定義されているものを継承
public:
  Dog(std::string name, int age) : Animal(name, age){};

  void bark() {
    std::cout << "ワン！ワン！" << std::endl;
  };
};
```

　ここで、クラスの宣言でベースクラスを指定して「class Dog : public Animal」としていることに注目してください。これで Dog クラスは Animal から派生したことを示します。

　Cat クラスは Dog クラスと同じように定義できます。ただし、泣き声だけは「にゃー にゃー」に変えます。

```
class Cat : public Animal
{
  // nameやage、print()はAnimalクラスで定義されているものを継承
public:
  Cat(std::string name, int age) : Animal(name, age){};

  void bark() {
    std::cout << "にゃー にゃー" << std::endl;
  };
};
```

Animal、Dog、Cat クラスをまとめると、次のようになります。

```
class Animal
{
protected:
  std::string name;    // 名前
  int age;             // 年齢
```

```
public:
  Animal(std::string name, int age)
  {
    this->name = name;
    this->age = age;
  }

  void print() {
    std::cout << "名前=" << name
      << "  年齢=" << age << std::endl;
  };
};

class Dog : public Animal
{
  // nameやage、print()はAnimalクラスで定義されているものを継承
public:
  Dog(std::string name, int age) : Animal(name, age){};

  void bark() {
    std::cout << "ワン！ワン！" << std::endl;
  };
};

class Cat : public Animal
{
  // nameやage、print()はAnimalクラスで定義されているものを継承
public:
  Cat(std::string name, int age) : Animal(name, age){};

  void bark() {
    std::cout << "にゃー にゃー" << std::endl;
  };
};
```

Animal、Dog、Cat クラスを使うプログラムの例を次に示します。

リスト 11.3 ● animals.cpp

```
#include <iostream>
#include <string>
```

```cpp
class Animal
{
protected:
  std::string name;    // 名前
  int age;             // 年齢

public:
  Animal(std::string name, int age)
  {
    this->name = name;
    this->age = age;
  }

  void print() {
    std::cout << "名前=" << name
      << "  年齢=" << age << std::endl;
  };
};

class Dog : public Animal
{
public:
  Dog(std::string name, int age) : Animal(name, age){};

  void bark() {
    std::cout << "ワン！ワン！" << std::endl;
  };
};

class Cat : public Animal
{
public:
  Cat(std::string name, int age) : Animal(name, age){};

  void bark() {
    std::cout << "にゃー にゃー" << std::endl;
  };
};

int main(int argc, char* argv[])
{
  Dog* pochi = new Dog("ぽち", 5);
```

```
    pochi->print();
    pochi->bark();

    Cat* tama = new Cat("たま", 4);

    tama->print();
    tama->bark();

    delete pochi, tama;
}
```

これを実行すると次のように出力されます。

```
名前=ぽち　年齢=5
ワン！ワン！
名前=たま　年齢=4
にゃー　にゃー
```

問題 11-2
Animal クラスから Pig（豚）クラスと Sheep（ひつじ）クラスを派生させて、それらの
クラスを使ったプログラムを作成してください。

■ アクセス指定子

　すでに示したようにクラスのメンバーには、アクセスする範囲を次の表に示す**アクセス指定子**というもので指定することができます。

表11.2●アクセス指定子（再掲）

修飾子	意味
public:	アクセスは制限されない。クラスの外部や継承されたクラスからもアクセスできる
protected:	そのクラスかそのクラスから継承されたクラスからアクセスできる
private:	そのクラス内部にアクセスが制限される

　たとえば、次のようなクラスを作ったとします。

```
class Sample{
  public:
    int a;       //  publicメンバー
    void funcA();
  private:
    int b;       //  privateメンバー
    void funcB();
  protected:
    int c;       //  protectedメンバー
    void funcC();
  };
```

変数 a と funcA() はすべての範囲からアクセス可能です。変数 b と funcB() は同じクラスまたは同じインスタンスの中でアクセス可能です。変数 c と funcC() は同じクラスまたは同じインスタンスおよび派生クラスおよびそのインスタンスでアクセス可能です。

Note アクセス指定に関しては、初歩のうちは、クラスの外部からアクセスして欲しくないメンバーには private を指定するということを覚えておきましょう。これは安全安心なプログラムを作るうえで重要です。

private と protected の違いは、protected は継承しているクラスに影響を与えるという点です。

継承の際にもアクセス指定子を指定することができます。一般的には、たとえば「class Dog : public Animal」のように public で継承しますが、継承時にアクセス指定子をつけて、継承元のメンバーへのアクセスを制限することができます。たとえば、継承時に private を指定すると、public と protected が private になります。

```
class BaseClass {
private:
  int a = 1;
protected:
  int b = 2;
public:
  int c= 3;
};
```

```
class SubClass : private BaseClass {
public:
  int x = 0;   // aはprivateなので「x = a」はエラー
  int y = b;
  int z = c;
};

int main(int argc, char* argv[])
{
  SubClass *p = new SubClass();
  //std::cout << p->a << std::endl; // アクセスできない
  //std::cout << p->b << std::endl; // アクセスできない
  //std::cout << p->c << std::endl; // アクセスできない
  std::cout << p->x << std::endl;
  std::cout << p->y << std::endl;
  std::cout << p->z << std::endl;
  // 使い終わったらdelete
  delete p;
}
```

■ 多重継承

C++ では複数のベースクラスからひとつの派生クラスを定義できます。
たとえば、チーズバーガーについて考えてみましょう。

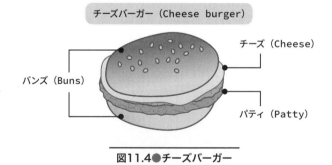

チーズバーガー（Cheese burger）

チーズ（Cheese）

バンズ（Buns）

パティ（Patty）

図11.4●チーズバーガー

チーズバーガーは、バンズ（Buns）にチーズ（Cheese）とパティ（Patty）をはさんだものです。
これは、たとえば次のように定義できます。

```
class Buns {};
class Patty {};
class Cheese {};
class Cheeseburger : public Buns, private Cheese, private Patty {};
```

Buns、Cheese、Patty の各クラスに calorie というメンバーがある場合、Cheeseburger クラスとその派生クラスでは、どの calorie を指しているのかわかるように Buns::calorie や Patty::calorie のようにします。

これは完全に機能し、動作するようにプログラミングすることができますが、論理的な問題を含んでいます。つまり、チーズバーガーは、本質的にバンズから派生したとみることも、チーズやパティから派生したとみることもできます。これは、チーズバーガーがパン（バンズ）料理に含まれるのか、肉（パティ）料理に含まれるか、あるいは、チーズ料理に含まれるか、という問題を含みます。そして、プログラミング中に、そのことが原因で混乱してしまう可能性があります。

このような理由から、他の多くのオブジェクト指向プログラミング言語では、多重継承ができないようになっています。C++ でも、多重継承は、他に方法がない場合以外には使わないほうが良いでしょう。

12

オーバーロードとオーバーライド

ここでは、オーバーロードとオーバーライドについて説明します。

12.1 オーバーロード

オーバーロード（overload）は、関数や演算子などを同じ名前で複数定義（多重定義）できることを指します。言葉はオーバーライドに似ていますが、ベースクラスの既存の関数を上書きするオーバーライドとは異なります。

■ 演算子のオーバーロード

演算子をオーバーロードすることができます。

たとえば次のような変数を持つクラスがあるとします。

```
class Point {
public:
  int x;
  int y;
}
```

このクラスは 2 個の値を持つので、そのままでは加算できません。そこで、次のように + 演算子をオーバーロードします。

```
// +演算子のオーバーロード
Point operator +(Point r)
{
  Point tp;
  tp.x = this->x + r.x;
  tp.y = this->y + r.y;
  return tp;
}
```

これは、Point クラスのインスタンスの x と y に、それぞれ別のインスタンスの x と y を加算します。

これで演算子 + を使うことができるようになりました。

```
Point p1 = Point(5, 8);
Point p2 = Point(10, 12);

Point addp = p1 + p2;
```

次の例は演算子を定義して使うプログラムの例です。

リスト 12.1 ● opoverload.cpp

```
#include <iostream>

class Point {
public:
  int x;
  int y;

  // コンストラクタ
  Point ()
  {
    x = 0;
    y = 0;
  }
  Point(int xx, int yy)
  {
```

```
    x = xx;
    y = yy;
  }

  // +演算子のオーバーロード
  Point operator +(Point r)
  {
    Point tp;
    tp.x = this->x + r.x;
    tp.y = this->y + r.y;
    return tp;
  }

  void Print()
  {
    std::cout << "(" << this->x << "," << this->y << ")";
  }
};

int main(int argc, char* argv[])
{
  Point p1 = Point(5, 8);
  Point p2 = Point(10, 12);

  Point addp = p1 + p2;

  addp.Print();

  return 0;
}
```

実行結果は次のようになります。

```
(15,20)
```

問題 12-1

３次元の座標のクラスを定義して、２つの座標値を加算する + 演算子をオーバーロードしてください。

■ 関数のオーバーロード

C++ では、同じ名前の関数をオーバーロード（多重定義）することができます。

関数を多重定義するには、関数名を同じ名前にして、戻り値や引数の型や数を変えます。

たとえば、char を 16 進数で出力する関数 Print() を定義したとします。

```
void  Print(char c)
{
  std::cout << std::hex << (int)c << std::endl;
}
```

次のように同じ名前で int を 16 進数で出力する関数を定義できます。

```
void  Print(int n)
{
  std::cout << std::hex << n << std::endl;
}
```

次の例は、引数の型が異なる Print() を多重定義するプログラムの例です。

リスト 12.2 ● fnoverload.cpp

```
#include <iostream>
#include <iomanip>

// charを16進数で出力する
void  Print(char c)
{
  std::cout << std::hex << (int)c << std::endl;
}

// intを16進数で出力する
void  Print(int n)
{
  std::cout << std::hex << n << std::endl;
}

// doubleを小数点以下2桁で出力する
void Print(double x)
{
```

```
  std::cout << std::fixed;
  std::cout << std::setprecision(2) << x << std::endl;
}

int main(int argc, char* argv[])
{
  char c = 'A';
  int n = 44;
  double x = 123.4567;

  Print(c);
  Print(n);
  Print(x);
}
```

実行結果は次のようになります。

```
41
2c
123.46
```

12.2 オーバーライド

オーバーライド（override）は、C++ のクラスの継承で使われる機能です。ベースクラスを継承して作られた派生クラスで、ベースクラスのメンバーを上書き（override）することができます。

■ クラスのオーバーライド

第 11 章で使ってきたプログラムでは、Animal クラスにメンバー関数 print() を作って、派生クラスでも使ってきましたが、派生したクラスにもメンバー関数 print() を作ることができ、そうすると派生クラスのメンバー関数のほうが優先して呼び出されます。

```
class Animal
{
   （略）

  virtual void print() {
    std::cout << "名前=" << name
       << "　年齢=" << age << std::endl;
  };
};
```

```
class Dog : public Animal
{
  // nameやageはAnimalクラスで定義されているものを継承
public:
  Dog(std::string name, int age) : Animal(name, age){};

  void bark() {
    std::cout << "ワン！ワン！" << std::endl;
  };

  // オーバーライド
  void print() override {
    std::cout << "犬だよ。名前は" << name
       << "　年齢は" << age << "歳だよ。" << std::endl;
  };
};
```

　オーバーライドするメンバー関数にはoverride を指定してオーバーライド関数であること
を明示すると良いでしょう。

　また、ベースクラスのオーバーライドされるメンバー関数にはキーワード virtual（仮想）
を付けることができます。virtual を付けた関数を**仮想関数**といいます。

　次の例は Animal クラスの定義全体です。

```
class Animal
{
protected:
  std::string name;    // 名前
```

```
    int age;            // 年齢

public:
  Animal(std::string name, int age)
  {
    this->name = name;
    this->age = age;
  }

  virtual void print() {
    std::cout << "名前=" << name
      << "  年齢=" << age << std::endl;
  };
};
```

Note コンパイラのバージョンやオプションの指定しだいで、キーワード virtual や override を付けなくてもコンパイルして実行できます。

　次の例は、派生した Dog クラスでメンバー関数 print() をオーバーライドしたプログラムの例です。

リスト 12.3 ● override.cpp

```
#include <iostream>
#include <string>

class Animal
{
protected:
  std::string name;   // 名前
  int age;            // 年齢

public:
  Animal(std::string name, int age)
  {
    this->name = name;
    this->age = age;
  }
```

```cpp
  virtual void print() {
    std::cout << "名前=" << name
      << "  年齢=" << age << std::endl;
  };
};

class Dog : public Animal
{
  // nameやageはAnimalクラスで定義されているものを継承
public:
  Dog(std::string name, int age) : Animal(name, age){};

  void bark() {
    std::cout << "ワン！ワン！" << std::endl;
  };

  // オーバーライド
  void print() override {
    std::cout << "犬だよ。名前は" << name
      << "  年齢は" << age << "歳だよ。" << std::endl;
  };
};

class Cat : public Animal
{
  // nameやage、print()はAnimalクラスで定義されているものを継承
public:
  Cat(std::string name, int age) : Animal(name, age){};

  void bark() {
    std::cout << "にゃー にゃー" << std::endl;
  };
};

int main(int argc, char* argv[])
{
  Dog* pochi = new Dog("ぽち", 5);

  pochi->print();
  pochi->bark();
```

```
    Cat* tama = new Cat("たま", 5);

    tama->print();
    tama->bark();

    delete pochi, tama;
}
```

このプログラムの実行例を次に示します。

```
犬だよ。名前はぽち　年齢は5歳だよ。
ワン！ワン！
名前=たま　年齢=5
にゃー　にゃー
```

Cat クラスは print() をオーバーライドしていないので、Animal クラスの print() のコード
が呼び出されます。

> **問題 12-2**
> Animal クラスと、Animal から派生した Dog クラスと Eagle クラスを作成し、それぞれの
> 名前と動き方を表示するメンバーを必要に応じてオーバーライドして定義してください。

13

テンプレート

この章では C++ のテンプレートについて説明します。テンプレートを使ったライブラリである STL（Standard Template Library）については第 14 章「STL コンテナとアルゴリズム」で説明します。

13.1 テンプレートの概要

ここでは、テンプレートについて説明します。

■ テンプレート

テンプレートは、さまざまな型の値を扱えるようにするための C++ の機能です。

C++ では、原則的には、厳密に型を指定してプログラミングします。しかし、C++ では、任意の型を受け入れることができる関数やクラスを作成することもでき、そのような機能をテンプレートといいます。

たとえば、2 つの数の大きいほうを返す maximum() という関数を、テンプレート機能を使って任意の型の引数を受け取る関数として定義することができます。そうすると、たとえば整数の引数を受け取って整数の結果を返すこともできますし、実数の引数を受け取って実数の結果を返すこともできるようになります。

```
int ix, iy;
int resulti = maximum<int>(ix, iy);        // 同じ関数でintの引数も受け取れる

double dx, dy;
double resultd = maximum<double>(dx, dy); // 同じ関数でdoubleの引数も受け取れる
```

クラスが呼び出す関数で必要となる条件を満たしていれば（たとえばこの場合は大小の比較ができるように設計されていれば）、クラスのインスタンスを受け取ってクラスオブジェクトを返すこともできます。

```
class Dog {
    (クラス定義)
};
Dog* d1 = new Dog();
Dog* d2 = new Dog();                    // Dogクラスが受験を満たしていれば
Dog* resultd = maximum<Dog *>(d1, d2);  // 同じ関数でクラスの引数も受け取れる
```

また、任意の型の値を保存して操作できるクラスを定義することもできます（これらの具体的な例は後で示します）。

なお、関数テンプレートとテンプレート関数およびクラステンプレートとテンプレートクラスという言葉は慣例として同じものとして捉えられます。

■ STL

テンプレートを活用するライブラリに、**STL**（Standard Template Library）があります。これは、クラスとテンプレートを導入してさまざまな型に対応できるようにした一連のクラスと関連するものをまとめたライブラリです。STL はプログラミング言語としての C++ で利用するひとつのライブラリとして開発されましたが、現在では STL は事実上 C++ の一部です。

STL については第 14 章「STL コンテナとアルゴリズム」で説明します。

Note 第 14 章「STL コンテナとアルゴリズム」に掲載してあるサンプルを理解して既存のテンプレートライブラリの要素を自由に使えるようにすると、この章の内容をより深く理解することができるようになるでしょう。

13.2 関数テンプレート

関数テンプレート（Function Template）は、任意の型の引数と戻り値を扱うことができる関数を記述したものです。

■ テンプレート関数の定義

関数テンプレートはキーワード template で始まり、続けて <> で囲ったテンプレート引数を指定し、その後に関数を定義します。

```
template <typename T>
T functionName(T parameter1, T parameter2, ...) {
    // code
}
```

T はコンパイルされて実行される時に実際の型（int、double、float、クラス名など）があてはめられます。

たとえば、任意の型の 2 つの引数の値を比較して大きいほうを返すテンプレート関数 maximum() は次のように定義します。

```
template <typename T>
T maximum(const T& lhs, const T& rhs)
{
  return lhs > rhs ? lhs : rhs;
}
```

この場合は、オブジェクトの比較（> 演算子）がクラスに定義されていれば、そのクラスにこのテンプレート関数を使うこともできます。

■ テンプレート関数の使用

定義したテンプレート関数は、テンプレートと矛盾しない任意の型を指定して呼び出します。たとえば、テンプレート関数 maximum() を int 型で使いたいときには次のようにします。

```
maximum<int>(n1, n2);
```

また、たとえば、テンプレート関数 maximum() を double 型で使いたいときには次のように
します。

```
maximum<double>(v1, v2)
```

次の例はテンプレート関数 maximum() を定義して、2 種類のデータ型で使う例です。

リスト 13.1 ● maximum.cpp

```cpp
#include <iostream>

template <typename T>
T maximum(const T& lhs, const T& rhs)
{
  return lhs > rhs ? lhs : rhs;
}

int main()
{
  // int型の値の入力
  int n1, n2;
  std::cout << "2個の整数:";
  std::cin >> n1 >> n2;

  // int型の値の比較
  std::cout << n1 << "と" << n2 << "で大きいほうは:";
  std::cout << maximum<int>(n1, n2) << std::endl;

  // double型の値の入力
  double v1, v2;
  std::cout << "2個の実数:";
  std::cin >> v1 >> v2;

  // int型の値の比較
  std::cout << v1 << "と" << v2 << "で大きいほうは:";
  std::cout << maximum<double>(v1, v2) << std::endl;
}
```

このプログラムの実行例を次に示します。

```
2個の整数:23 56
23と56で大きいほうは:56
2個の実数:321.65 426.854
321.65と426.854で大きいほうは:426.854
```

次の例は、2個の値を加算して返すテンプレート関数 add() を定義する例です。

```
template <typename T>
T add(T num1, T num2) {
  return (num1 + num2);
}
```

この場合は、オブジェクトの加算（+ 演算子）がクラスに定義されていれば、そのクラスに使うこともできます。

次のリストは、2個の値を加算して返すテンプレート関数 add() を定義して使うプログラムの例です。

リスト 13.2 ● addTfunc.cpp

```cpp
#include <iostream>

template <typename T>
T add(T num1, T num2) {
  return (num1 + num2);
}

int main()
{
  // int型の値の入力
  int n1, n2;
  std::cout << "2個の整数:";
  std::cin >> n1 >> n2;

  // int型の値の加算
  std::cout << n1 << "+" << n2 << "=" << add<int>(n1, n2);
  std::cout << std::endl;
```

```
  // double型の値の入力
  double v1, v2;
  std::cout << "2個の実数:";
  std::cin >> v1 >> v2;

  // int型の値の加算
  std::cout << v1 << "+" << v2 << "=" << add<double>(v1, v2);
  std::cout << std::endl;
}
```

このプログラムの実行例を次に示します。

```
2個の整数:56 23
56+23=79
2個の実数:12.34 23.45
12.34+23.45=35.79
```

問題 13-1
2 個の任意の型の値を乗算して返すテンプレート関数 mult() を定義し、それを使うプログラムを作成してください。

13.3 クラステンプレート

クラステンプレート（Class Template）は、任意の型のデータを扱うことができるクラスを記述したものです。

■ テンプレートクラスの定義

クラステンプレートは最初に「template <class T>」を記述し、続けて通常のクラス定義を記述します。ただし、クラスの中では具体的なデータ型は使わずにデータ型は T にします。

```
template <class T> class ClassName {
  // クラス定義委
  // この中でデータ型はTを使う
};
```

　たとえば、任意の型の座標値 (x, y) を保存するクラスは次のように定義します。この定義には、座標値を表示するメンバー関数 Print() も記述しますが、これも型に依存しない形式で記述します。

```
template <class T> class Point {
  T x;
  T y;
public:
  Point(T x, T y)
  {
    this->x = x;
    this->y = y;
  };
  std::string Print()
  {
    return std::to_string(x) + ", " + std::to_string(y);
  };
};
```

　これでこのクラス Point は、整数（int）の座標値も、実数（double や float）の座標値も扱うことができるようになります。

■ テンプレートクラスの使用

　定義したテンプレートクラスは、テンプレートと矛盾しない任意の型を指定してオブジェクトを作成します。

```
Point<int> ip     = Point<int>(52, 30);         // int型の座標値
Point<double> vp = Point<double>(12.3, 34.5);   // double型の座標値
```

　次のプログラムは、テンプレートクラス Point を定義して使うプログラムの例です。

リスト 13.3 ● templcls.cpp

```cpp
#include <iostream>
#include <string>

template <class T> class Point {
  T x;
  T y;
public:
  Point(T x, T y)
  {
    this->x = x;
    this->y = y;
  };
  std::string Print()
  {
    return std::to_string(x) + ", " + std::to_string(y);
  };
};

int main()
{
  // int型の座標値
  Point<int> ip = Point<int>(52, 30);
  std::cout << ip.Print() << std::endl;

  // double型の座標値
  Point<double> vp = Point<double>(12.3, 34.5);
  std::cout << vp.Print() << std::endl;
}
```

このプログラムの実行例を次に示します。

```
52, 30
12.300000, 34.500000
```

問題 13-2

テンプレートクラス Point を変更して3次元の座標を扱えるようにしてください。

14

STL コンテナとアルゴリズム

ここでは、STL コンテナとアルゴリズムについて解説します。

14.1 STL

STL（Standard Template Library、標準テンプレートライブラリ）は、クラスとテンプレートを導入してさまざまな型に対応できるようにした一連のクラスと関連するものをまとめたライブラリです。

■ STL の内容

STL は、次のような内容から構成されています。

表14.1●の構成要素

要素	解説
コンテナ（Container）	さまざまなオブジェクトを保存するためのオブジェクト。
イテレーター（iterator）	コンテナのデータに順にアクセスするためのオブジェクト。通常、コンテナの要素に繰り返して何らかのことをするときに使う。反復子ともいう。
アルゴリズム（Algorithm）	コンテナのデータを処理したり操作するためのアルゴリズム。たとえばソート（並べ替え）や検索などがある。

なお、その他に標準 C++ ライブラリとして以下のような要素が含まれています。

- IOStream 機能
- ロケール機能
- テンプレート化された文字列クラス（String クラス）
- 複素数を表現するテンプレート化された複素数クラス（Complex クラス）
- 数値配列処理用に最適化された数値の配列クラス（valarray クラス）
- 基本データ型の値の範囲や符号などの情報を統一した方法で提供するクラス（numeric_limits クラス）
- メモリー管理機能
- 多言語文字セットのサポート
- 例外処理機能

なお、この章のサンプルプログラムでは紙面上のスペースを省略するためにコンテナ（vector）の要素を出力するテンプレート関数として以下の関数 printvector() を使いますが、紙上のソースリストでは省略しています。

```cpp
#include <iterator>

// コンテナの内容を出力する
template <typename T>
void printvector(const std::string msg, std::vector<T> & v)
{
  std::cout << msg;
  std::ostream_iterator<T, char> out(std::cout, " ");
  copy(v.begin(), v.end(), out);
  std::cout << std::endl;
}
```

14.2　コンテナとイテレーター

STL コンテナは、任意の型の複数のオブジェクトを保存するために使います。

■ STL コンテナの種類

STL には次の表に示すようなコンテナが用意されています。

表14.2●STLのコンテナ

種類	名前	概要
シーケンスコンテナ	array	配列（C++11）
	deque	両頭のキュー（待ち行列）
	forward_list	単方向リスト（C++11）
	list	一連の値を保存する双方向のリスト
	span	部分シーケンスの参照（C++20）
	vector	一連の値を保存する一種の配列。任意の要素にアクセスできる。
連想コンテナ	map	キーと値のペアを保存するコンテナ。キーは重複できない。
	multimap	キーと値のペアを保存するコンテナ。キーは重複できる。
	set	値をキーとするコンテナ。キーとして使われる値は重複できない。
	multiset	値をキーとするコンテナ。キーとして使われる値は重複できる。
	unordered_map	非順序連想配列（C++11）
	unordered_set	非順序集合（C++11）
アダプタ	stack	先入れ後出しのスタック
	queue	先入れ先出し（FIFO）の待ち行列（キュー）
	priority_queue	優先順位付きのキュー

たとえば、プログラムの中で名前のリストを使いたいとします。そのときには、STL を使って、次のようなコードを使って string を保存する list コンテナを作成することができます。

```
std::list <std::string> namelist;
```

これで、namelist という名前の、複数の string を保存できる list（リスト）が作成されます。

Note 具体的なコードの例は、14.4 節「さまざまな STL コンテナ」の「list」で示します。

■ STL のメンバー関数

STL コンテナの中の要素は、STL のメンバー関数で操作することができます。

STL コンテナの主なメンバー関数を次の表に示します。

表14.3●STLコンテナの主なメンバー関数

メンバー関数	機能	実装しているコンテナクラス
empty()	コンテナが空なら true を返す。	すべてのクラス
size()	コンテナに保存されている要素数を返す。	
max_size()	コンテナに保存できる要素数の上限を返す。	
swap()	同じ型の他のコンテナと内容を交換する。	
begin()	先頭の要素を指すイテレーター（反復子）を返す。	vector、list、deque、set、multiset、map、multimap
end()	最後の要素の次を指すイテレーター（反復子）を返す。	
rbegin()	末尾の要素を指す逆イテレーター（反復子）を返す。	
rend()	先頭の要素の前を指す逆イテレーター（反復子）を返す。	
insert()	コンテナに要素を挿入する。	
erase()	指定したイテレーターが指す要素をコンテナから削除する。	
clear()	コンテナからすべての要素を削除する。	
front()	先頭要素の参照を返す。	vector、list、deque
back()	末尾の要素の参照を返す。	
push_back()	コンテナの末尾に要素を追加する。	
pop_back()	コンテナから末尾の要素を削除する。	
push_front()	コンテナの先頭に要素を追加する。	list、deque
pop_front()	コンテナから先頭の要素を削除する。	
key_comp()	比較用関数オブジェクトを返す。	set、multiset、map、multimap
value_comp()	比較用関数オブジェクトを返す。	
find()	キーに基づいて要素を探索する。	
lower_bound()	挿入できる最初の位置を探す。	
upper_bound()	挿入できる最後の位置を探す。	
count()	キーと一致する要素の数を返す。	

メンバー関数	機能	実装しているコンテナクラス
push()	要素を追加する。	stack、queue、priority_queue
pop()	要素を取り出してコンテナから削除する。	

たとえば、list のメンバー関数 push_back() を使って次のようにすれば、リスト namelist に名前の文字列を保存できます。

```
std::list< std::string> namelist;

std::string name = "ぽち";   // 名前が入っている変数
namelist.push_back(name);    // リストに名前を保存する
```

Note　主な関数の使用例は 14.3 節「さまざまな STL コンテナ」の各項内で示します。

■ イテレーター

イテレーター（反復子、iterator）は、第 5 章で string の要素にアクセスする際に使いましたが、STL のさまざまなコンテナの要素にアクセスするときにも使います。イテレーター（反復子）という名前が付いているのは、通常、コンテナの各要素に順にアクセスするために反復して（繰り返して）使われるからです。

たとえば、イテレーターを使って namelist という名前のリストの各要素を表示したいときには、次のようにします。

```
std::list <std::string> namelist;
list<string>::iterator it = namelist.begin();
for (; it != namelist.end(); it++)
{
  std::cout << *it << std::endl;
}
```

イテレーターは C/C++ のポインタに似ています。実際、イテレーターはある時点でコンテナの中のいずれかの要素を指しているものですし、*（アスタリスク）を付けて実際の値にアクセスする（上の例では *it）ところも、ポインタそっくりです。ただし、ポインタと違って、

イテレーターでは範囲外の要素にアクセスできないので安全です。

イテレーターはコンテナの範囲を指定するときにも良く使われます。

```
func(v.begin(), v.end(), ...);          // 最初の要素から最後の要素まで操作する
func(v.begin(), v.begin() + 5, ...);    // 最初の要素から5番目の要素まで操作する
func(v.end()-5, v.end(), ...);   // 最後から5番目の要素から最後の要素まで操作する
```

14.3 さまざまな STL コンテナ

以下で主な STL コンテナの概要と使用例を示します。

■ array

arrayは、C++11 で導入された配列として機能するコンテナです。array は固定長の要素を複数保存できるシーケンスコンテナです。配列との最も大きな違いは、境界チェックによって範囲外の要素にアクセスしようとしていないか確認できる点で、これによって配列よりも安全に使うことができます。

array はたとえば次のように宣言して初期化することができます。

```
std::array<int, 5> ar = {1, 3, 5, 7, 9};
```

この array の要素にはインデックスでアクセスできますが、次のように size() で範囲を指定すると要素数より多いインデックスでアクセスする危険性を避けられます。

```
for (std::size_t i = 0; i < ar.size(); ++i)
  std::cout << ar[i] << " ";
```

要素を識別するためにインデックスを指定することができて、残念ながら、その場合は範囲チェックは行われません。

```
ar[8] = 10;      // 宣言がstd::array<int, 5> arの場合、間違い
```

しかし、at() でアクセスすると実行時に範囲がチェックされます。

```
ar.at(8) = 10;   // 範囲外の要素への代入
```

上のコードを実行すると std::out_of_range がスローされるようになります。次のような例外処理（第 17 章「エラー処理とデバッグ」参照）のコードを記述すれば、メッセージを出力して実行を継続することができます。

```
try {
  ar.at(8) = 10;
}
catch (const std::out_of_range& e) {
  std::cerr << "arrayの範囲を超えました。" << std::endl;
}
```

なお、イテレーターで個々の要素にアクセスすることもできます。

```
std::for_each(ar.begin(), ar.end(), [](int x) {
    std::cout << x << " ";
  });
```

イテレーターを使う方法でも範囲外にアクセスする危険性がなくなります。

次の例は array を使うプログラムの例です。

リスト 14.1 ● arraysmpl.cpp

```cpp
#include <iostream>
#include <array>
#include <algorithm>     // for_eachのためにインクルード

int main()
{
  std::array<int, 5> ar = {1, 3, 5, 7, 9};

  // インデックスで出力
  for (std::size_t i = 0; i < ar.size(); ++i) {
    std::cout << ar[i] << " ";
```

```
  }
  std::cout << std::endl;

  // 偶数の配列を作って要素をすべて入れ替える
  std::array<int, 5> are = { 0, 2, 4, 6, 8 };
  ar.swap(are);

  // イテレーターで出力
  std::for_each(ar.begin(), ar.end(), [](int x) {
    std::cout << x << " ";
  });
  std::cout << std::endl;
}
```

このプログラムを実行すると、次のように表示されます。

```
1 3 5 7 9
0 2 4 6 8
```

問題 14-1

「quit」が入力されるまで実数値を array に保存して、最後に array に保存されている要素を出力するプログラムを作ってください。

■ deque

deque は、末尾にも先頭にも値を入れることができ、キューの末尾からも先頭からも値を取り出すことができるキュー（待ち行列）です。

たとえば、次のようにして deque を宣言して初期化することができます。

```
std::deque<int> dq = { 1, 3, 5, 7, 9 };
```

たとえば、キューの最後（FIFO の場合最初に取り出される位置）に要素を追加したいときには push_back() を使います。

```
dq.push_back(10);
```

キューの先頭から要素を削除したいときには pop_front() を使います。

```
dq.pop_front();
```

deque の要素の保存と取り出しのための関数を次の表に示します。

表14.4●dequeの要素の保存と取り出し関数

関数	意味
push_back()	キューの末尾に要素を入れる
push_front()	キューの先頭に要素を入れる
pop_back()	キューの末尾から要素を取り出す
pop_front()	キューの先頭から要素を取り出す

以下に deque を使うプログラムの例を示します。

リスト 14.2 ● dequesmpl.cpp

```cpp
#include <iostream>
#include <deque>
#include <algorithm>    // for_eachのためにインクルード

int main()
{
  std::deque<int> dq = { 1, 3, 5, 7, 9 };

  // インデックスで出力
  for (std::size_t i = 0; i < dq.size(); ++i) {
    std::cout << dq[i] << " ";
  }
  std::cout << std::endl;

  dq.push_back(10);      // キューの最後に10を追加する
  dq.pop_front();        // キューの先頭の要素を削除する

  // イテレーターで出力
  std::for_each(dq.begin(), dq.end(), [](int x) {
    std::cout << x << " ";
    });
  std::cout << std::endl;
}
```

このプログラムの実行結果は次のようになります。

```
1 3 5 7 9
3 5 7 9 10
```

■ forward_list

forward_list は前向きにだけたどることができるリストのクラスです。

たとえば、次のようにしてリストを作成します。

```
std::forward_list <std::string> namelist;
```

要素を追加するには、push_front() を使います。

```
namelist.push_front(s); // push_back()は使えない
```

次のようにイテレーターを使ってすべての要素にアクセスすることができます。

```
std::forward_list<std::string>::iterator it = namelist.begin();
for (; it != namelist.end(); it++)
  std::cout << *it << std::endl;
```

次の例は、「quit」が入力されるまでテキストを forward_list に保存して、「quit」が入力
されたら保存されているテキストをすべて出力するプログラムの例です。

リスト 14.3 ● flistsmpl.cpp

```
#include <iostream>
#include <string>
#include <forward_list>

int main()
{
  std::string s = "";
  std::forward_list <std::string> namelist;

  for (int i = 0; ; i++)
```

```
  {
    std::cout << ">";
    std::cin >> s;

    if (s == "quit")
      break;
    namelist.push_front(s); // push_back()は使えない
  }

  std::forward_list<std::string>::iterator it = namelist.begin();
  for (; it != namelist.end(); it++)
    std::cout << *it << std::endl;
}
```

このプログラムの実行例を次に示します。

```
>tommy
>jun
>Kenta
>quit
Kenta
jun
tommy
```

■ list

list は前からでも後ろからでもたどれるという点を除いて、forward_list と同じです。
データを追加するときには、push_back() も push_front() も使うことができます。

```
namelist.push_back(s);   // リストの最後に追加する
namelist.push_front(s);  // リストの先頭に追加する
```

次の例は、「quit」が入力されるまで文字列を保存して、「quit」が入力されると入力された
文字列を出力するプログラムの例です。

リスト 14.4 ● listsmpl.cpp

```cpp
#include <iostream>
#include <string>
#include <list>

int main()
{
  std::string s ="";
  std::list <std::string> namelist;

  for (int i = 0; ; i++)
  {
    std::cout << ">";
    std::cin >> s;

    if (s == "quit")
      break;
    namelist.push_back(s);
  }

  std::list<std::string>::iterator it = namelist.begin();
  for (; it != namelist.end(); it++)
    std::cout << *it << std::endl;
}
```

span

span は C++20 で導入されたシーケンスの一部の参照を取得するためのクラスです（コンパイラによってはサポートされていません）。

たとえば次のような vector があるとします。

```cpp
std::vector <std::string> namelist = {"Tommy", "Kenta", "Brown", "Hanako"};
```

この vector の 2 番目の要素から 3 番目までの要素を取り出すには、次のようにします。

```cpp
auto sp = std::span{ namelist }.subspan(1, 2);
```

　位置は 0 から始まるので、最初の要素を指定するときには 0、2 番目の要素を指定するときには 1 である点に注意してください。

　実行できるプログラムとして作成したものを次に示します。

リスト 14.5 ● spansmpl.cpp

```cpp
#include <iostream>
#include <string>
#include <vector>
#include <span>        // C++20でサポート

int main()
{
  std::vector <std::string> namelist = {"Tommy", "Kenta", "Brown", "Hanako"};

  // vectorの内容を出力する
  std::vector<std::string>::iterator it = namelist.begin();
  for (; it != namelist.end(); it++)
    std::cout << *it << std::endl;
  std::cout << std::string("---------\n");

  auto sp = std::span{ namelist }.subspan(1, 2);

  // spanの内容を出力する
  std::span<std::string>::iterator its = sp.begin();
  for (; its != sp.end(); its++)
    std::cout << *its << std::endl;
}
```

　このプログラムの実行結果を次に示します。

```
Tommy
Kenta
Brown
Hanako
---------
Kenta
Brown
```

執筆時点では g++2a ではサポートされていません。

vector

vector はシーケンスコンテナの一種で、一連の値を保存する一種の配列と考えることができます。任意の要素にアクセスできるコンテナです。

メモリーの消費も少なく比較的高速ですが、要素の挿入や削除には時間がかかります。そのような処理を頻繁に行う場合は list を使ってください。

vector の宣言と初期化は次のように行います。

```
std::vector<int> v = { 1,3,5,7,9 };
```

末尾に要素を追加するには push_back() を使います。

```
v.push_back(2);
```

要素を並べ替えるには sort() を、要素の合計を計算するには accumulate() を使います。

```
// 昇順に並べ替える
std::sort(v.begin(), v.end(), std::less_equal<int>());

// 合計を計算する
int total = accumulate(v.begin(), v.end(), 0);
```

次の例は、整数値をベクタに保存し、sort() を使って並べ替えた後にテンプレート関数 accumulate() を使って合計を求め、出力する例です。

リスト 14.6 ● vectorsmpl.cpp

```
#include <iostream>
#include <vector>
#include <numeric>
#include <algorithm>

int main(int argc, char* argv[])
```

```
{
  std::vector<int> v = { 1,3,5,7,9 };
  printvector(v);   // コンテナの内容を出力する

  // 2と4の要素を追加する
  v.push_back(2);
  v.push_back(4);
  printvector(v);   // コンテナの内容を出力する

  // 昇順に並べ替える
  std::sort(v.begin(), v.end(), std::less_equal<int>());
  printvector(v);   // コンテナの内容を出力する

  // 合計を計算する
  std::cout << "合計= " <<
    accumulate(v.begin(), v.end(), 0) << std::endl;
}
```

このプログラムの実行結果は次のようになります。

```
1 3 5 7 9
1 3 5 7 9 2 4
1 2 3 4 5 7 9
合計= 31
```

■ map

map は連想コンテナの一種で、キーと値のペアを保存します。要素はソートされ、キーは重複できません。

次の例は、map を使って整数（int）と文字型（char）の値のペアを保存する例です。

リスト 14.7 ● mapsmpl.cpp

```
#include <iostream>
#include <map>

int main(int argc, char* argv[])
{
  std::map<int, char> amap;
```

```
amap.insert(std::map<int, char>::value_type( 5, 'e' ) );
amap.insert(std::map<int, char>::value_type( 3, 'c' ) );
amap.insert(std::map<int, char>::value_type( 1, 'a' ) );
amap.insert(std::map<int, char>::value_type( 26, 'z' ) );
std::cout << "サイズ=" << amap.size() << std::endl;
std::map<int, char>::const_iterator iter;
for (iter = amap.begin(); iter != amap.end(); ++ iter)
  std::cout << (*iter).first << " -> "
  << (*iter).second << std::endl;
}
```

このプログラムの実行結果を次に示します。

```
サイズ=4
1 -> a
3 -> c
5 -> e
26 -> z
```

Note unordered_map は順序のないマップです。

■ multimap

multimap は連想コンテナの一種で、キーと値のペアを保存します。要素はソートされ、キーを重複できます。map との違いはキーを重複できる点です。

```
std::multimap<int, char> amap;

amap.insert(std::map<int, char>::value_type(5, 'e'));
amap.insert(std::map<int, char>::value_type(3, 'c'));
amap.insert(std::map<int, char>::value_type(3, 'a'));
amap.insert(std::map<int, char>::value_type(5, 'z'));
```

■ set

　set は連想コンテナの一種で、値をキーとするコンテナです。キーとして使われる値は重複できません。

　set を宣言して初期化し、要素を挿入するには次のようなコードを使います。

```
std::set<int> aset = {1, 5, 10};
aset.insert(15);
```

　次の例は 4 個の要素を追加して、その中から特定の要素を検索するプログラムの例です。

リスト 14.8 ● setsmpl.cpp

```cpp
#include <iostream>
#include <set>

int main(int argc, char* argv[])
{
  std::set<int> aset = {1, 5, 10};

  aset.insert(15);
  aset.insert(23);
  aset.insert(12);
  aset.insert(56);
  std::cout << "サイズ=" << aset.size() << std::endl;
  std::set<int>::const_iterator iter;
  for (iter = aset.begin(); iter != aset.end(); ++iter)
    std::cout << *iter << " ";
  std::cout << std::endl;

  const int x = 12;
  // キーを指定して検索する
  decltype(aset)::iterator it = aset.find(x);
  if (it != aset.end())
    std::cout << *it << "はセットの中にあります." << std::endl;
  else
    std::cout << "見つかりません." << std::endl;
}
```

　このプログラムを実行した結果を次に示します。

```
サイズ=7
1 5 10 12 15 23 56
12はセットの中にあります.
```

 Note unordered_set は順序のないセットです。

multiset

multiset は連想コンテナの一種で、値をキーとするコンテナです。キーとして使われる値を重複できます。set との違いはキーを重複できる点です。

stack

stack はアダプタの一種で、先入れ後出しのスタックのコンテナです。stack はアダプタなので、データを保存するために連接コンテナ（vector、list、deque）のいずれかを使います。

次の例は連接コンテナとして vector を指定して stack を宣言する例です。

```
stack< int , vector< int > > stk;
```

次のように連接コンテナを指定しない場合は、デフォルトの deque が使われます。

```
stack<int> stk;
```

次の例は、vector コンテナを使った stack に整数を保存する例です。

リスト 14.9 ● stacksmpl.cpp

```cpp
#include <iostream>
#include <stack>
#include <vector>

int main(int argc, char* argv[])
{
  std::stack<int, std::vector<int>> stk;
  // スタックに値をプッシュする
```

```
  stk.push(2);
  stk.push(4);
  stk.push(6);

  // stackから要素を取り除く
  while (!stk.empty())
  {
    std::cout << stk.top() << " ";
    stk.pop();
  }
  std::cout << std::endl;
}
```

■ queue

queue はアダプタの一種で、先入れ先出し（FIFO）の待ち行列（キュー）のコンテナです。たとえば次のようにして int を要素とする queue を宣言することができます。

```
std::queue<int> que;
```

キューに値を保存するときには push() を使います。

```
que.push(2);
```

次のプログラムはキューに 3 個の値を保存して保存した順に取り出す例です。

リスト 14.10 ● queuesmpl.cpp

```
#include <iostream>
#include <queue>

int main(int argc, char* argv[])
{
  std::queue<int> que;
  // キューに値を保存する
  que.push(2);
  que.push(4);
  que.push(6);
```

```
  // queueから要素を取り除く
  while (!que.empty())
  {
    std::cout << que.front() << " ";
    que.pop();
  }
  std::cout << std::endl;
}
```

 Note　priority_queue もアダプタの一種で、優先順位付きのキューコンテナです。

14.4 アルゴリズム

STL のコンテナの内容を操作するための関数として、アルゴリズムと関数が用意されています。

■ STL のアルゴリズム

STL のアルゴリズムは、コンテナの内容を操作するための関数群です。

たとえば、namelist というリストに特定の名前 searchname が含まれているかどうか調べたいときには、find() を使って次のようにします。

```
s = find(namelist.begin(), namelist.end(), searchname);
```

これは、namelist の先頭（namelist.begin()）から最後（namelist.end() の直前にある要素）まで、searchname と一致する名前を探して返します（begin() は最初の要素を指しますが、end() は最後の要素の後ろの位置を指すということに注意してください）。

結果として返されるのはイテレーター（反復子）ですから、一致していれば探した要素に *s でアクセスでき、s が namelist.end() であったら、最後まで探したものの一致するものがなかったことを示します。

そこで、次のようにすると、リストの中から任意の名前を探してその結果を表示できます。

```
cout << "探す名前は? >";
cin.getline(buff, BUFF_LEN);
list<string>::iterator s;
s = find(namelist.begin(), namelist.end(), string(buff));
if (s != namelist.end())
  std::cout << *s << "は登録済みです。" << std::endl;
else
  std::cout << buff << "は登録されていません。" << std::endl;
```

STLには豊富なアルゴリズムが用意されています。主なアルゴリズムを以下に示します。なお、関数は複数の書式でオーバーロードされている場合があり、以下に示すのはひとつの例です。詳しくはリファレンスを参照してください。

■ adjacent_find()

adjacent_find() はシーケンスの中の等しいペアを検索します。

このアルゴリズムは、シーケンス内にある隣接した要素のペアで、最初の等しいペアを見つけます。

次の例は、12個の整数値をベクタに保存した後でアルゴリズム sort() を使ってソートし、さらにアルゴリズム adjacent_find() を使って同じ値で最小の隣接するペアの値を探します。

リスト 14.11 ● adjsmpl.cpp

```cpp
#include <vector>
#include <algorithm>
#include <iostream>

int main(int argc, char *argv[])
{
  std::vector<int> v = {1,12,9,9,4,6,5,6,7,8,5,7};
  // 要素を並べ替える
  std::sort(v.begin(), v.end());
  // 同じ値のペアを探す
  std::vector<int>::iterator it =
    std::adjacent_find(v.begin(),v.end());
  std::cout << "同じ値の最小のペア= " << *it << std::endl;
}
```

■ binary_search()

binary_search() はコンテナの要素に対してバイナリ検索を行います。探す値より小さい要素、探す値と等しい要素、探す値より大きい要素がその順に並んでいれば、必ずしもソートされている必要はありません。

次の例は整数を検索するプログラムの例です。

リスト 14.12 ● binsearch.cpp

```cpp
#include <iostream>
#include <vector>
#include <algorithm>
#include <numeric>

int main()
{
  std::vector<int> v = {3, 1, 4, 6, 5};
  int n = 6;
  std::sort(v.begin(), v.end(), std::less_equal<int>());
  if (std::binary_search(v.begin(), v.end(), n))
    std::cout << n << "が見つかりました." << std::endl;
  else
    std::cout << n << "は見つかりません." << std::endl;
}
```

■ copy()

コンテナの中の指定した範囲の要素をコピーします。

次の例は copy() を使って vector の内容を出力するプログラムの例です。

リスト 14.13 ● copysmpl.cpp

```cpp
#include <vector>
#include <iostream>
#include <algorithm>
#include <iterator>

int main(void)
{
  std::vector<int> v;
```

```
  for (int i = 0; i < 5; i++)
    v.push_back(i + 1);

  // copy()を使ってコンテナの内容を出力する
  std::ostream_iterator<int, char> out(std::cout, " ");
  copy(v.begin(), v.end(), out);
  std::cout << std::endl;
}
```

■ count_if()

count_if() は、コンテナの中の特定の条件を満たす要素数を返します。

次の例は vector の中の偶数である要素数をカウントして表示するプログラムの例です。

リスト 14.14 ● count_ifsmpl.cpp

```
#include <algorithm>
#include <iostream>
#include <vector>

int main() {
  std::vector<int> v = { 8,1,4,3,6,1,2,2,1 };

  // 偶数の要素を数える
  auto count = std::count_if(v.begin(), v.end(), [](int x) { return (x % 2) == 0;});
  std::cout << "偶数の要素数=" << count << std::endl;
}
```

■ count()

count() は範囲または全体の要素の数を返します。

次の例は vector に 20 個のランダムな数を保存し、値が 2 である要素数を調べる例です。

リスト 14.15 ● countsmpl.cpp

```
#include <iostream>
#include <vector>
#include <algorithm>
#include <ctime>
```

```cpp
int main()
{
  std::vector<int> v;
  srand((unsigned)time(NULL));
  // コンテナに0〜9の範囲の20個の値をプッシュする
  for (int i = 0; i < 20; ++i)
    v.push_back(rand() % 10);
  // 値を出力する
  for (int i = 0; i < (int)v.size(); i++)
    std::cout << v[i] << ",";
  std::cout << std::endl;

  int n = count(v.begin(), v.end(), 2);
  std::cout << "2は" << n << "個" << std::endl;
}
```

■ erase()

erase() はシーケンスからイテレーターで指定した要素を消去します。要素は1個でも、範囲を指定した複数の要素でも消去することもできます。

次の例は、vector から 3、4、5 番目の要素を削除する例です。

リスト 14.16 ● erasesmpl.cpp

```cpp
#include <iostream>
#include <vector>
#include <algorithm>

void print(const int p){
  std::cout << p << ", ";
}

int main(int argc, char *argv[])
{
  std::vector<int> v;
  // コンテナに値をプッシュする
  for(int i = 0 ; i < 10; ++i)
    v.push_back( i*2 );
  // コンテナの要素を出力する
  for_each( v.begin(), v.end(), print );
```

```
    std::cout << std::endl;

    // 3番目から5番目の要素を消去する
    v.erase(v.begin()+2, v.begin()+5);
    // コンテナの要素を出力する
    for_each( v.begin(), v.end(), print );
    std::cout << std::endl;
}
```

■ fill()

fill() はコンテナを特定の値で初期化（再初期化）します。

次の例は、vector のサイズを 7 に設定してから、fill() を使って要素をすべて値 0 で初期化する例です。

リスト 14.17 ● fillsmpl.cpp

```
#include <iostream>
#include <vector>

int main(int argc, char* argv[])
{
  std::vector< int > v;
  v.resize(7);
  // すべての要素を0で初期化する
  fill(v.begin(), v.end(), 0);
  // 要素をすべて出力する
  for(int i=0; i<v.size(); i++)
    std::cout << v[i] << " ";
  std::cout << std::endl;
}
```

■ fill_n()

fill_n() はコンテナの n 個の値を特定の値で初期化または再初期化します。

次の例は、fill_n() を使って vector の先頭（v.begin()）から 3 個の要素を値 7 で再初期化する例です。

リスト 14.18 ● fill_nsmpl.cpp

```cpp
#include <iostream>
#include <algorithm>
#include <vector>

int main(int argc, char* argv[])
{
  std::vector<int> v;
  for(int i=0; i<5; i++)
    v.push_back(i);
  printvector("Before:", v);
  // 先頭から3個だけ7で初期する
  fill_n(v.begin(), 3, 7);
  printvector("After:", v);
}
```

■ find()

find() はコンテナの中から特定の要素を検索します。

次のプログラムは、文字列を保存する list を作成して、そこにデータを登録してから表示し、さらにアルゴリズム find() を使ってデータを検索する例です。

リスト 14.19 ● findsmpl.cpp

```cpp
#include <iostream>
#include <string>
#include <list>
#include <algorithm>

int main()
{
  // リストを作成する
  std::list<std::string> namelist;
  // 名前をリストに保存する
  namelist.push_back("Pochi");
  namelist.push_back("Kenta");
  namelist.push_back("Sakura");

  // イテレーター（反復子）を使ってすべてのデータを出力する
```

```
std::list< std::string>::iterator it = namelist.begin();
for (; it != namelist.end(); it++)
  std::cout << *it << std::endl;

// コンテナ内を検索する
std::cout << "探す名前は? >";
std::string name;
std::cin >> name;
std::list<std::string>::iterator s;
s = find(namelist.begin(), namelist.end(), name);
if (s != namelist.end())
  std::cout << *s << "は登録済みです." << std::endl;
else
  std::cout << name << "は登録されていません." << std::endl;
}
```

■ find_if()

find_if() は特定の条件を満足させる最初の要素を検索します。

次の例は、vector に保存した 20 個の中から最初の偶数を探すプログラムの例です。

リスト 14.20 ● find_ifsmpl.cpp

```cpp
#include <iostream>
#include <vector>
#include <algorithm>
#include <ctime>

bool isEven(int n)
{
  if (n % 2)
    return false;
  return true;
}

int main()
{
  std::vector<int> v;

  srand( (unsigned)time( NULL ) );
```

```
  // コンテナに0～9の範囲の値をプッシュする
  for(int i = 0 ; i < 20; ++i)
    v.push_back( rand() % 10 );
  // コンテナの内容を出力する
  for (int i=0; i< (int)v.size(); i++)
    std::cout << v[i] << ",";
  std::cout << std::endl;
  // 最初の偶数値を探す
  std::vector <int>::iterator it;
  it = find_if(v.begin(), v.end(), isEven);
  std::cout << "最初の偶数は" << (*it) << std::endl;
}
```

■ for_each()

for_each() はコンテナ内の各要素に対して操作を行います。

次の例は、for_each() を使って vector の各要素に対して print() を適用して要素を追加し、すべての要素を出力するプログラムの例です。

リスト 14.21 ● foreachsmpl.cpp

```cpp
#include <iostream>
#include <vector>
#include <algorithm>

void print(const int p){
  std::cout << p << std::endl;
}

int main(int argc, char *argv[])
{
    std::vector<int> v;
    // コンテナに値をプッシュする
    for(int i = 0 ; i < 4; ++i)
        v.push_back( i*2 );
    // コンテナの要素に対して関数print()を適用する
    for_each( v.begin(), v.end(), print );
}
```

■ generate()

generate() はジェネレーターで生成した値でコンテナを初期化（再初期化）します。

このアルゴリズムは、次の書式で使い、反復子 first と last で指定したコンテナの範囲の値を、ジェネレーター g で生成した値で初期化あるいは再初期化します。

```
template<class iter,class Gen> void generate(iter first, iter last, Gen g);
```

次の例は、奇数を生成するジェネレーター関数 generator() とアルゴリズム generate() を使ってコンテナを奇数値で初期化する例です。この例ではジェネレーター関数の名前は generator() ですが、他の名前でもかまいません。

リスト 14.22 ● gensmpl.cpp

```cpp
#include <iostream>
#include <algorithm>
#include <vector>

int generator()
{
  static int v = -1;
  return v += 2;
}

int main(int argc, char* argv[])
{
  std::vector<int> v;
  v.resize(10);
  std::generate(v.begin(), v.end(), generator);

  for (int i = 0; i < v.size(); i++)
    std::cout << v[i] << " ";
  std::cout << std::endl;
}
```

■ make_heap()

このアルゴリズムは、ヒープを作成します。

次の例はヒープを作成して操作する例です。

リスト 14.23 ● heapsmpl.cpp

```cpp
#include <algorithm>
#include <vector>
#include <iostream>
#include <iterator>

int main(void)
{
  std::vector<int> v1;
  for (int i = 0; i < 5; i++)
    v1.push_back(i + 1);
  make_heap(v1.begin(), v1.end());
  printvector("make_heap後:", v1);

  pop_heap(v1.begin(), v1.end());
  printvector("pop_heap後:", v1);

  push_heap(v1.begin(), v1.end());
  printvector("push_heap後:", v1);

  sort_heap(v1.begin(), v1.end());
  printvector("sort_heap後:", v1);
}
```

■ max_element() と min_element()

max_element() はコンテナの中の最大の要素を示す反復子を返します。min_element() はコンテナの中の最小の要素を示す反復子を返します。

次の例は max_element() と min_element() を使って要素の値が最大のものと最小のものを探して、その反復子を取得します。取得した反復子に対して演算子 * を適用することでその反復子が示す値を出力します。アルファベットの文字コード（ASCII コード）の値は大文字のほうが小さいので、最小値が大文字の F であることに注意してください。

リスト 14.24 ● max_elemsmpl.cpp

```cpp
#include <iostream>
#include <algorithm>
#include <vector>
```

```
int main(int argc, char* argv[])
{
  std::vector< char > v;
  v.push_back('a');
  v.push_back('c');
  v.push_back('z');
  v.push_back('F');

  std::vector< char >::const_iterator itermax, itermin;
  itermax = max_element(v.begin(), v.end());
  std::cout << "最大要素=" << (*itermax) << std::endl;
  itermin = min_element(v.begin(), v.end());
  std::cout << "最小要素=" << (*itermin) << std::endl;
}
```

■ merge()

merge() は 2 つのソートされたコンテナをマージします。

たとえば、次のように使います。

```
merge(iiter1 first1, iiter1 last1, iiter2 first2, iiter2 last2, oiter x);
```

ここで、first1 はマージする 1 個目のコンテナの最初の要素の反復子、last1 はマージする 1 個目のコンテナの最後の要素の反復子、first2 はマージする第二のコンテナの最初の要素の反復子、last2 はマージする第二のコンテナの最後の要素の反復子、x は結果を保存するコンテナの最初の反復子です。

次の例は、2 個のリストを作成して、第 3 のリストにマージする例です。

リスト 14.25 ● mergesmpl.cpp

```
#include <ctime>
#include <iostream>
#include <list>
#include <algorithm>

void printlist(std::string msg, std::list<int>& lst)
{
  std::cout << msg;
  std::list<int>::iterator it = lst.begin();
```

```
  for (; it != lst.end(); it++)
    std::cout << *it << " ";
  std::cout << std::endl;
}

int main(int argc, char* argv[])
{
  std::list<int> lst1, lst2, lst3;
  srand((unsigned)time(NULL));
  // コンテナ1に値をプッシュする
  for (int i = 0; i < 5; ++i)
    lst1.push_back(rand() % 100);
  // コンテナ2に値をプッシュする
  for (int i = 0; i < 3; ++i)
    lst2.push_back(rand() % 100);
  // コンテナの要素を出力する
  printlist("lst1:", lst1);
  printlist("lst2:", lst2);

  lst1.sort();
  lst2.sort();
  lst3.resize(lst1.size() + lst2.size());

  // コンテナの要素を出力する
  printlist("ソート済みlst1:", lst1);
  printlist("ソート済みlst2:", lst2);

  merge(lst1.begin(), lst1.end(),
    lst2.begin(), lst2.end(), lst3.begin());

  // マージしたコンテナの要素を出力する
  printlist("lst3:", lst3);
}
```

■ mismatch()

　mismatch() は、2 つのコンテナの要素を比較して一致しない最初の要素の範囲を示す反復子のペアを返します。

　次の例は、2 個の vector の要素を比較して、一致しない最初の要素を返します。

リスト 14.26 ● mismatch.cpp

```cpp
#include <algorithm>
#include <vector>
#include <iostream>
#include <iterator>

int main(void)
{
  int d1[] = {1, 2, 3, 4, 5};
  std::vector<int> v1(d1, d1 + 5);
  int d2[] = {1, 2, 4, 4, 5};
  std::vector<int> v2(d2,d2 + 5);

  // コンテナの内容を出力する
  printvector("v1:", v1);
  printvector("v2:", v2);

  // 一致しない要素を探す
  typedef std::vector<int>::iterator iterator;
  auto p = mismatch(v1.begin(), v1.end(), v2.begin());
  // 結果を出力する
  std::cout << "一致しない要素:";
  std::cout << (*p.first) << ", " << (*p.second)
    << std::endl;
}
```

■ partial_sort()

このアルゴリズムは、指定した範囲の値をソートします。

たとえば、次の書式で first から middle の範囲の値をソートします。

```cpp
partial_sort(riter first, riter middle, riter last);
```

last は最後の要素の反復子です。

次の例は、7 個の要素がある vector の最初から 5 個目までをソートするプログラムの例です。

リスト 14.27 ● partial_sort.cpp

```cpp
#include <algorithm>
#include <vector>
#include <iostream>
#include <iterator>

int main(void)
{
  int d[] = {11, 8, 6, 4, 7, 3, 10};
  std::vector<int> v(d, d + 7);
  printvector("before:", v);

  partial_sort(v.begin(), v.begin() + 4, v.end());

  printvector("after:", v);
}
```

■ partial_sort_copy()

このアルゴリズムは、指定した範囲の値をソートして、結果を別のコンテナにコピーします。

```cpp
partial_sort_copy(first, last, result_first, result_last, [comp]);
```

これは first から last − 1 の範囲の要素を、コピー先の result_first から result_last − 1 の範囲にコピーします。comp は省略可能で比較関数を指定します。

次の例は、v1 という名前の vector の要素の 3 番目から 8 番目の要素をソートして v2 に保存するプログラムの例です。

リスト 14.28 ● partial_sort_copy.cpp

```cpp
#include <algorithm>
#include <vector>
#include <iostream>
#include <iterator>

int main(void)
{
```

```
    int d[] = {11, 8, 6, 4, 7, 3, 10, 2, 5, 10};
    std::vector<int> v1(d, d + 10);
    std::vector<int> v2;
    printvector("v1:", v1);

    v2.resize(v1.size()-4);
    partial_sort_copy(v1.begin()+2, v1.end()-2, v2.begin(), v2.end());

    printvector("v2:", v2);
}
```

このプログラムの実行結果を次に示します。

```
v1:11 8 6 4 7 3 10 2 5 10
v2:2 3 4 6 7 10
```

■ partition()

このアルゴリズムは、条件を満足させる要素を、条件を満足しない要素より前に配置します。

書式は次のとおりで、*first* は最初の要素の反復子、*last* は最後の要素の反復子、*pr* は比較に使う述語です。

```
partition(biter first, biter last, pred pr);
```

次の例は、vector の要素のうち、偶数である要素を前に集めるプログラムの例です。

リスト 14.29 ● partitionsmpl.cpp

```
#include <algorithm>
#include <vector>
#include <iostream>
#include <iterator>

// 偶数ならtrueを返す
bool is_even(int v)
{
    return (v % 2) == 0;
```

```
}

int main(void)
{
  int d[] = {11, 8, 6, 4, 7, 3, 10};
  std::vector<int> v(d, d + 7);
  printvector("before:", v);

  partition(v.begin(), v.end(), is_even);

  printvector("after:", v);
}
```

このプログラムの実行例を次に示します。

```
before:11 8 6 4 7 3 10
after:10 8 6 4 7 3 11
```

■ random_shuffle()

このアルゴリズムは、要素の順番をランダムに変更します。

書式は次の通りで、*first* は最初の要素の反復子、*last* は最後の要素の反復子、*f* は省略可能で順序を決める関数を指定します。

```
random_shuffle(riter first, riter last [, Fun& f]);
```

次の例は、1 から 10 までの値を持つ vector をランダムにシャッフルする例です。

リスト 14.30 ● random_shuffle.cpp

```
#include <algorithm>
#include <vector>
#include <iostream>
#include <iterator>

int main()
{
  std::vector<int> v;
```

```
  for (int i=1; i<11; i++)
    v.push_back(i);

  printvector("random_shuffle前:", v);

  random_shuffle(v.begin(), v.end());

  printvector("random_shuffle後:", v);
}
```

このプログラムの実行結果を次に示します。

```
random_shuffle前:1 2 3 4 5 6 7 8 9 10
random_shuffle後:9 2 10 3 1 6 8 4 5 7
```

■ remove()

このアルゴリズムは次の書式でコンテナの *first* から *last* − 1 の範囲で条件（*iter == val*）を満たす反復子 iter によって表される要素をすべて削除します。

```
result = remove(iter first, iter last, const T& val);
```

remove() を実行しても元のコンテナの要素数は変わりません。v.begin() から result − 1 の範囲に削除した結果が入ります。コンテナから要素を実際に削除したい場合は erase() を使います。

次の例は、vector から値が 5 である要素を削除する例です。

リスト 14.31 ● removesmpl.cpp

```cpp
#include <vector>
#include <iostream>
#include <algorithm>
#include <iterator>

int main()
{
  std::vector<int> v;
```

```
  std::vector<int>::iterator iter;
  for (int i=1; i<11; i++)
    v.push_back(i);
  printvector("削除前:", v);

  auto result = std::remove(v.begin(), v.end(), 5);
  // サイズを調整する
  v.erase(result, v.end());

  printvector("削除後:", v);
}
```

このプログラムの実行結果を次に示します。

```
削除前:1 2 3 4 5 6 7 8 9 10
削除後:1 2 3 4 6 7 8 9 10
```

■ replace()

このアルゴリズムは、次の書式で要素を別の値で置き換えます。*first* は最初の要素の反復子、*last* − 1 は最後の要素の反復子、*OldV* は置換される値、*NewV* は置換する値です。

```
replace(iter first, iter last, const Type& OldV, const Type& NewV);
```

次の例は、vector に 3 個の文字列を保存し、その中の「good」を「smart」に置き換える例です。

リスト 14.32 ● replacesmpl.cpp

```cpp
#include <vector>
#include <algorithm>
#include <iostream>
#include <string>

int main()
{
  std::vector<std::string> v;
  // コンテナに値をプッシュする
  v.push_back( "dog" );
```

```
    v.push_back( "good" );
    v.push_back( "wanwan" );

    printvector("置き換え前:", v);  // コンテナの値を出力する

    replace(v.begin(), v.end(), (const std::string)"good", (const std::string)"smart");

    printvector("置き換え後:", v);  // コンテナの値を出力する
}
```

このプログラムの実行結果を次に示します。

```
置き換え前:dog good wanwan
置き換え後:dog smart wanwan
```

■ rotate()

このアルゴリズムは、次の書式で *first* から *middle* − 1 までの要素を、*middle* から *last* − 1 までの要素と交換します。

```
rotate(iter first, iter middle, iter last);
```

次の例は、5個の文字列を含むvectorの 1 〜 3 個目の要素を、4 と 5 番目の要素と交換します。

リスト 14.33 ● rotatesmpl.cpp

```
#include <vector>
#include <algorithm>
#include <iostream>
#include <string>

int main()
{
  std::vector<std::string> v;
  // コンテナに値をプッシュする
  v.push_back( "dog" );
  v.push_back( "good" );
  v.push_back( "happy" );
```

```
  v.push_back( "smart" );

  printvector("Before:", v);

  std::rotate(v.begin(), v.begin()+3, v.end());

  printvector("After:", v);
}
```

このプログラムの実行結果を次に示します。

```
Before:dog good happy smart
After:smart dog good happy
```

■ search()

このアルゴリズムは、次の書式で指定した範囲で値が一致する範囲を検索します。

```
iter1 search(iter1 first1, iter1 last1, iter2 first2, iter2 last2 [, pred pr]);
```

first1 は最初の要素の反復子、*last1* − 1 は最後の要素の反復子、*first2* は検索する最初の要素の反復子、*last2* − 1 は検索する最後の要素の反復子で、省略可能な *pr* は比較に使う述語です。

次の例は、文字リスト ls1 の中から dog を探して、文字 'd' を 'D' に置き換える例です。

リスト 14.34 ● searchsmpl.cpp

```cpp
// searchsmpl.cpp
#include <string.h>
#include <algorithm>
#include <list>
#include <iostream>

int main()
{
  char s1[] = "Very Good dog, Pochi";
  std::list<char> ls1(s1, s1+strlen(s1));
```

```
  char s2[] = "dog";
  std::list<char> ls2(s2, s2+strlen(s2));

  // dogを検索する
  std::list<char>::iterator loc;
  loc = search(ls1.begin(), ls1.end(), ls2.begin(), ls2.end());

  // 文字'd'を'D'に置き換える
  *loc = 'D';

  // 結果を出力する
  std::list<char>::iterator iter;
  for(iter = ls1.begin(); iter != ls1.end(); iter++)
    std::cout << *iter;
  std::cout << std::endl;
}
```

■ search_n()

このアルゴリズムは、次の書式で指定した範囲で値が一致する範囲を検索します。

```
iter search_n(iter first, iter last, Dist n, const T& val [, pred pr]);
```

first は最初の要素の反復子、*last* − 1 は最後の要素の反復子、*n* は検索する長さ、*val* は検索する値、省略可能な *pr* は比較に使う述語です。

次の例は文字列「Very Good dog, Pochi」をその内容とする文字の list から、o が 2 個続く場所を検索して、それ以降を出力するプログラムの例です。

リスト 14.35 ● search_nsmpl.cpp

```
// search_nsmpl.cpp
#include <list>
#include <iostream>
#include <algorithm>
#include <cstring>

int main()
{
  char s[] = "Very Good dog, Pochi";
```

```
  std::list<char> ls(s, s + strlen(s));

  std::list<char>::iterator loc;
  loc = search_n(ls.begin(), ls.end(), 2, 'o');

  std::list<char>::iterator iter;
  for (iter=loc; iter != ls.end(); iter++ )
    std::cout << *iter;
  std::cout << std::endl;
}
```

このプログラムの実行結果を次に示します。

```
ood dog, Pochi
```

■ set_difference()

このアルゴリズムは、次の書式で2つのセットから、ソートされた差集合を作成します。

```
oiter set_difference(iiter1 first1, iiter1 last1,
  iiter2 first2, iiter2 last2, oiter x [, pred pr]);
```

first1 は第1のコンテナの最初の要素の反復子、*last1* − 1 は第1のコンテナの最後の要素の反復子、*first2* は第2のコンテナの最初の要素の反復子、*last2* − 1 は第2のコンテナの最後の要素の反復子、*x* は結果を保存するコンテナの最初の要素の反復子、省略可能な *pr* は比較に使う述語です。

次の例は2つのセットの差集合を出力します。

リスト 14.36 ● set_diffsmpl.cpp

```
#include <algorithm>
#include <set>
#include <iostream>
#include <iterator>

// コンテナの内容を出力する
template <typename T>
```

```
void printset(const std::string msg, std::set<T> & v)
{
  std::cout << msg;
  std::ostream_iterator<T, char> out(std::cout, " ");
  copy(v.begin(), v.end(), out);
  std::cout << std::endl;
}

int main()
{
  //セットを初期化する
  int d1[10] = {1, 2, 3, 4, 5, 6, 7, 8, 9, 10};
  std::set<int> set1(d1, d1+10);
  int a2[6]  = {3, 9, 12};
  std::set<int> set2(a2, a2+3);

  printset("set1:", set1);
  printset("set2:", set2);

  std::set<int, std::less<int> > odd;
  std::insert_iterator<std::set<int, std::less<int>> > odd_ins(odd, odd.begin());
  auto result = set_difference(set1.begin(), set1.end(),
                               set2.begin(), set2.end(), odd_ins);

  printset("odd:", odd);
}
```

このプログラムの実行結果を次に示します。

```
set1:1 2 3 4 5 6 7 8 9 10
set2:3 9 12
odd:1 2 4 5 6 7 8 10
```

■ set_intersection()

　２つのセットから、ソートされた交差集合を作成します。交差集合は、両方のセットのいずれにも含まれている要素からなる集合です。書式は次の通りです。

```
oiter set_intersection(iiter1 first1, iiter1 last1,
  iiter2 first2, iiter2 last2, oiter x [, pred pr]);
```

first1 は第 1 のコンテナの最初の要素の反復子、*last1* − 1 は第 1 のコンテナの最後の要素の反復子、*first2* は第 2 のコンテナの最初の要素の反復子、*last2* − 1 は第 2 のコンテナの最後の要素の反復子、*x* は結果を保存するコンテナの最初の要素の反復子、省略可能な *pr* は比較に使う述語です。

次の例は、2 つの vector の交差集合を求める例です。

リスト 14.37 ● set_intersect.cpp

```cpp
#include <vector>
#include <algorithm>
#include <iostream>
#include <iterator>

int main()
{
  std::vector<int> v1, v2, vr;
  std::vector<int>::iterator iter, vit;

  for (int i=0; i<10; i++){
    v1.push_back(i+1);
    v2.push_back(i+4);
    vr.push_back(0);
  }
  printvector("v1:", v1);
  printvector("v2:", v2);

  vit = set_intersection(v1.begin(), v1.end(), v2.begin(), v2.end(), vr.begin());

  // 結果コンテナの値を出力する
  std::cout << "v1&v2:";
  for ( iter = vr.begin( ) ; iter != vit ; ++iter )
    std::cout << *iter << " ";
  std::cout << std::endl;
}
```

このプログラムの実行結果を次に示します。

```
v1:1 2 3 4 5 6 7 8 9 10
v2:4 5 6 7 8 9 10 11 12 13
v1&v2:4 5 6 7 8 9 10
```

■ sort()

sort() は要素を並べ替えます。要素は第章を比較できるオブジェクトであれば何でもかまいません。

次の例は、要素を保存した vector コンテナの要素を、アルゴリズム sort() を使って小さい順に並べ替えるプログラムの例です。

リスト 14.38 ● sortvect.cpp

```cpp
#include <algorithm>
#include <vector>
#include <iostream>
#include <iterator>

int main(void)
{
  int d[] = { 11, 8, 6, 4, 7, 2 };
  std::vector<int> v(d, d + 5);

  printvector("Before:", v);

  sort(v.begin(), v.end(), std::less_equal<int>());
  // 次のようにしても同じ
  // std::sort(v.begin(), v.end());

  printvector("After:", v);
}
```

このプログラムの実行例を次に示します。

```
Before:11 8 6 4 7
After:4 6 7 8 11
```

■ transform()

このアルゴリズムは、以下の書式で指定した範囲の値に演算を適用します。

```
oiter transform(iiter first, iiter last, oiter x, Unop op);
oiter transform(iiter first1, iiter last1, iiter2 first2, oiter x, Binop op);
```

ここで、*first1* は最初の要素の反復子、*last1* − 1 は最後の要素の反復子、*first2* はソースの第 2 要素の反復子、*x* は結果を保存する最初の要素の反復子、*op* は要素に適用する操作です。

次の例は、値を 2 倍にする演算を vector の各要素に適用するプログラムの例です。

リスト 14.39 ● transformsmpl.cpp

```cpp
#include <vector>
#include <algorithm>
#include <iostream>
#include <iterator>

int uop(int n) // 2倍する演算関数
{
  return n * 2;
}

int main(int argc, char *argv[])
{
  std::vector <int> v1, v2, vr;
  std::vector <int>::iterator iter;
  for (int i=0; i<10; i++){
    v1.push_back(i+1);
    vr.push_back(0);
  }

  printvector("v1:", v1); // 元のコンテナの値を出力する

  auto vit = transform(v1.begin(), v1.end(),
    vr.begin(), uop);

  printvector("vr:", vr); // 結果コンテナの値を出力する
}
```

このプログラムの実行結果を次に示します。

```
v1:1 2 3 4 5 6 7 8 9 10
vr:2 4 6 8 10 12 14 16 18 20
```

■ unique()

このアルゴリズムと関数は、次の書式でコンテナから重複している要素を削除します。

```
iter unique(iter first, iter last [, pred pr]);
```

first は最初の要素の反復子、*last* – 1 は最後の要素の反復子、省略可能な *pr* は比較に使う述語です。

次の例は、vector に 20 個の整数値を保存し、重複している要素を削除する例です。

リスト 14.40 ● uniquesmpl.cpp

```cpp
#include <vector>
#include <algorithm>
#include <iostream>
#include <iterator>
#include <ctime>

int main()
{
  std::vector<int> v;
  srand((unsigned)time(NULL));
  // コンテナにランダムな値を値をプッシュする
  for (int i = 0; i < 20; ++i)
    v.push_back(rand() % 10);
  printvector("Before:", v);  // コンテナの値を出力する

  sort(v.begin(), v.end());
  printvector("Sorted:", v);  // コンテナの値を出力する

  auto enditer = unique(v.begin(), v.end());

  std::cout << "After:";      // コンテナの値を出力する
```

```
  std::vector<int>::iterator iter;
  for (iter = v.begin(); iter<enditer; iter++)
    std::cout << (*iter) << " ";
  std::cout << std::endl;
}
```

このプログラムの実行例を次に示します。

```
Before:8 2 0 3 3 4 4 4 5 2 8 1 2 1 2 1 7 2 9 1
Sorted:0 1 1 1 1 2 2 2 2 2 3 3 4 4 4 5 7 8 8 9
After:0 1 2 3 4 5 7 8 9
```

15

名前空間

　この章では、名前空間と、プロジェクトを複数のファイルから構成する方法について説明します。

15.1　名前空間

　名前空間は C++ でクラスや関数、変数や定数などを、名前を付けた領域でわけて識別するために使います。名前空間を使うことで、同じ名前を別の空間にあるものとして重複して使うことができます。

■ 名前空間の利用

　これまでも多くのプログラムで名前空間を使ってきました。たとえば次のようなコードで名前空間 std を使ってきました。

リスト 15.1 ● stdnamespc.cpp

```cpp
#include <iostream>

int main()
{
  std::cout << "こんにちは" << std::endl;
```

```
  int n;
  std::cin >> n;

  std::cout << n << "の3倍=" << n * 3 << std::endl;

  return 0;
}
```

「std::cout」は std という名前空間にある cout を意味し、「std::endl」は名前空間 std にある endl を意味しました。

このようにして、これらの名前が std という名前空間のものであることを明示しているので、同じ cout や endl という名前を他の名前空間で異なる目的のために使うことができます。

また、プログラミングを進める際に、cout や endl という名前がどこで（どの名前空間で）定義されているのかを認識するために役立ちます。

■ using namespace

std という名前空間にある cout を使うことを表すためにいちいち「std::cout」のように std:: を付けるのは煩雑になりがちです。

そこで、名前空間を使う前に using namespace を使って以降使用する名前空間を宣言することができます。

たとえば、名前空間 std を使うということを明示するには次のようにします。

```
using namespace std;
```

こうすると、これ以降のコードでは std:: を省略しても名前空間 std のものとして認識されます。

これを使って前のプログラムを書き換えると次のようになります。

リスト 15.2 ● usingnamespc.cpp

```
#include <iostream>
using namespace std;

int main()
{
```

```
    cout << "こんにちは" << endl;

    int n;
    cin >> n;

    cout << n << "の3倍=" << n * 3 << endl;

    return 0;
}
```

　これはとても便利であるかのように感じるかもしれません。実際、小さなプログラムや少数の名前空間しか使わない場合にはとても有用です。

　しかし、同じ名前を使っている可能性がある異なる名前空間で using namespace を使うと、名前の衝突が起きてエラーになる可能性があります。また、その名前がどのような性質のものであるかを明示的に表すためにも、個々の名前に「std::cout」のように名前空間で修飾することは意味があります。

■ using ディレクティブ

　using ディレクティブを次のように使うと、名前空間で修飾した特定の名前を修飾なしで使えるようになります。

　たとえば、次のように「using std::cin;」を記述すると、以降のコードで std::cin としないで cin だけで使えるようになります。

```
using std::cin;
    ⋮
int n;
cin >> n;
```

　ただし、この場合は、std::cin だけが自動的に認識されるだけで、たとえば cout は std::cout にしなければなりません。

　次のように「using std::cin;」と「using std::cout;」を記述すると、以降のコードで cin と cout だけで std::cin と std::cout を使えるようになります。

```
using std::cin;
using std::cout;
```

```
cin >> n;
cout << "n=" << n << std:endl;   // endlはstd::の修飾が必要
```

次の例は、std::cin と std::cout だけを using ディレクティブを使って名前空間の修飾なしで使えるようにしたプログラムですが、endl は using ディレクティブで指定していないので std::endl にしなければなりません。

リスト 15.3 ● usingname.cpp

```
#include <iostream>

using std::cin;
using std::cout;

int main()
{
  cout << "こんにちは" << std::endl;

  int n;
  cin >> n;
  cout << n << "の3倍=" << n * 3 << std::endl;
}
```

using ディレクティブは、ソースファイル（.cpp ファイル）の冒頭に配置するか、あるいはクラス内か関数定義の中で使います。

■ グローバル名前空間

明示的な名前空間で宣言されていない識別子は、暗黙のグローバル名前空間の一部になります。

たとえば、次のプログラムの中の名前 total はグローバル名前空間の中の名前になります。

```
#include <iostream>

int total = 0;        // グローバル名前空間に定義

int main()
{
```

```
  int n = 10;
  for (int i=0; i<10; i++)
    total += i;      // グローバル名前空間の変数total

  std::cout << "total = " << total << std::endl;
}
```

 Note プログラムのエントリーポイントとしての `main` もグローバル名前空間の名前です。

　識別子を明示的にグローバル名前空間のものとして修飾するには、名前のないスコープ解決演算子（`::`）を付けます。

```
int ::total = 0;      // 明示的にグローバル名前空間に定義

int main()
{
  int n = 10;
  for (int i=0; i<10; i++)
    ::total += i;    // ::はグローバル名前空間のものであることを明示

  std::cout << "total = " << ::total << std::endl;
}
```

15.2 名前空間の作成と利用

　プログラマーは、独自の名前空間を作成して使うことができます。

■ 名前空間の定義

　名前空間を作成するには、キーワード `namespace` を使って次の書式で名前空間を指定します。

```
namespace name {
    // 名前空間nameに定義するもの
}
```

name は作成する名前空間名です。

たとえば、次の例は puppy という名前空間に Dog クラスを作成する例です。このクラスには「キャンキャン」と吠えるメンバー関数 bark() があります。

```
namespace puppy {
  class Dog {
  public:
    Dog() {};

    void bark() {
      cout << "キャンキャン" << endl;
    }
  };
}
```

名前空間の名前さえ変えれば、同じ名前のクラスや関数、変数を作ることができます。たとえば、次の例はadult という名前空間に Dog クラスを作成する例です。このクラスには「ワン！ワン！」と吠えるメンバー関数 bark() があります。

```
namespace adult {
  class Dog {
  public:
    Dog() {};

    void bark() {
      cout << "ワン！ワン！" << endl;
    }
  };
}
```

このようなクラスを作ったら、名前空間で修飾して、それぞれのクラスを別のものとして利用することができます。

```
puppy::Dog pap = puppy::Dog();
pap.bark();    // 「キャンキャン」と吠える

adult::Dog adl = adult::Dog();
adl.bark();    // 「ワン！ワン！」と吠える
```

次の例は上記のコードをまとめて実行できるようにしたプログラムの例です。

リスト 15.4 ● defnamespc.cpp

```cpp
#include <iostream>
using namespace std;

namespace puppy {
  class Dog {
  public:
    Dog() {};
    void bark() {
      cout << "キャンキャン" << endl;
    }
  };
}

namespace adult {
  class Dog {
  public:
    Dog() {};
    void bark() {
      cout << "ワン！ワン！" << endl;
    }
  };
}

int main()
{
  puppy::Dog pap = puppy::Dog();
  pap.bark();

  adult::Dog adl = adult::Dog();
  adl.bark();
}
```

さらに、列挙型に名前空間を指定することで、他で定義されている定数と同じ名前で異なる定数を定義することができます。

■ 名前空間のネスト

名前空間はネストする（入れ子にする）ことができます。次の例は animal という名前空間の中に fourlegged という名前空間を定義して、その中に Dog クラスを定義する例です。

```
namespace animal
{
  namespace fourlegged
  {
    class Dog {
        ⋮
    };
  }
}
```

Dog クラスにアクセスするには、次のように完全に修飾する方法を使うことができます。

```
animal::fourlegged::Dog d = animal::fourlegged::Dog("Pochi");
```

または、次のようにします。

```
using namespace animal::fourlegged;
Dog d1 = Dog("Lucky");
```

さらに、次のようにしても構いません。

```
using namespace animal;
fourlegged::Dog d2 = fourlegged::Dog("Pochi");
```

以上を実行できるプログラムとしてまとめると次のようになります。

リスト 15.5 ● nestns.cpp

```cpp
#include <iostream>

namespace animal
{
  namespace fourlegged
  {
    class Dog {
    public:
      std::string name;   // 名前
      // コンストラクタ
      Dog(std::string dogname){ name = dogname;}
      // メンバー関数
      void bark() {
        std::cout << "ワン！ワン！" << std::endl;
      };
      void print() {
        std::cout << "名前=" << name << std::endl;
      };
    };
  }
}

int main()
{
  animal::fourlegged::Dog d = animal::fourlegged::Dog("Pochi");
  d.bark();

  {
    using namespace animal::fourlegged;
    Dog d1 = Dog("Lucky");
    d1.print();
  }
  {
    using namespace animal;
    fourlegged::Dog d2 = fourlegged::Dog("Pochi");
    d2.print();
  }
}
```

■ inline 名前空間

namespace に inline を指定すると、親の名前空間に定義したものとして扱われます。

次の例では、名前空間 dog は名前空間 animal の中に定義したので、dog::bark(); のように名前空間 dog で修飾しなければアクセスできませんが、名前空間 puppy は inline で定義したので、親の名前空間の中で修飾なしでアクセスすることができます。

リスト 15.6 ● inlinesmpl.cpp

```
#include <iostream>

namespace animal
{
  namespace dog
  {
    void bark() {
        std::cout << "ワン！ワン！" << std::endl;
    };
  }
  inline namespace puppy
  {
    void bark() {
        std::cout << "キャンキャン！" << std::endl;
    };
  }
}
int main()
{
  using namespace animal;

  bark();        // キャンキャン！puppy::bark()とする必要はない
  dog::bark();  // ワン！ワン！
}
```

このプログラムを実行すると、次のように出力されます。

```
キャンキャン！
ワン！ワン！
```

16

マルチスレッド

　この章では複数のコードを同時に実行するマルチスレッドプログラミングについて解説します。

　C++ では比較的容易な方法で複数のコードを同時に実行することができます。

■ 並列処理

　現代の主要な OS には、複数のプロセスを同時に実行する機能が備わっています。また C++ にはひとつのプロセスで複数のスレッドを実行するメカニズムも備わっています。そのため、同時に複数のことを行うことができます。

　現実には、利用可能な CPU コア数の制限などによって、実行されるコードがこまめに切り替えられているだけの場合もあります。しかし、いずれにしても、その詳細は OS と C++ のランタイムに任せることになります。そして、データを共有したり処理の順序が重要な場合などを除いて、プログラマーは背後で実際にコードが実行されている状況の詳細を特に考える必要はありません。

　マルチスレッドの最大の利点は、プログラムの実行時の速度の向上が期待できることです。

一般的には、CPU のコア数を超えない数のスレッドを実行する場合、パフォーマンスの十分な向上が期待できます

マルチスレッドのもうひとつの利点は、問題を分割して解決することができるという点です。たとえば、多数のリクエストを処理する必要がある場合、ひとつのスレッドがひとつのリクエストを処理することだけに専念できます。

■ スレッドクラス

C++ の以前のプログラミングでは、複数のスレッドを実行するためには OS の機能を使わなけれなりませんでした。そのため、プラットフォームごとに異なるコードを書く必要がありました。しかし、C++11 からは std::thread というクラスが標準ライブラリとして実装されているので、プラットフォームの違いを気にすることなくマルチスレッドのプログラムを作成することができます。

■ 関数の定義

std::thread クラスを使ったマルチスレッドプログラミングは、関数を定義して実行させるだけで実現できます。

最初に並列実行したい関数を作成します。ここでは文字 A を出力して 5 ミリ秒待つ関数と文字 B を出力して 5 ミリ秒待つ関数を次のように作成します。

```cpp
void printA()
{
  for (int i = 0; i < 20; i++)
  {
    std::cout << "A" << std::flush;
    // 5ミリ秒スリープする
    std::this_thread::sleep_for(std::chrono::milliseconds(5));
  }
}

void printB()
{
  for (int i = 0; i < 20; i++)
  {
    std::cout << "B" << std::flush;
    // 5ミリ秒スリープする
    std::this_thread::sleep_for(std::chrono::milliseconds(5));
  }
}
```

sleep_for() は指定した時間だけ待ちます（スリープします）。この場合は chrono::milliseconds(5) を引数に指定して 5 ミリ秒待つようにします。このコードは必須ではありませんが、他のスレッドに実行する機会を確実に与えるために記述しています。

この章のサンプルでは、スリープしないとスレッドが交互に実行されない可能性が高くなり、結果を見てもあまり面白くありません。

■ スレッドの起動

そして、作成した関数を引数として thread のインスタンスを作成します。

```
std::thread th1(printA);
std::thread th2(printB);
```

スレッドの終了を待機するには、thread::join() を実行するだけです。

```
// スレッドの終了を待機する
th1.join();
th2.join();
```

安全安心なプログラムにするためには、join() が必ず実行されるようにする必要があります。たとえば、例外処理が発生したような場合でも join() が実行されるようにします。例外処理については第 17 章「エラー処理とデバッグ」を参照してください。

このプログラムを実行できるようにするためには次のようなインクルード文が必要です。

```
#include <iostream>
#include <thread>
#include <chrono>
```

文字「A」文字「B」文字「C」を 3 つのスレッドで並列して出力するには、関数を 3 回起動

するように記述します。実行できるプログラム全体は次のようになります。

リスト 16.1 ● threadABC.cpp

```cpp
#include <iostream>
#include <thread>
#include <chrono>

void printA()
{
  for (int i = 0; i < 20; i++)
  {
    std::cout << "A" << std::flush;
    // 5ミリ秒スリープする
    std::this_thread::sleep_for(std::chrono::milliseconds(5));
  }
}

void printB()
{
  for (int i = 0; i < 20; i++)
  {
    std::cout << "B" << std::flush;
    // 5ミリ秒スリープする
    std::this_thread::sleep_for(std::chrono::milliseconds(5));
  }
}

void printC()
{
  for (int i = 0; i < 20; i++)
  {
    std::cout << "C" << std::flush;
    // 5ミリ秒スリープする
    std::this_thread::sleep_for(std::chrono::milliseconds(5));
  }
}

int main()
{
  std::thread th1(printA);
  std::thread th2(printB);
```

```
    std::thread th3(printC);

    th1.join();
    th2.join();
    th3.join();
}
```

このプログラムを実行するとたとえば次のように出力されます（実際の出力はシステムの状況によって変わります）。

```
BACBCACBAABCABCABCCBAABCBCAABCCBAABCCABBACCBAABCCBABACCBAACB
```

この場合、ABC それぞれのスレッドは概ね順に実行されていますが、それぞれのスレッドの実行順序は実行時の状況によって変わり、特定のコードが実行されるタイミングは予測できません。

ここでは単に文字を出力しているだけなので、プログラムを洗練させて次のようにすると N 個のスレッドをひとつの関数で作成して実行させることができます。

リスト 16.2 ● threadN.cpp

```cpp
#include <iostream>
#include <thread>
#include <chrono>
#include <vector>

#define N_THREAD 5    // スレッド数

void printChar(char ch)
{
  for (int i = 0; i < 20; i++)
  {
    std::cout << ch << std::flush;
    // 5ミリ秒スリープする
    std::this_thread::sleep_for(std::chrono::milliseconds(5));
  }
}

int main()
{
```

```
  std::vector<std::thread> ths;

  // スレッドを作成する
  for (int i = 0; i < N_THREAD; i++)
    ths.emplace_back(std::thread(printChar, (char)'A' + i));

  // スレッドの終了を待機する
  for (auto& t : ths)
    t.join();
}
```

より洗練させるなら、次のようにすると N_THREAD 個のスレッドを実行できます。

リスト 16.3 ● threadL2.cpp

```
#include <iostream>
#include <vector>
#include <thread>
#include <chrono>

#define N_THREAD 5

void printCh(char ch)
{
  for (int i = 0; i < 20; i++)
  {
    std::cout << ch << std::flush;
    // 5ミリ秒スリープする
    std::this_thread::sleep_for(std::chrono::milliseconds(5));
  }
}

int main()
{
  std::vector<std::thread> ths;

  for (int i = 0; i < N_THREAD; i++) {
    ths.emplace_back([&, i]() { printCh((char)('A'+i)); });
  }

  for (auto&t : ths)
```

```
    t.join();
}
```

　関数 printCh() の呼び出しをやめて実行速度を優先するなら、次のようにしても良いで
しょう。

リスト 16.4 ● threadL3.cpp

```cpp
#include <iostream>
#include <vector>
#include <thread>
#include <chrono>

#define N_THREAD 5

int main()
{
  std::vector<std::thread> ths;

  for (int i = 0; i < N_THREAD; i++) {
    ths.emplace_back([&, i]() {
      char ch = (char)('A'+i);
      for (int j = 0; j < 20; j++)
      {
        std::cout << ch << std::flush;
        // 5ミリ秒スリープする
        std::this_thread::sleep_for(std::chrono::milliseconds(5));
      }
    });
  }

  for (auto&t : ths)
    t.join();
}
```

■ ラムダ式

　無名関数（名前を付けない関数）を式としてより簡潔に書いたものを**ラムダ式**といいます。

　thread を作成するときに、関数ポインタを指定する代わりに、ラムダ式を指定することも
できます。

次の例は 2 個のスレッドを実行するプログラムの例です。

リスト 16.5 ● threadL.cpp

```cpp
#include <iostream>
#include <thread>
#include <chrono>

void printCh(char ch)
{
  for (int i = 0; i < 20; i++)
  {
    std::cout << ch << std::flush;
    // 5ミリ秒スリープする
    std::this_thread::sleep_for(std::chrono::milliseconds(5));
  }
}

int main()
{
  std::thread th1([&]() { printCh('A') ; });
  std::thread th2([&]() { printCh('B'); });

  th1.join();
  th2.join();
}
```

16.2 排他制御

ここでは複数のスレッドが同じ変数にアクセスすることを避ける方法を説明します。

■ ミューテックス

ミューテックスは、ある時にただひとつのスレッドだけがクリティカルセクション（複数の
スレッドによって変更される危険性がある領域）にアクセスできるようにする排他制御の方法
のひとつです。

　複数のスレッドが同じ変数にアクセスすると、意図しない方法で値が変更されてしまうことがあります。そのような状況を防ぐためには、C++11 で導入されたミューテックス（std::mutex）を使って、プログラムのある部分を実行中には他のスレッドが変数の値を変更しないようにします。

　ここでは、他のスレッドが変数 count を意図しないときに変更しないようにすることを考えてみます。

　ミューテックスを使って排他制御するためには、まずミューテックスを作成します。

```
std::mutex mtx; // 排他制御用ミューテックス
```

　そして、lock() でロックして他のスレッドが変数 count に関与しないようにし、値の変更を行います。変数 count がスコープを抜けるとロックは解除されます。

```
// ミューテックスを取得する
std::lock_guard<std::mutex> lock(mtx);
++count;
```

　必要なインクルード文は次の通りです。

```
#include <iostream>
#include <mutex>
#include <thread>
```

　count という名前の変数の値が予期しないタイミングで変更されないようにミューテックスで制御するプログラム全体は次のようになります。

リスト 16.6 ● mutexsmpl.cpp

```
#include <iostream>
#include <mutex>
#include <thread>

std::mutex mtx; // 排他制御用ミューテックス
int count;

void printChr(char c)
{
```

```
    for (int i = 0; i < 20; ++i) {
      // ミューテックスを取得する
      std::lock_guard<std::mutex> lock(mtx);
      ++count;
      std::cout << c << ":" << count <<" " << std::flush;
    }
  }

int main()
{
  count = 0;

  std::thread th1(printChr, 'A');
  std::thread th2(printChr, 'B');

  th1.join();
  th2.join();

  std::cout << "\ncount:" << count << std::endl;
}
```

■ スレッド間のデータの受け渡し

並列で実行されているスレッド間で情報を受け渡す方法はいくつかあります。ここでは単純にミューテックスを使ってグローバル変数で値を共有する例を示します。

ここで作成するプログラムは、メインとみなすスレッドが終了したら、他のスレッドをすべて終了するプログラムの例です。

最初に、実行継続を示すグローバル変数 goon を宣言します。この変数が true の間はどのスレッドも実行しますが、メインとみなすスレッドの処理が終了したら false にします。

```
bool goon;        // 実行継続を示すグローバル変数
```

メインとみなすスレッドは、20 個のアスタリスク（*）を出力して、出力し終わったら goon を false にします。

```
bool goon;        // 実行継続を示すグローバル変数
```

```
void printAster()
{
  for (int i = 0; i < 20; ++i) {
    std::cout << "*" << std::flush;
  }
  // ミューテックスを取得する
  std::lock_guard<std::mutex> lock(mtx_);
  goon = false;
}
```

他のスレッドは、文字 A または B を出力し続けますが、goon が false になったらループを
終了してスレッドも終了します。

```
void printChr(char c)
{
  for (int i = 0; i < 200; ++i) {
    std::cout << c << std::flush;
    // ミューテックスを取得する
    std::lock_guard<std::mutex> lock(mtx_);
    if (!goon)
      break;
  }
}
```

プログラム全体は次のようになります。

リスト 16.7 ● goonsmpl.cpp

```
#include <iostream>
#include <mutex>
#include <thread>

std::mutex mtx_; // 排他制御用ミューテックス
bool goon;

void printAster()
{
  for (int i = 0; i < 20; ++i) {
    // 5ミリ秒スリープする（他のスレッドに実行の機会を与える）
    std::this_thread::sleep_for(std::chrono::milliseconds(5));
```

```cpp
    std::cout << "*" << std::flush;
  }
  // ミューテックスを取得する
  std::lock_guard<std::mutex> lock(mtx_);
  goon = false;
}

void printChr(char c)
{
  for (int i = 0; i < 200; ++i) {
    std::cout << c << std::flush;
    // 5ミリ秒スリープする（他のスレッドに実行の機会を与える）
    std::this_thread::sleep_for(std::chrono::milliseconds(5));
    // ミューテックスを取得する
    std::lock_guard<std::mutex> lock(mtx_);
    if (!goon)
      break;
  }
}

int main()
{
  goon = true;

  std::thread th0(printAster);
  std::thread th1(printChr, 'A');
  std::thread th2(printChr, 'B');

  th0.join();
  th1.join();
  th2.join();
}
```

17

エラー処理とデバッグ

この章では例外処理と、アサートや実行時型情報について説明します。

17.1 例外処理

例外とは、プログラムの実行中に発生する、プログラムの実行に重大な影響を与える出来事のことです。

■ 例外処理の基本

例外には、ハードウェア例外とソフトウェア例外があります。**ハードウェア例外**は、たとえば、0 で除算した場合や、数値演算の結果発生するオーバーフローなどがあります。ハードウェア例外は、多くの場合、プログラムを停止させます。**ソフトウェア例外**には、たとえば、データの不適合やメモリー不足のためにメモリーを確保できないときなどに発生します。

例外処理は、ハードウェア、OS、プログラミング言語がそれぞれサポートしています。そのため、例外処理の詳細は、プラットフォームおよび処理系によって異なりますが、プログラミング言語としての C++ には C++11 以降で例外処理が言語に導入されました。

■ 例外処理の必要性

ここで、整数を入力するプログラムを考えてみます。最も単純なコードは次のようになるで
しょう。

```
int n;
std::cout << "整数を入力してください>";
std::cin >> n;
```

この一連のコードは間違いありませんし、整数が入力されたら変数 n に入力された整数が保
存されます。しかし、プログラムのユーザーが整数以外の文字列（たとえば "abc"）を入力し
たときに、n はゼロになり、入力が間違っていることはこのプログラムでは判断できません。

Note std::cin.exceptions(std::ios::failbit) を実行して明示的に cin の例外処理を有効にする
と数字以外の文字が入力されたときに例外が発生するようになりますが、後の処理が少々面倒
です。

次のように入力を文字列として受け取ってから stoi() を使って整数に変換すると、数字以
外の文字が入力されたときに stoi() で例外が発生して、入力が間違っていることがわかるよ
うになります。

```
int n;
std::string s;
std::cout << "整数を入力してください>";
std::cin >> s;
n = std::stoi(s);    // sを整数に変換する
```

ただし、例外が発生するとプログラムの実行が止まってしまいます。

そこで、例外処理構文を使って、例外を処理することで、間違いを判断し、さらにプログラ
ムの実行を継続することができるようになります。

■ 例外処理の構文

C++11 以降で導入された C++ の例外処理には、try、catch、throw を使います。

try 〜 catch の構文では次の形式で例外を処理します。

```
try
{
  stat_try        // 例外が発生する可能性があるコード
}
catch (except-decl)
{
  stat_catch      // 例外処理のコード
  throw;          // 必要に応じて例外を再送出する
}
```

stat_try は例外が発生する可能性があるステートメント、*except-decl* は捕捉する例外の宣言（すべての例外を捕捉する場合は ...）、*stat_catch* は例外が発生したときに実行するステートメントです。

先ほどの stoi() は、数値への変換が行われなかった場合には std::invalid_argument という例外が送出され、変換する値が整数の範囲を超えた場合には std::out_of_range が送出されます（例外が送出される条件と送出される例外については C++ のドキュメントを参照してください）。

そのため、次のようなコードで例外を処理することができます。

```
std::cin >> s;
try {
  n = std::stoi(s);
}
catch (std::invalid_argument) {
  // 例外処理として再入力を促すようにする
}
catch (std::out_of_range) {
  // 例外処理として再入力を促すようにする
}
```

不正な入力があった場合に例外処理で再入力を促すことで整数を入力するプログラム全体は

次のようになります。

リスト 17.1 ● stoiex.cpp

```cpp
#include <iostream>
#include <string>

int main()
{
  int n;
  std::string s;

  std::cout << "整数を入力してください>";
  while (1)
  {
    std::cin >> s;
    try {
      n = std::stoi(s);
    }
    catch (std::invalid_argument) {
      std::cerr << "整数を入力してください>";
      continue;
    }
    catch (std::out_of_range) {
      std::cerr << INT_MIN << "〜" << INT_MAX
        << "の範囲の整数を入力してください>";
      continue;
    }
    break;
  }

  std::cout << n << "の2倍=" << n * 2 << std::endl;
}
```

　このような例外処理を組み込むのは面倒であると感じるかもしれません。しかし、ユーザーが間違った操作をしたり通常は予期しない問題が発生したときにも対処できる安全安心なプログラムを作成するためには重要なことです。

■ 範囲外アクセスの処理

配列の範囲チェックにも例外を使うことができます。配列の要素数を超えてアクセスしようとした場合にも std::out_of_range が送出されるので、次のようなコードで例外を処理することができます。

```cpp
#include <iostream>
#include <array>
#include <exception>
#include <stdexcept>

int main()
{
  std::array<int, 5> ar = {1, 3, 5, 7, 9};

  try {
    ar.at(2) = 10;
    ar.at(8) = 10;     // 例外発生
  }
  catch (const std::out_of_range& e) {
    std::cerr << "arrayの範囲を超えました。\n";
  }
```

17.2 アサート

発生するはずのないエラーをチェックするときにはアサートを使います。

■ assert()

完成したプログラムの実行時に発生することのないエラーではあるものの、デバッグ時に発生する可能性があるエラーをチェックするにはアサートを使います。

assert() の書式は次の通りです。

```
assert(exp);
```

exp はエラーがなければ true である式です。

assert() を入れたプログラムを実行すると、エラーがある場合、つまり *exp* が true でない場合、assert() のあるステートメントで実行を停止します。

次のコードは、rnd() を使って生成した整数の値を rnd() が生成する可能性がある最大値 rnd.max() で割ることによって 0 〜 1.0 の範囲の乱数を生成するコードの例です。

```
double v = 1.0 * rnd() / rnd.max();      // 0〜1.0の範囲の乱数を生成する
assert(v <= 1.0);                        // 生成された値が1.0以下であるか調べる
```

rnd() を使って生成した整数の値の範囲は環境によって異なりますが、rnd.max() で割っているので、v の値は必ず 0 〜 1.0 の範囲の値になるはずです。

もし次のような理論的な間違いがある場合は、v の値が 1.0 を超えたときに assert() でプログラムは停止し、メッセージが表示されます。そのため、理論的な間違いがあることに気づくことができます。

```
double v = 1.0 * rnd() / rnd.max() + 0.5;    // 0.5〜1.5の範囲の乱数を生成する
assert(v <= 1.0);
```

assert() を使ったプログラムの例を次に示します。

リスト 17.2 ● assertsmpl.cpp

```
#include <iostream>
#include <random>
#include <cassert>

int main()
{
  std::random_device rnd;
  // 10個の乱数を発生させる
  for (int i = 0; i < 10; ++i)
  {
    double v = 1.0 * rnd() / rnd.max();
    // double v = 1.0 * rnd() / rnd.max() + 0.5;
    assert(v <= 1.0);
    std::cout << v << std::endl;
  }
}
```

17.3　実行時型情報

実行時型情報（RTTI、Run-Time Type Information）は、プログラムの実行時にデータ型を識別するための情報です。この情報は主にデバッグの際に使います。

■ typeid

実行時の型の ID を表す typeid は次の書式で使うことができます。

```
typeid(obj);
```

obj は調べるオブジェクトの名前です。

たとえば、pochi と henry という Dog クラスのインスタンスがあるときに、同じクラスのオブジェクトであるかどうかは、次のようにして調べることができます。

```
assert( typeid(pochi) == typeid(henry) );
```

typeid().name() でその型 ID の文字列表現を得ることもできます。

```
std::cout << "pochi=" << typeid(pochi).name() << std::endl;
```

ただし、このときの表現は特定の規則に従っているわけではなく、環境によって異なります。たとえば、int 型だからといって必ず「int」という文字列が得られるわけではありません。

次のプログラムは、typeid で同じ型のオブジェクトであるかどうか assert() でチェックしてから型 ID の名前を出力する例です。

リスト 17.3 ● typeidsmpl.cpp

```cpp
#include <iostream>
#include <typeinfo>
#include <cassert>

class Dog
{
  public:
  std::string name;
};

class Cat
{
public:
  std::string name;
};

int main()
{
  Dog pochi;
  Dog henry;
  Cat mike;

  assert( typeid(pochi) == typeid(henry) );
  assert( typeid(pochi) != typeid(mike) );

  std::cout << "pochi=" << typeid(pochi).name() << std::endl;
  std::cout << "henry=" << typeid(henry).name() << std::endl;
  std::cout << "mike=" << typeid(mike).name() << std::endl;
}
```

　プログラムが出力する型 ID の名前は環境（コンパイラの種類とバージョンなど）によって異なります。

　このプログラムを実行すると、Microsoft のコンパイラの場合ならば次のように出力されます。

```
pochi=class Dog
henry=class Dog
mike=class Cat
```

g++ ならば次のように出力されます。

```
pochi=3Dog
henry=3Dog
mike=3Cat
```

typeid(obj).hash_code() でその型のハッシュコードを取得することもできます。この値そのものも環境によって異なります。そのため主に他のオブジェクトとの型の比較などに使います。

```
std::cout << "pochi=" << typeid(pochi).hash_code() << std::endl;
```

18

ファイル構成

ここでは C++ のソースファイルについて取り上げます。

ソースファイル

　C++ のプログラマが直接編集するテキスト形式のソースファイルは、ヘッダーファイルと狭義のソースコードファイルで構成されます。

■ プログラムのソースファイル

　プログラムの**ソースファイル**（source file）は、広義ではプログラムを実行またはコンパイルするときに元になるファイルすべてを指します。たとえば、C++ のコードを記述したファイル、コンパイルしたオブジェクトファイルやライブラリファイル、アイコンをはじめとするプログラムにリンクするイメージファイル、プログラムをビルドするときに使う Makefile やプロジェクトファイルなど、プログラムをビルドするときに使うファイル全体を広義のソースファイルと呼びます。広義のソースファイルは、C++ ではコンパイラの入力となるファイルなので、入力ファイル（input file）と呼ぶこともあります。

■ ヘッダーファイルとソースファイル

C++ のプログラマがプログラムを記述するテキスト形式のファイルは、一般的には次の 2 つに分けます。

- 主に実行するプログラムコードを内容として拡張子を .cpp にするソースファイル
- 主に宣言や（実行するコード以外の）定義を内容として拡張子を付けないか拡張子を .h にするヘッダーファイル

ソースファイルとヘッダーファイルに書く内容に明確な決まりはありません。ソースファイルに宣言や定義を書くこともあり、実行するプログラムコードをヘッダーファイルに書くこともできます。たとえば、一般的にはヘッダーファイルに書くこともすべてソースファイルに書いて、ソースファイルだけにすることもできますし、（制約はありますが）ヘッダーファイルに共通して使う関数を記述することもできます。

ソースファイルはプログラムのコンパイル時に直接指定する入力ファイル、ヘッダーファイルは入力ファイルであるソースファイルからインクルードされる（取り込まれる）ファイルと考えると良いでしょう。

18.2 ヘッダーファイル

ここでは、C++ のソースファイルにインクルードする（取り込む）ヘッダーファイルについて説明します。

■ コンパイラが提供するヘッダーファイル

通常、C++ のコンパイラには、一般的に使われる関数や定数、クラスなどが定義されたライブラリが付属していて、それらライブラリの内容に関する宣言がヘッダーファイルという拡張子がないか、あるいは拡張子が .h であるファイルに記述されています。

たとえば、入出力を伴うプログラムの最初のほうに次の行を記述しました。

```
#include <iostream>
```

これは iostream というファイルをインクルードする（取り込む、組み込む）ためのディレクティブ（指示）です。

iostream には、入出力に関する関数や定数などの宣言が含まれています。

C++ では事前に宣言されていない名前は使えないので、さまざまな宣言をプログラムの先頭のほうに置く必要がありますが、それをヘッダーファイルに分けて書くことができます。そして、入出力を伴うプログラムであれば、プログラムの最初のほうにこのような入出力に関連するヘッダーファイルをインクルードするディレクティブを記述する必要があります。

ヘッダーファイルを記述するもうひとつの理由は、18.3 節「複数のモジュール」で説明するように、プログラムコードを複数のファイルに分割する場合、他のファイルの宣言を利用できるようにするために宣言をヘッダーファイルにまとめて、インクルードする必要があります（具体例は後述）。

■ ヘッダーファイルのインクルード

これまでもヘッダーファイルをインクルードするために、#include ディレクティブを使ってきました。

```
#include <iostream>
```

インクルードするファイル名を < と > で囲っているのは、コンパイラのファイル検索パスの場所にこのファイルがあることを示しています。

プログラムファイル（.c や .cpp）とヘッダーファイル（拡張子なし、あるいは .h）を同じ場所に保存する場合は次のようにファイル名を " と " で囲みます。

```
#include "myheader.h"
```

あるいは、現在のディレクトリからの相対パスを指定することもできます。

```
#include "mylib\inc\myheader.h"
```

ファイル名を " と " で囲むファイルは、一般的にはプログラマが自分で作成したヘッダーファイルや、特定のプロジェクトで共通して使うプロジェクト独自に作成したヘッダーファイルです。一方、< と > で囲むファイルは、一般的にはコンパイラが提供するヘッダーファイルです。

> 厳密には、ファイル名を < と > で囲むファイル " と " で囲むファイルは、コンパイラが検索する場所が異なります。詳しくはコンパイラのドキュメントを参照してください。

■ インクルードの問題

インクルードするヘッダーファイルの中で他のヘッダーファイルをインクルードしている場合があります。たとえば、ヘッダーファイル abc.h の中で xyz.h をインクルードしていて、ヘッダーファイル xyz.h の中で abc.h をインクルードしているような場合がありえます。そのような場合には、お互いの中でお互いをインクルードする結果となって、インクルードが繰り返し行われてコンパイルできません。

また、プログラムソースファイルの中で xyz.h と abc.h をインクルードしていて、abc.h の中でも xyz.h をインクルードしているような場合は、同じファイルを 2 度インクルードする結果になることもあります。同じファイルを 2 度以上インクルードするのは無駄です。

同じヘッダーファイルを 2 度以上インクルードしないようにするためには、#ifndef ディレクティブを使って、あるヘッダーファイルの中で定義されているシンボルがすでに定義されていたら、そのファイルをインクルードしないようにすることができます。

たとえば次のようにすれば、シンボル _INC_XYZ が定義されていない場合だけ #include ディレクティブを実行するようにできます。

```
#ifndef _INC_XYZ
#include "xyz.h"
#endif
```

そして、xyz.h の中で _INC_XYZ を定義します。

```
#define _INC_XYZ
```

この例の場合、xyz.h ファイルが一度でもインクルードされてプリコンパイルされると _INC_XYZ が定義され、それ以降は #ifndef _INC_XYZ から #endif までは無視されることになるので、xyz.h が再びインクルードされることはありません。

■ ヘッダーファイルの例

　ここでは、ひとつの C++ のファイル（.cpp）として作成したものを、ヘッダーファイル（.h）と C++ ソースファイル（.cpp）に分割する例を示します。

　次のようなプログラムをひとつのファイルとして作成したとします。

リスト 18.1 ● onepi.cpp

```cpp
#include <iostream>

// Member構造体の定義
typedef struct MEMBER
{
  std::string name; // 名前
  int age;          // 年齢
} Member;

int main(int argc, char* argv[])
{
  Member m1;

  std::cout << "名前>";
  std::cin >> m1.name;
  std::cout << "年齢>";
  std::cin >> m1.age;

  std::cout << m1.name << ":" << m1.age;
}
```

　これを次のような構造体を定義したヘッダーファイル member.h と、実行されるコードを記述したプログラムファイル main.cpp に分割することができます。

リスト 18.2 ● member.h

```cpp
// Member構造体の定義
typedef struct MEMBER
{
  std::string name; // 名前
  int age;          // 年齢
} Member;
```

main() を含むプログラムファイル main.cpp は次のようにします。

リスト 18.3 ● main.cpp

```cpp
#include <iostream>
#include "member.h"

int main(int argc, char* argv[])
{
  Member m1;

  std::cout << "名前>";
  std::cin >> m1.name;
  std::cout << "年齢>";
  std::cin >> m1.age;

  std::cout << m1.name << ":" << m1.age;
}
```

この場合、ヘッダーファイルとプログラムファイルを同じディレクトリに保存すること
を前提として、member.h のインクルード文を「#include <member.h>」ではなく「#include
"member.h"」にしています。

Note main() を含むコードを main.cpp に記述するのは C++ の慣例ですが、他の名前にしてもかまい
ません。

18.3 複数のソースモジュール

プログラムの規模が大きい時には、ソースファイルを複数に分割します。

■ 複数のプログラムファイル

大きなプログラムや、再利用したいコードを分離したいときには、プログラムファイル（.c
や .cpp）を分割します。

　たとえば、四角形の幅と高さを入力すると、面積を計算する関数 getArea() を呼び出して面積を出力する次のようなプログラムを作成したとします。

リスト 18.4 ● rectarea.cpp

```cpp
#include <iostream>

// getArea()の定義
int getArea (int w, int h)
{
  return w * h;
}

int main(int argc, char* argv[])
{
  int w, h;
  std::cout << "幅>";
  std::cin >> w;
  std::cout << "高さ>";
  std::cin >> h;

  std::cout << "幅" << w << " 高さ" << h
    << "の面積は" << getArea(w,h) << std::endl;
}
```

　上のプログラムの面積を計算する関数 getArea() を他のプログラムでも利用できるように、この関数の部分だけを分離します。

　まず関数 getArea() を含むファイル getarea.cpp を作成します。

リスト 18.5 ● getarea/getarea.cpp

```cpp
#include "getarea.h"

// getArea()の定義
int getArea (int w, int h)
{
  return w * h;
}
```

　このファイルには、getArea() の宣言を記述する getarea.h をインクルードします。こうす

ることによって宣言と定義が違っているという間違いを防ぐことができます。

getarea.h は getArea() の宣言を記述しますが、一度だけインクルードするための仕掛けとして #ifndef ディレクティブを使います。

リスト 18.6 ● getarea/getarea.h

```
#ifndef GETAREA_H
#define GETAREA_H

// getArea()の宣言
int getArea (int w, int h);
#endif
```

上の getarea.h の中で getArea() の型と名前、引数を宣言していますが、このような宣言をプロトタイプ宣言といいます。

main() を含むコードは main.cpp に記述します。このファイルでは、入力された四角形の幅と高さを受け取り、getarea.cpp に定義した面積を計算する関数 getArea() を呼び出して、結果の面積を幅と高さの値と共に出力します。

リスト 18.7 ● getarea/main.cpp

```cpp
#include <iostream>
#include "getarea.h"

int main(int argc, char* argv[])
{
  int w, h;
  std::cout << "幅>";
  std::cin >> w;
  std::cout << "高さ>";
  std::cin >> h;

  std::cout << "幅" << w << " 高さ" << h
    << "の面積は" << getArea(w,h) << std::endl;
}
```

このプログラムをコンパイルして実行する例を次に示します。

```
>cd getarea
>gcc -o getarea *.cpp

>getarea
幅:15
高さ:6
幅15高さ6の面積は90
```

　このとき、main.c と getarea.c とから、それぞれ別のオブジェクトファイル（リンクして実行可能ファイルにするための中間ファイル）が生成されます。このように、中間ファイルを生成する単位を別のモジュールと呼びます。

■ extern

　他のファイルのグローバル変数にアクセスする場合は、変数の宣言で extern を付けます。

　たとえば、次のような main() があるファイルがあるとします。

リスト 18.8 ● externsmpl/main.cpp

```
#include <iostream>
#include "countup.h"

int Total = 0;   // グローバル変数

int main()
{
  countup();

  std::cout << "Total=" << Total << std::endl;
}
```

　このファイルではグローバル変数 Total を宣言してゼロで初期化しています。

　他のファイルでこの変数 Total を使いたい場合は、extern を付けて次のように宣言します。

リスト 18.9 ● externsmpl/countup.cpp

```
#include "countup.h"

extern int Total;   // main.cppのTotalを参照する
```

```
int countup()
{
  return Total++;
}
```

このファイルの countup() はグローバル変数 Total をインクリメントします。

この countup.cpp を使えるようにするために、次のヘッダーファイルも作成します。

リスト 18.10 ● externsmpl/countup.h

```
#ifndef COUNTUP_H
#define COUNTUP_H

// プロトタイプ宣言
int countup();
#endif
```

このプログラムをコンパイルして実行する例を次に示します。

```
>cd externsmpl
>gcc -o countup *.cpp

>countup
Total=1
```

Note　グローバルな変数は、他に適切な方法がない場合に限って使うべきです。上の例は機能しますがあまり良くない例です。

■ ライブラリ

分離したファイルを共有したり、別のプロジェクトで使うために、独自のライブラリとしてまとめておくこともできます。

ソースコードをコンパイルしてライブラリにする方法と、ライブラリをインクルードする具体的な方法は、処理系によって異なります。また、通常、ある処理系で作成したライブラリファイルを別の処理系でそのまま使うことはできません（ターゲット環境ごとにソースファイルをコンパイルし直してライブラリファイルを作り直します）。

■ 名前空間との連携

C++ では、原則として名前（関数、クラス、定数などの名前）は特定の名前空間に定義します。たとえば、cin や cout、そして string や hex のようなごく頻繁に使われる名前であっても、srd という名前空間に定義されています。例外はグローバル名前空間に定義するものですが、これはプログラムのエントリーポイントである main() とその中で使うローカル変数など小数の名前だけです。

名前を名前空間に定義するべき明確な理由があります。たとえば、関数はオーバーライドや可変長引数（任意の引数を指定できる）などが可能なので、同じ名前の関数を定義できます。名前空間で識別しない場合、予期しないで同じ名前を付けてしまい、リンクの際にもエラーにならずに、原因の究明が非常に困難なバグの原因となることがあります。

そのため、本書のサンプルのようなごく短いプログラムやスコープが限られているローカル変数などを除いて、C++ では、基本的には名前は特定の名前空間に定義することが望ましいといえます。特に大きなプログラムや複数の人がかかわるプロジェクトなどでは、関連のあるコードはひとつまたはいくつかのソースモジュールにまとめて、その内容全体を名前空間で識別できるようにすることが求められます。

19

C 言語との連携

　この章では C 言語のモジュールのリンクや C 言語のソースコードと C++ のソースコードの併用について説明します。

19.1　C 言語コードの利用

　C++ は C 言語を拡張して作られたという経緯があるため、C++ のソースコードの中で C 言語のコードを使ってもほとんどの場合に問題なくコンパイルして実行することができます。

　しかし、いつでも C++ と C 言語を混在させて利用できるわけではありません。ここでは、C++ のソースコードの中で C 言語のコードを使う場合に注意を払いたいことをいくつか紹介します。

■ 識別子の問題

　C 言語のキーワードは比較的少なく C11 でも 44 です。C++11（～ C++17）には 86 のキーワードがあります。

　C++ には、class、namespace、template、new、delete などの C 言語にはない新しいキーワードが追加されています。このようなキーワードが C 言語のプログラムで識別子（変数や関数などの名前）として使われていると、キーワードとして解釈され、期待したようにコンパイルできません。

■ 暗黙の変換

　C言語では有効だった暗黙の変換が、C++ では行われないことがあります。たとえば、C言語では汎用ポインタ void* は他の型へのポインタに暗黙的に変換できます。

```
char* s = malloc(100);
```

　C++ ではキャスト演算子を使って明示的に変換する必要があります。

```
char* s= (char* )malloc(100);
```

■ 類似機能の混在で起きる問題

　C++ と C言語で同じような機能を実現しているものの混在で起きる問題のひとつとして、入出力におけるバッファの取り扱い方の問題があります。

　stdio.h で宣言されている C言語の入出力関数と、iostream で宣言されている std::in や std::cout のようなオブジェクトと入出力マニピュレーターを混用すると、期待した結果と異なる場合があります。

　次の例はおそらくどの C++ コンパイラでもコンパイルできて実行できますが、出力の順序が期待したようになる保証はありません。

リスト 19.1 ● candcpp.cpp

```
#include <stdio.h>
#include <iostream>
#include <string>

int main(int argc, char* argv[])
{
  std::string msg = "Hello, Dogs!";

  printf("Hello, C\n");

  std::cout << "Hello C++" << std::endl;

  printf("C:%s\n", msg.c_str());
```

```
    std::cout << "C++" << msg << std::endl;

    return 0;
}
```

　これが期待通り機能しない可能性があるのは、出力するデータがいったんバッファに保存されてから出力されるためです。どうしても混在させたい場合は、個々の出力の直後にバッファをフラッシュ（flush）すれば状況が改善されると期待されます。

```
printf(...);
fflush(stdout);

std::cout << ... << std::endl;
std::cout.flush();

printf(...);
fflush(stdout);

std::cout << ... << std::endl;
std::cout.flush();
```

Note 実際の挙動は環境によって異なります。

19.2 C ソースのリンク

　C++ のプログラムと共に C 言語のソースファイルをコンパイルして C++ のプログラムとしてリンクすることができます。

■ C++ への C 言語のリンク

　C++ のソースファイルから C 言語の関数を呼び出すのは容易です。単にすべてを C++ のソースであるとみなして C++ コンパイラでコンパイルすれば、名前の問題は解決します。

　次の例のようにC++のプログラムからC言語のソースファイルに含まれているC言語のソースをC++のプログラムとしてコンパイルすると、問題なくコンパイルできます。

リスト 19.2 ● add/main.cpp

```
#include <iostream>
#include "add.h"
using namespace std;

int main()
{
  int a = 12, b= 23;
  int x = add(a,b);
  cout << a << "+" << b << "=" << x << endl;
}
```

リスト 19.3 ● add/add.h

```
/*
 * add.h
 */
// プロトタイプ宣言
int add(int a, int b);
```

リスト 19.4 ● add/add.c

```
/*
 * add.c
 */
 #include "add.h"

int add(int a, int b)
{
  return a + b;
}
```

　このプログラムをC++のコンパイラであるg++でコンパイルして実行する例を次に示します。

```
>cd add
>g++ -o add main.cpp add.c

>add
12+23=35
```

ただし、コンパイラによってはデフォルトではファイルの拡張子で判断して、C++ のソースファイルは C++ としてコンパイルし（名前を変更する）、C 言語のソースファイルは C 言語としてコンパイルする（名前を変更しない）ものがあります。そのために、リンクで失敗して「未解決の参照」というエラーになる場合があります。その場合は C 言語のソースファイルも C++ のソースファイルとしてコンパイルするように拡張子を C++ の拡張子に変更するか、すべてのソースファイルを C++ としてコンパイルするようにオプションを指定してください。

コンパイラによっては C 言語のソースファイルをコンパイルする際に名前を C++ の名前に変更するための「extern "C++"」をサポートしている場合があります。

```
extern "C++" int cfunc(int a);
```

この機能を使う場合は、C++ のプログラムからアクセスする C の関数や変数などに「extern "C++"」を付けてコンパイルします。

■ C への C++ ソースのリンク

C 言語のソースファイルから C++ のソースファイルにあるものを呼び出すのは簡単ではありません。

第一に、C 言語と C++ ではコンパイラの関数や変数の名前の扱い方が異なるという点に注意する必要があります。C 言語のコードと C++ のコードを混在させるためには C リンケージと呼ばれる C 言語の陸の規則を使うようにする必要があります。

C リンケージにするには、変数や関数を extern "C" で修飾します。

```
extern "C" int vara;

extern "C" char funcx() { ... }
```

一連の変数や関数をまとめて C リンケージにするときには、次のように { と } で囲って

extern "C" で修飾します。

```
extern "C" {
  int vara;
  char funcx() { ... }
  void funcy() { ... }
}
```

こうすることで、C++ の中の関数は名前の変更が行われず、C 言語の名前でリンクできるようになります。

また、C++ の機能を C 言語のプログラムコードで利用することはできません。たとえば、C++ の機能を使うオーバーロード関数を C 言語のプログラムコードから直接呼び出すことはできません。そこで、C++ と C 言語の橋渡しになる関数を定義する必要があります。

次の例は、最大値を返す C++ のテンプレート関数 maximum() を、C 言語から呼び出せるようにするために、int 型の関数 imax() と double 型の関数 dmax() を宣言する例です。

```
// テンプレート関数
template <typename T>
T maximum(const T& lhs, const T& rhs)
{
  return lhs > rhs ? lhs : rhs;
}

// C言語プログラムとのリンクのための関数
extern "C" int imax(int x, int y)
{
  return maximum(x, y);
}

// C言語プログラムとのリンクのための関数
extern "C" double dmax(double x, double y)
{
  return maximum(x, y);
}
```

これで、C 言語のプログラムは関数 imax() か dmax() を呼び出すことで C++ のテンプレート関数 maximum() の機能を利用できるようになります。

```
printf("%dと%dで大きいのは%d\n", n, m, imax(n, m));    // 整数で呼び出す
printf("%fと%fで大きいのは%f\n", v, w, dmax(v, w));    // 実数で呼び出す
```

　これらのコードを、最小値と最大値の両方を求めることができるようにしたプログラムの
ソースコードを次に示します。

リスト 19.5 ● minmax/main.c

```
/*
 * main.c
 */
#include <stdio.h>
#define SRC_C 1
#include "minmax.h"

int main()
{
  int n = 12;
  int m = 30;
  double v = 23.45;
  double w = 54.32;

  printf("%dと%dで大きいのは%d\n", n, m, imax(n, m));    // 整数で呼び出す
  printf("%fと%fで小さいのは%f\n", v, w, dmin(v, w));    // 実数で呼び出す
}
```

リスト 19.6 ● minmax/minmax.h

```
// minmax.h
#ifndef SRC_C
extern "C" int imax(int x, int y);
extern "C" int imin(int x, int y);
extern "C" double dmax(double x, double y);
extern "C" double dmin(double x, double y);
#else
int imax(int x, int y);
int imin(int x, int y);
double dmax(double x, double y);
double dmin(double x, double y);
#endif
```

リスト 19.7 ● minmax/minmax.cpp

```cpp
// minmax.cpp
#include "minmax.h"

template <typename T>
T maximum(const T& lhs, const T& rhs)
{
  return lhs > rhs ? lhs : rhs;
}

template <typename T>
T minmum(const T& lhs, const T& rhs)
{
  return lhs < rhs ? lhs : rhs;
}

extern "C" int imax(int x, int y)
{
  return maximum(x, y);
}
extern "C" int imin(int x, int y)
{
  return minmum(x, y);
}

extern "C" double dmax(double x, double y)
{
  return maximum(x, y);
}

extern "C" double dmin(double x, double y)
{
  return minmum(x, y);
}
```

　このプログラムを gcc でコンパイルするには次のようにします。

　まず、C言語のプログラム main.c をC言語のプログラムとしてコンパイルします。このとき、狭義のコンパイルだけしてリンクせず、オブジェクトファイル main.o（環境によっては main.obj）を出力させるために、コンパイルオプション -c を付けます。

```
>gcc -c main.c
```

次に、C++ のプログラム minmax.cpp を C++ のプログラムとしてコンパイルします。このときにもオプション -c を付けてオブジェクトファイル minmax.o を出力させます。

```
>g++ -c minmax.cpp
```

そして、C 言語のコンパイラで main.o と minmax.o をリンクして実行可能ファイルを生成します。

```
>gcc -o minmax main.o minmax.o
```

実行すると、次のように出力されます。

```
>minmax
12と30で大きいのは30
23.450000と54.320000で小さいのは23.450000
```

19.3 他言語の移植

他のプログラミング言語のソースファイルを C++ に書き換えたいことがあります。ここではプログラムの移植の概要と、Python から C++ に書き換える例を示しながらプログラムの移植の際に注意したいことを説明します。

■ プログラムの移植

多くのプログラミング言語のシンタックスは似ています。たとえば、C++ のソースコードは Java のそれに似ていますし、Basic のプログラムでも begin と end を { と } に書き換えるなど一部の書き換えを行えば、C++ のコードと似たコードになります。

つまり、他のプログラミング言語で書かれたプログラムを C++ のソースファイルに書き換え

るには、シンタックスが C++ のそれになるようにすれば良さそうです。

しかし、状況によっては話はそれほど単純ではありません。移植の際に注意を払いたいこととして、たとえば次のような問題があります。

- データ型とデータ型のサイズや値の範囲
- 変数や関数、オブジェクトなどのスコープ
- 例外処理の詳細
- スレッドの扱い方

次に、話が簡単そうでそうではないひとつの例を Python の関数の書き換えの例で示します。

■ Python のプログラム

ここでは Python の次のような関数を含むソースファイルを C++ に移植するものとします。

```
def add2(a, b):
    return a + b
```

これを使って Python のインタープリタ（インタラクティブシェル）で次のように加算することができます。

```
>>> x = 10
>>> y = 20
>>> print("x+y=", add2(x, y))
x+y= 30
```

この関数を C++ に書き換えるのは容易に見えるかもしれません。たとえば、次のような書き換えがすぐに思い付きます。

```
int add2(int a, int b)
{
  return a + b;
}
```

しかし、ここで注意しなければならないのは、Python では、変数や引数の型は事実上任意

で、型は実行時に決まるという点です。したがって、同じ関数を使って次のような Python の
コードも実行できます。

```
a = "hello,"
b = "Python!"
print("a+b=", add2(a, b))
```

　この場合、引数 a と b は文字列です。文字列連結はさきほど C++ に書き換えた関数ではでき
ません。

　C++ で add2() を文字列の連結にも対応できるようにするには、次のような関数をオーバー
ロードする必要があります。

```
std::string add2(std::string a, std::string b)
{
  return a + b;
}
```

　さらに、引数の型は実数やその他の型である場合もあるので、それらすべてに対応できるよ
うにするには、テンプレートを使って次のような関数を定義する必要があるでしょう。

```
template <typename T>
T add2(const T& a, const T& b)
{
  return a + b;
}
```

　これで、演算子 + が定義されていて、<< で出力できる任意の型の値を加算または連結して
出力することができます。こうすることで、ようやく Python の add2() に近い関数にすること
ができました。

　次の例は、テンプレート関数 add2() で、整数、実数、文字列を加算または連結するプログ
ラムの例です。

リスト 19.8 ● add2test.cpp

```
// add2test.cpp
#include <iostream>
```

```
template <typename T>
T add2(const T& a, const T& b)
{
  return a + b;
}

int main()
{
  std::cout << add2(10, 20) << std::endl;     // 整数を加算する
  std::cout << add2(1.1, 2.1) << std::endl;   // 実数を加算する

  std::string a = "Hello,";
  std::string b = "C++";
  std::cout << add2(a, b) << std::endl;        // 文字列を加算する

  return 0;
}
```

　この例で示したように、移植が容易なように見えても、移植元のプログラミング言語の特性を十分に考慮する必要がある場合があります。

付 録

付録 A　開発環境

　ここでは主な C/C++ コンパイラや IDE（Integrated Development Environment、統合開発環境）、プログラミング可能なウェブサイトなどについて概要を紹介します。これらは現在も改良・開発が進められていて詳細が変わることがあるため、バージョンや環境によってはここに記載したことと詳細が異なる場合があります。ここに記載した内容と実際の状況が異なった場合でも、特定の環境における特定のツールの使い方についてのお問い合わせにはお答えできません。詳しい具体的なことはウェブサイトで検索して確認してください。

A.1　コンパイラ

　ここでは C++ の主なコンパイラを紹介します。

■ gcc

　GCC は GNU のさまざまな言語に対応するコンパイラ群である GNU Compiler Collection（グ

ヌーコンパイラコレクション）の略で、C++ ではその中のコマンド g++ を使ってプログラムを
コンパイルします。

Linux など UNIX 系 OS では開発ツールのパッケージの中に含まれています。

Windows では、MinGW や Cygwin というソフトウェアと共にインストールしたり、WSL
（Windows Subsystem for Linux）でインストールして使うことができます。

MinGW は、次に紹介する日本語化された Eclipse である Pleiades と同時にインストールす
ることができます。

たとえば、C++ 言語のプログラム hello.cpp をコンパイルするときには次のようにします。

```
$ g++ hello.cpp
```

これでカレントディレクトリに実行可能ファイル a.out または a.exe（Windows の場合）が
生成されます。実行するときには、「a」で実行するか、それで実行できない環境の場合はカレ
ントディレクトリであることを表す「./」を先頭に付けて「./a.exe」や「./a.out」で実行し
ます。

```
$ ./a.out
Hello, C++
```

C++ 言語のプログラム hello.cpp をコンパイルして、実行可能ファイル hello を生成したい
ときにはオプション -o を指定します。

```
$ g++ -o hello hello.cpp
$ ./hello
Hello, C++
```

■ Clang

gcc と同様なコマンドです。clang++ で C++ のプログラムをコンパイルすることができます。

■ cl

cl.exe は、Microsoft の C 言語や C++ のコンパイラです（厳密にはコンパイラとリンカーを
制御するツールです）。通常は cl.exe は、Microsoft Visual Studio for Windows の背後で使い

ます。

コマンドプロンプトや Windows PowerShell のウィンドウの中で cl.exe やその他のツール
を利用するには、PATH、TMP、INCLUDE、LIB、LIBPATH などの環境変数を設定しなければなり
ません。これらの環境変数を設定するには、Windows のメニューの Visual Studio のメニュー
から、以下のコマンドプロンプトのいずれかを選択します。

- Developer Command Prompt または x86 Native Tools Command Prompt
  32 ビット x86 ネイティブツールを使用して 32 ビット x86 ネイティブコードをビルドす
  るように環境を設定します。

- x64 Native Tools Command Prompt
  64 ビット x64 ネイティブツールを使用して 64 ビット x64 ネイティブコードをビルドす
  るように環境を設定します。

以前の Visual Studio の場合は、環境変数を設定するためのバッチファイル（たとえば 64 ビッ
トの通常のプログラム用に vcvars64.bat）が Visual Studio と共に提供されていますが、初心
者が使うことは推奨しません。

A.2　IDE と高機能エディタ

代表的な IDE と高機能エディタには下記のものがあります。

■ Eclipse

Eclipse は無償で使うことができる IDE で、C/C++ の他に Java、PHP、Python などにも対応
しています。日本語 Windows 環境では、日本語化された Eclipse である Pleiades を使うのが
一般的です。

C/C++ を含むパッケージをインストールするとインストールされる MinGW には、gcc が含
まれています。

Pleiades のダウンロードサイトは下記の通りです。

```
https://mergedoc.osdn.jp/
```

　ここからバージョン（2022 など）を選択して、さらに C/C++ か Ultimate のパッケージを
ダウンロードして解凍します。

　C 言語または C++ のプログラムを Eclipse（Pleiades）で作成して実行するためには、新しい
C または C++ のプロジェクトを作成して、C または C++ のソースファイルを追加し、プログラ
ムを入力して、ビルドしてから実行します。

　Eclipse を起動するとワークスペース（Workspace）を入力するダイアログボックスが表示
されます。ここには希望するワークスペース名を入力しますが、わからなければデフォルト
（../workspace）のままでもかまいません。

> **Note**　最初に Eclipse（Pleiades）を起動したときには「システム PYTHONPATH の変更が検出されました」
> というダイアログボックスでインタープリタとパスの更新確認ダイアログボックスが表示され
> ることがありますが、一般的な環境下であれば、よくわからなければ最下段のコマンドボタン
> のいずれを選択しても構いません。

　IDE が表示されたら、作成するプロジェクトの種類として C/C++ を選びます（Ultimate の場
合、下の図のように表示されたら 2 番目の C/C++ を選択します）。

図A.1●プロジェクトの種類の選択（2番目のC/C++を選択する）

　そして［ファイル］→［新規］→［C/C++ プロジェクト］を選択し、さらに［C 管理プロジェ
クト］を選択します。

　プロジェクト名をたとえば hello として［完了］をクリックすればプロジェクトが作成され
ます。

　プロジェクト・エクスプローラーで作成したプロジェクト名（この例では hello）を右クリッ
クして、［新規］→［ソース・ファイル］を選択し、ソースファイル名を入力します。

　表示されたエディタにプログラムを入力し、メニューから［ファイル］→［保存］を選択し
てファイルに保存し、メニューから［プロジェクト］→［プロジェクトのビルド］を選択する

とプログラムをコンパイルすることができます。

　メニューから［実行］→［実行］を選択すると、プログラムを実行することができます（最初に［実行］→［実行］を選択したときにはプログラムを実行する方法を選択するダイアログボックスが表示されるので、「ローカル C/C++ アプリケーション」を選択します）。

Note　コンソール入出力のあるプログラムを Eclipse（Pleiades）のコンソールで実行すると、入力と出力が期待した通り動作しないことがあります。

■ Visual Studio

　Visual Studio は、マイクロソフトが提供している IDE（統合開発環境）で、C/C++、C#、Visual Basic などさまざまな言語に対応し、無償版と有償版があります。

　ダウンロードサイトは下記の通りです。

```
https://visualstudio.microsoft.com/ja/
```

　ファイルをダウンロードしたらインストールします。

　Visual Studio で C 言語または C++ のプログラムを作成して実行するためには、まず「新しいプロジェクトの作成」をクリックして、新しい空の C++ のプロジェクトを作成します。そして、C 言語の場合は新しい C 言語のソースファイル（hello.c や main.c など）をプロジェクトに追加し、C++ の場合は新しい C++ のソースファイル（hello.cpp や main.cpp など）をプロジェクトに追加し、プログラムを入力して、ビルドしてから実行します。プロジェクトにソースファイルを追加するためには、ソリューションエクスプローラーでソースファイルを右クリックして、表示されるコンテキストメニューで［追加］→［新しい項目］を選択し、「C++ ファイル」を選択してファイルを追加します（C 言語の場合でも「C++ ファイル」を選択して、追加するファイルの名前の拡張子を .c にします）。

　プログラムをコンパイルするときには［ビルド］→［○○のビルド］を選択します。プログラムを実行するとき（デバッグしないで実行するとき）には、メニューから［デバッグ］→［デバッグなしで開始］を選択します。

■ Visual Studio Code

Windows、Linux、Mac で使用できる、デバッグ機能などが統合されたエディタです。
ダウンロードサイトは下記の通りです。

```
https://code.visualstudio.com/Download
```

ファイルをダウンロードしたらインストールします。

　メニューなどを日本語化するには、拡張機能 Japanese Language Pack for Visual Studio Code をインストールします。

　C 言語または C++ のプログラムを Visual Studio Code で作成して編集するためには、[ファイル]→[新しいテキストファイル]を選択して、新しい C または C++ のソースファイルを作成し、プログラムを入力します。

　プログラムを単に実行するとき（デバッグしないで実行するとき）には、メニューから［デバッグ］→［デバッグなしで開始］を選択しますが、このとき、あらかじめ Visual Studio（コンパイラは cl.exe）か gcc をインストールして、必要に応じてパスを設定しておく必要があります。

A.3 ウェブサイト

　C++ 言語のプログラムを作成・編集して実行してみることができるオンラインの実行環境を提供しているサイトがあります。ただし、コンソール入力やファイル入出力が正常にできない、複数のモジュールをリンクしたりローカルリソースにアクセスするなどの高度なことはできないという場合がほとんどなので、主な目的は C++ の基礎的な学習になります。

■ codingground

C++ のプログラムを試すときには、次のサイトを開きます。

```
https://www.tutorialspoint.com/online_cpp_compiler.php
```

サイトのエディタに C++ 言語のプログラムを入力して[Execute]をクリックして実行します。

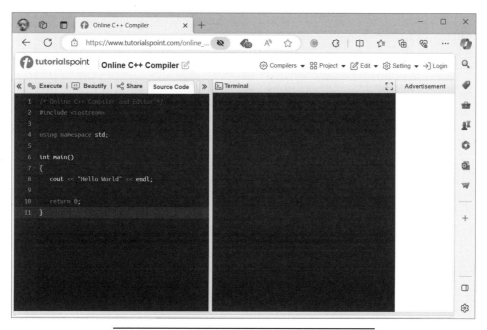

図A.2●codingground（Online C++ Compiler）

■ paiza.io

次のサイトを開きます。

```
https://paiza.io/ja/projects/new
```

表示されたサイトの左上に言語を選択するドロップダウン理とボックスがあるので、「C++」を選択し、プログラムを入力して［実行］をクリックして実行します。

図A.3●paiza.io

付録 B　トラブル対策

ここでは C++ のプログラミングで一般的によく発生する可能性があるトラブルとその対策を示します。

なお、特定の環境において発生した問題についてのお問い合わせにはお答えしかねますのでご了承ください。

B.1　一般的なトラブルとその対処

トラブル 1　g++ や cl.exe、make などを実行できない

- 開発ツールがインストールされていないと、実行できません。通常、UNIX 系の C/C++ コンパイラの名前は g++、cl、cc などですが、異なる名前のコンパイラがインストールされている場合もあります。
- 開発ツールがインストールされていても、パスが通っていないと実行できません。

これらのツールが正しくインストールされているかどうか調べるためには、実際に小さなプログラムを作成してコンパイルしてみるのが最も良い方法です。また、コマンドに引数 --version を付けて実行してみるのも良いでしょう。

--version はたいていのコマンドで、そのコマンドのバージョンを表示します。

```
>g++ --version
g++ (x86_64-posix-seh-rev0, Built by MinGW-W64 project) 8.1.0
Copyright (C) 2018 Free Software Foundation, Inc.
This is free software; see the source for copying conditions.  There is NO
warranty; not even for MERCHANTABILITY or FITNESS FOR A PARTICULAR PURPOSE.

または
```

```
$ g++ --version
g++ (Ubuntu 11.4.0-1ubuntu1~22.04) 11.4.0
Copyright (C) 2021 Free Software Foundation, Inc.
This is free software; see the source for copying conditions.  There is NO
warranty; not even for MERCHANTABILITY or FITNESS FOR A PARTICULAR PURPOSE.
```

トラブル 2　C++ のプログラムをコンパイルできない

　ソースファイル名の拡張子を C++ の拡張子にしてください。C++ の拡張子は .cpp、.cxx、.cc などですが、デフォルトで C++ のソースファイルとしてコンパイラが認識する拡張子は、コンパイラの種類によって異なります。

　必要に応じて明示的に C++ のコンパイラを使ってコンパイルしてください。たとえば、Linux など gcc システムでは gcc -o progname progname.cpp ではなく、g++ -o progname progname.cpp または g++ -o progname ./progname.cpp でコンパイルします。

トラブル 3　開発ツールで不具合がある

- ツールそのものをいったんアンインストールしてから、インストールしなおすことで問題が解決することがあります。
- ツールの拡張機能が正常に動作しない場合には、その拡張機能をいったんアンインストールしてから、インストールしなおすことで問題が解決することがあります。
- 環境変数をそのツールのドキュメントを参照して適切に設定してください。

B.2　コンパイル時のエラーメッセージとその対処

トラブル 1　ヘッダーファイルが見つからないと報告された

- ヘッダーファイル名が間違っている可能性があります。タイプミスの他に、システムやコンパイラによってヘッダーファイル名が異なる場合や、新しいヘッダーファイルがサポートされていない場合があるので、コンパイラのドキュメント（ヘルプやその他の情報）を参照してください。
- ヘッダーファイルの検索パスを正しく指定してください。ほとんどのコンパイラで、ヘッ

ダーファイルの検索パスはオプション -I で指定できます。Linux のような UNIX 系 OS では、ln コマンドを使ってヘッダーファイルのあるディレクティブにリンクを設定することができます。次の例は、ソフトリンクで /usr/src/linux/include/linux を /usr/include/linux に設定する例です。

```
# cd /usr/include
# ln -s /usr/src/linux/include/linux linux
```

- サポートされていないヘッダーファイルを使っている場合は、以前のヘッダーファイルに変更してください。たとえば、<locale> がサポートされていないコンパイラでは <locale> の代わりに <locale.h> を使い、ソースコードもそれに合わせて変更する必要があります。

トラブル 2　using や namespace が定義されていない識別子として報告された

コンパイラが名前空間（ネームスペース）をサポートしていない場合、using namespace std; の行は削除する必要があります。その場合、名前の競合や :: の解決が行えない場合があり、そのようなときにはソースプログラムを変更する必要があります。

トラブル 3　「; が必要」または「; がない」というエラーが表示された

行末のセミコロン(;)を忘れていないか確認してください。C/C++ の場合、その言語仕様上、前の行の「;」を付け忘れていると、次の行のエラーとして報告されることがあります。

トラブル 4　識別子が定義されていないと報告された

- 必要なヘッダーファイルのインクルードを忘れるとこのエラーが発生します。たとえば、C++ のソースプログラムの string の入出力で << や >> を使うときには #include <string> を追加してください。
- コードを記述する際に、誤って全角文字の記号を使うとこのメッセージが報告されることがあります。たとえば、ASCII 文字（いわゆる半角）の「"」にするべきところを間違って全角の「"」を使ってしまうとこのエラーになります。
- コンパイラが名前空間（ネームスペース）をサポートしている場合、名前の前に std:: を付けるのを忘れていないか、あるいは using namespace std; を忘れていないかチェックしてください（標準 C++ ライブラリの中の名前については、ほとんどの場合、std 名前空

間を使います）。また、その他の必要な名前空間を使っている場合には using namespace *xxx*;（*xxx* は名前空間名）を追加してください。

- 自分で作った関数が定義されていないと報告される場合は、プロトタイプ宣言を行います。自分で作った関数を、定義より前に参照している場合、関数のプロトタイプを宣言する必要があります。関数のプロトタイプ宣言とは、関数の型、引数の型と関数名（識別子）を宣言することです。プロトタイプ宣言は double myfunc(int argn); のように最後にセミコロン（;）が必要ですから注意してください。

- 必要なライブラリをリンクするように指定しないと、定義されていないか、未解決のシンボルがあるというメッセージが表示されることがあります。一部の UNIX 環境のコンパイラの場合、たとえば、math.h をインクルードする関数を使うプログラムでは、次のようにコンパイルオプション -lm を付ける必要がある場合があります。

```
cc -lm -o myprog main.c
```

- 最近の規格の C++ で導入されたものは、コンパイラをそれが導入された規格以降の規格でコンパイルするように指定しないと正しく認識されません。たとえば、std::u8string のような C++20 で導入されたものはコンパイラを C++20 でコンパイルするように設定しないと正しく認識されません。

トラブル 5　cin や cout などが定義されていない識別子として報告された

- 必要なヘッダーファイルのインクルードを忘れるとこのエラーが発生します。#include <iostream> を追加してください。

- 名前空間をサポートしている場合、std::cin や std::cout にするか、あるいは、using namespace std; を入れるのを忘れるとこのエラーが発生します。

- 明示的に C++ のコンパイラを使ってコンパイルしてください。たとえば、Linux など gcc システムでは g++ progname.cpp -o progname でコンパイルします。

トラブル 6　特定のライブラリの関数が未定義の識別子として報告された

　必要なライブラリをリンクしてください。たとえば、一部のコンパイラで、スレッド関連の関数が未定義の識別子として報告されるときには、マルチスレッド対応のライブラリをリンクしてください。

トラブル 7　プリコンパイル済みヘッダーの検索中に予期しない EOF を検出したと報告された

プリコンパイルするものとして指定したヘッダーファイルが、ソースファイルの中で正しく使われていません。#include 文を調べて、プリコンパイルするヘッダーファイルの名前を正しく指定するか、プリコンパイル済みヘッダーを使わないようにします。

変更された個所に関連するファイルだけをコンパイルするように設定している場合、依存関係の解決が完全に行われず、その結果、プリコンパイルが完全に行われないことがあります。そのような場合には、すべてのソースファイルを強制的に完全に再コンパイル（再ビルド）しなおすと問題が解決することがあります（IDE の場合、ビルドではなくリビルドを実行します）。

トラブル 8　特定の文字が認識できないと報告された

- ソースファイルが壊れている可能性があります。
- コメントやリテラル文字列以外の場所でマルチバイト文字の空白や句読点、その他の日本語文字などを使っている可能性があります。

トラブル 9　シンタックスエラー（文法上の間違い）が報告される

- 文法上の間違いがないか、必要なセミコロン（;）やその他の記号を忘れていないか調べてください。
- 変数や関数などの名前に、言語キーワードと同じ名前を使っていないか確認してください。

トラブル 10　「error C4996」というエラーになった

Visual Studio など Microsoft のコンパイラを使う環境では、strcat() や scanf()、fgets() などの関数は安全ではない可能性があるというエラーメッセージ error C4996 が出力されることがあるります。その場合はこのエラーを無効にする次のコード（プラグマ）を使うことができます。

```
#pragma warning(disable : 4996)
```

Microsoft のコンパイラでコンパイルするときだけこのプラグマを有効にしたい場合は、

Visual Studio など Microsoft のコンパイラを使うときに定数 _MSC_VER が定義されているので、次のようにします。

```
#ifdef _MSC_VER
#pragma warning(disable : 4996)
#endif
```

トラブル11 「error C6031」という警告が表示された

Visual Studio など Microsoft のコンパイラを使う環境では、関数の戻り値を使わないときには警告メッセージ worning C6031 が出力されることがあるります。その場合はこのエラーを無効にする次のコード（プラグマ）を使うことができます。

```
#pragma warning(disable : 6031)
```

Microsoft のコンパイラでコンパイルするときだけこのプラグマを有効にしたい場合は、Visual Studio など Microsoft のコンパイラを使うときに定数 _MSC_VER が定義されているので、次のようにします。

```
#ifdef _MSC_VER
#pragma warning(disable : 6031)
#endif
```

トラブル12 C++のプログラムをコンパイルするとわけのわからないエラーがいっぱい出る

- C++ のプログラムをコンパイルするときには、明示的に C++ のコンパイラを使ってください。GNU C/C++ では C++ のコンパイラのコマンドは g++ です。ソースファイルを C++ として認識するためのオプションを指定しない限り、gcc は C++ のファイルであっても C 言語のソースと判断してコンパイルしようとします。
- ソースファイルの拡張子が正しいか調べてください。コンパイラやオプションの指定によって、C++ のプログラムと認識するファイル拡張子が異なります。

トラブル 13　C 言語と C++ を組み合わせたプログラムのコンパイルができない

　C 言語のソースファイルと C++ のソースファイルから構成されるプログラムのコンパイルができない場合に最も手軽な方法は、すべてのソースファイルを C++ のファイルとしてコンパイルする方法です。

　Visual Studio などの IDE でデフォルトで使われる Microsoft のコンパイラは、C++ のソースファイルの拡張子を C++ の拡張子に拡張子を変更するか、オプションで C++ のコードとしてコンパイルするように指定（「コンパイル言語の設定」で「C++ としてコンパイル」を選択するかオプション /TP を指定）する必要があります。

　GCC を使う場合は、gcc ではなく g++ を使うことで C 言語のソースも含めて C++ としてコンパイルすることができます。

B.3　実行時のトラブルとその対処

トラブル 1　実行可能ファイルが見つからないというエラーメッセージが表示される

　コンパイルは成功したが実行可能ファイルが見つからないというエラーメッセージが表示される場合には、環境変数 PATH に「./」が含まれていない可能性があります。ファイルがカレントディレクトリにあることを示すために ./hello のように実行可能ファイル名の前に「./」を付けるか、「hello/hello」または「/home/*name*/hello/hello」のように、実行可能ファイルを相対パスまたは絶対パスで指定します。

トラブル 2　プログラムを実行できない

　システムやウィルス対策プログラムが、新しくコンパイルした（未知の）プログラムを実行する前に警告を表示したり実行しないように設定されている場合があります。警告が表示された場合は実行することを選び、未知のプログラムを実行しないように設定されている場合はその機能を無効にしてください。

トラブル 3　何も表示されない

　開発環境によっては、コンソールプログラムを実行すると、ウィンドウが表示されてその中で実行され、プログラムが終了すると共にそのウィンドウが閉じてしまうことがあります。そ

のような場合にはプログラムの main() の最後、あるいはその他の適切な場所に次のような行を追加して、ウィンドウが自動的に閉じないようにしてください。

```
std::cout << "Hit any key\n";
std:string dummy;
std::cin >> dummy;
```

トラブル4　文字化けする

● Windows でウィンドウに表示される日本語の文字化けが発生する場合は、コードページを変更してください。ウィンドウのコードページは chcp コマンドで変更します。文字エンコーディングと chcp コマンドとの関係は次の通りです。

表B.1●文字エンコーディングとchcpコマンド

文字エンコーディング	コマンド
shift_jis	chcp 932
utf-16	chcp 1200
euc-jp	chcp 51932
utf-7	chcp 65000
utf-8	chcp 65001

たとえば、ソースファイルが UTF-8 で保存されていて、ウィンドウを UTF-8 に対応させたいときには「chcp 65001」を実行します。

Windows で文字化けするときには、コマンドプロンプトで「chcp 65001」を実行してコンソールのコードページを変更することで多くの場合に問題が解決するでしょう。

● Windows で、プログラムを UTF-8 で作成して、ANSI（シフト JIS）のコマンドプロンプトで UTF-8 のプログラムを実行すると文字化けが発生しますが、その場合、コマンドプロンプトウィンドウでコマンド「chcp 65001」を実行してコードページを変更してください。ANSI（シフト JIS）に戻すときにはコマンド「chcp 932」を実行します。

● 必要に応じてソースファイルを適切な文字コードに変換してください。UNIX 系の環境では漢字コードの変換にコマンドiconvを使うことができます。たとえば、シフトJISのソースプログラムを UTF-8 に変換するときには、次のようにします。

```
iconv -f sjis -t utf-8 src.c > dest.c
```

また、nkf を使ってシフト JIS のソースプログラムを EUC に変換するときには次のように
します。

```
nkf -e file.sjis > file.euc
```

また、テキストエディタによっては、ファイルに保存する際にエンコードを指定できるも
のがあります。

● ロケールの設定が間違っている可能性があります。ロケールを日本に設定するには、た
とえば次のコードを実行します。

```
setlocale(LC_ALL, "ja_JP");
```

トラブル 5　表示される文字がおかしい

● UNIX 系の環境では、エスケープシーケンスなどのバックスラッシュを使うところで、円
記号（¥）ではなくバックスラッシュ（\）を使う必要があります。

● バッファリングを行う出力関数や演算子を使うときには、クラスの異なるものを使うと、
予期しない結果になることがあります。たとえば、<stdio.h> と <iostream> を同時に使
うと、同期を取らない限り、期待したとおりに出力される保証はありません。

トラブル 6　入力ができない

　Web サイトの開発環境や一部のブラウザなどを使ってプログラムを実行できる環境の場合、
プログラムの実行時に値などを入力ができない場合があります。

トラブル 7　Segmentation fault でコアダンプされる

　不正なメモリー領域にアクセスしようとした可能性があります。確保してメモリーに割り当
てていない領域を使おうとしたり、変数の大きさより大きいデータを変数に保存していない
か、すでに解放したメモリーを使っていないか調べてください。

トラブル 8　プログラムが暴走した

　プログラムが無限ループに入るなどして制御不能になった場合、プログラムを強制終了させ
てください。

　たいていの場合、［Ctrl］＋［C］でプログラムを終了できるでしょう。それで終了できない場合は次の方法を使うことができます。

　Windows では［Ctrl］＋［Alt］＋［Delete］でタスクマネージャーを起動してプログラムを選択してから［タスクを終了］をクリックすることでプロセスを中止することができます。

　Linux など UNIX 系 OS では、ps コマンドで動作しているプロセス ID を確認して、kill コマンドにプロセス ID を指定してそのプロセスを終了します。

トラブル 9　デバッグビルドでは正常に機能するが、リリースビルドでは機能しない

　リリースビルドのコンパイルオプションをチェックしてみてください。assert() のようなデバッグ用関数やマクロは、通常、リリースモードでは評価されません。したがって、アサート文の中に記述した式や関数の呼び出しは実行されません。また、関数によってはデバッグとリリースでは動作が異なるものがあります。

B.4　環境の違いが原因となるトラブルと対策

トラブル 1　ファイルにアクセスできない

- Windows はパスのデリミタとして、スラッシュ（/）と円記号（¥）の両方を使うことができます。しかし、UNIX では、パス名やファイル名を表す文字列でデリミタとしてスラッシュしか使えません。

- 大文字／小文字が違っている可能性があります。UNIX では大文字／小文字を区別します。Windows の FAT ファイルシステムでは大文字小文字を区別しません。最近の Windows の NTFS では、ディレクトリ一覧については大文字小文字を区別しますが、ファイル検索などのシステム操作では大文字／小文字を無視します。

- ファイルの属性をチェックしてください。ファイルやディレクトリへのアクセス権がなければアクセスできません。

練習問題解答例

　ここに示す練習問題の解答例は、あくまでもひとつの例です。プログラミングでは、ひとつの問題に対する解決方法が複数あることがよくあるので、ここに記載した例と同じでなくても、問題に対して期待した結果が得られれば正解です。

■ 問題 1-1

　C++ の Hello プログラムを作成してコンパイルし、実行してください。

　最初に開発環境を選択して、システムに C++ の開発環境を構築します。

　問題が発生したら付録 A「開発環境」や付録 B「トラブル対策」を参照してください。

■ 問題 1-2

　日本語で「こんにちは、C++」と表示する C++ のプログラムを作成してコンパイルし、実行してください。

```
// hellojp.cpp
#include <iostream>

int main(int argc, char* argv[])
{
  std::cout << "こんにちは、C++" << std::endl;
}
```

　Windows のコマンドプロンプトなどシフト JIS の環境で UTF-8 のソースファイルをコンパイルして実行するときには、コマンドプロンプトで「chcp 65001」を実行してコードページを変更してからプログラムを実行します。

■ 問題 2-1

円周率の定数を定義して、半径 5.0 の円の面積を計算して出力するプログラムを作成してください。

```cpp
// q2-1.cpp
#include <iostream>

const double pi = 3.14;

int main(int argc, char* argv[])
{
  int r = 5.0;
  std::cout << "半径" << r << "の面積は" <<
    r * r * pi << std::endl;
}
```

■ 問題 2-2

整数型の変数と実数型の変数を宣言して初期化し（値を設定し）、それを加算した結果を変数に保存してから出力するプログラムを作成してください。

```cpp
// q2-2.cpp
#include <iostream>

int main(int argc, char* argv[])
{
  int n = 5;
  double v = 23.5;
  auto x = n + v;

  std::cout << x << std::endl;
}
```

整数型の値は、実数が含まれる式の中では自動的に実数に変換されて計算されます。

■ 問題 3-1

3 個の整数を入力するとその総和を出力するプログラムを作成してください。

```cpp
// q3-1.cpp
#include <iostream>

int main(int argc, char* argv[])
{
  std::cout << "整数を3つ入力してください:";
  int x, y, z;
  std::cin >> x >> y >> z;

  std::cout << x << "+" << y << "+" << z;
  std::cout << "=" << x + y + z << std::endl;
}
```

■ 問題 3-2

　キーボードから 3 つの実数を入力すると、それらの値と、その和を指数形式で出力するプログラムを作ってください。

```cpp
// q3-2.cpp
#include <iostream>

int main(int argc, char* argv[])
{
  double x, y, z;
  std::cout << "実数を3つ入力してください:";
  std::cin >> x >> y >> z;

  std::cout << std::scientific << x << "+" << y << "+" << z;
  std::cout << "=" << x + y + z << std::endl;
}
```

■ 問題 3-3

0 〜 255 の範囲の整数の乱数を 10 個生成して 16 進数で表示するプログラムを作成してください。

```
// q3-3.cpp
#include <iostream>
#include <random>

int main()
{
    std::random_device rnd;
    // 10個の乱数を発生させる
    for (int i = 0; i < 10; ++i)
    {
        double v = rnd() * 255.0 / rnd.max();
        std::cout << std::hex << (int)v << std::endl;
    }
}
```

■ 問題 4-1

入力された整数値をシフト演算で 2 倍と 4 倍にして結果を出力するプログラムを作成してください。

```
// q4-1.cpp
#include <iostream>

int main()
{
  int n;
  std::cout << "整数>";
  std::cin >> n;

  std::cout << n << "=の2倍は" << (n << 1) << std::endl;
  std::cout << n << "=の4倍は" << (n << 2) << std::endl;
}
```

■ 問題 4-2

　整数を入力すると、その整数が偶数であるか奇数であるかを調べて結果を出力するプログラムを、条件演算子を使って作成してください。

```cpp
// q4-2.cpp
#include <iostream>

int main()
{
  int n;
  std::cout << "整数>";
  std::cin >> n;

  (n % 2) ? (std::cout << "奇数\n") : (std::cout << "偶数\n");
}
```

■ 問題 5-1

　「exit」が入力されるまでに入力された文字列を連結して出力するプログラムを作成してください。

```cpp
// q5-1.cpp
#include <iostream>

int main()
{
  std::string s, str;
  while (1)
  {
    std::cout << "文字列（終了はquit）>";
    std::cin >> s;
    if (s == "quit")
      break;
    str += s + " ";
  }
  std::cout << str << std::endl;
}
```

　上の例では、文字列を連結するときにスペースを 1 個入れるようにしています。

■ 問題 5-2

2個の整数値を入力すると、その和と、数値を連結した文字列（たとえば2個の整数値が
「123」と「45」なら「12345」）を出力するプログラムを作成してください。

```cpp
// q5-2.cpp
#include <iostream>

int main()
{
  int a,b;
  std::cout << "2個の整数値>";
  std::cin >> a >> b;
  std::cout << a << "+" << b << "=" << a + b << std::endl;
  std::cout << std::to_string(a) + std::to_string(b) << std::endl;
}
```

■ 問題 6-1

実数を入力すると、それが正の数か負の数か、あるいはほぼゼロであるかを調べるプログラ
ムを作ってください。

```cpp
// q6-1.cpp
#include <iostream>
#include <cmath>

int main(int argc, char* argv[])
{
  double x;
  std::cout << "実数を入力してください：";
  std::cin >> x;

  if (std::fabs(x) < 1.0e-5) {
    std::cout << x << "はゼロかゼロに極めて近い数です" << std::endl;
  }
  else if (x > 0) {
    std::cout << x << "は正の数です" << std::endl;
  }
  else if (x < 0) {
```

```
      std::cout << x << "は負の数です" << std::endl;
    }
  }
}
```

　実数の場合、CPU（FPU）が扱うことができる 2 進数への変換で誤差が発生するために、ある値と一致するかどうかを調べるときには、その値を引いた値の絶対値がゼロに近いかどうかで調べることがよくあります。計算結果などがゼロであるかどうかも、上記のようにゼロに極めて近い数かどうかで判断することがあります。

■ 問題 6-2

0! から 5! までの数の階乗を表示するプログラムを作ってください。

```cpp
// q6-2.cpp
#include <iostream>

int fact(int n) {
  int x = 1;
  for (int i = 2; i <= n; i++) {
    x *= i;
  }
  return x;
}

int main(int argc, char* argv[])
{
  for (int i = 0; i < 6; i++)
  {
    std::cout << i << ":" << fact(i) << std::endl;
  }
}
```

■ 問題 7-1

「quit」が入力されるまでキーボードから入力された数の合計を出力するプログラムを作ってください。

```cpp
// q7-1.cpp
#include <iostream>
#include <string>

int main()
{
  double total = 0.0;
  std::string txt;

  while (1)
  {
    std::cout << ">";
    std::getline(std::cin, txt);   // 1行ずつ読み込む
    if (txt == "quit")
      break;
    total += std::stod(txt);
  }
  // コンソールに出力する
  std::cout << "合計=" << total << std::endl;
}
```

■ 問題 7-2

sample.csv という名前の CSV ファイルを作成して、そのファイルの内容を読み込んで表示するプログラムを作ってください。

```cpp
// q7-2.cpp
#include <iostream>
#include <fstream>
#include <string>

int main()
{
  std::ifstream ifs("./sample.csv");
```

```
    std::string txt;
    while (!ifs.eof()) {
      std::getline(ifs, txt, ',');
      // コンソールに出力する
      std::cout << txt << "\t";
    }
    //ファイルを閉じる
    ifs.close();
}
```

■ 問題 8-1

　2 個の実数の引数の値を加算して返す関数 add2() を定義して、それを実行するプログラム
を作成してください。

```
// q8-1.cpp
#include <iostream>

double add2(double a, double b);  // プロトタイプ宣言

int main(int argc, char* argv[])
{
  double x = 0.0, y = 0.0;
  std::cout << "実数を2つ入力してください >";
  std::cin >> x >> y;

  // 入力された値と2倍の値を出力する
  std::cout << x << "+" << y << " = " << add2(x, y) << std::endl;
}

double add2(double a, double b)
{
  return a + b;
}
```

■ 問題 8-2

台形の面積を計算して返す関数を定義して、それを実行するプログラムを作成してください。

```cpp
// q8-2.cpp
#include <iostream>

/*
 * デフォルト値を指定した台形の面積を計算する関数
 * u：上底 (upper base)
 * l：上底 (lower base)
 * h：高さ (height)
 */
double getTrapArea(double u = 5.0, double l = 8.0, double h = 5.0)
{
  return (u + l) / 2.0 * h;
}

int main(int argc, char* argv[])
{
  double u = 0.0, l = 0.0, h = 0.0;
  std::cout << "上底、下底、高さを入力してください（高さを指定しない場合は0）>";
  std::cin >> u >> l >> h;

  if (h <= 0.0)
    std::cout << "面積=" << getTrapArea(u, l) << std::endl;
  else
    std::cout << "面積=" << getTrapArea(u, l, h) << std::endl;
}
```

■ 問題 9-1

3次元の配列を宣言して要素に値を保存し、それらの値を出力するプログラムを作ってください。

```cpp
// q9-1.cpp
#include <iostream>
#include <iomanip>
```

```
int main(int argc, char* argv[])
{
  int i, j, k;
  int a[3][3][3];

  // 初期化する（値を保存する）
  for(i = 0; i< 3 ; i++)
    for (j = 0; j < 3; j++)
      for (k = 0; k < 3; k++)
        a[i][j][k] = i + j + k;

  // 配列の内容を出力する
  for (i = 0; i < 3; i++)
  {
    for (j = 0; j < 3; j++)
      for (k = 0; k < 3; k++)
        std::cout << std::setw(5) << a[i][j][k];
    std::cout << std::endl;
  }
}
```

■ 問題 9-2

　3次元の配列を宣言して要素に値を保存し、それらの値をポインタを使って出力するプログラムを作り、実行結果を問題9-1の結果と比較してください。

```
// q9-2.cpp
#include <iostream>
#include <iomanip>

int main(int argc, char* argv[])
{
  int i, j, k;
  int a[3][3][3];

  // 初期化する（値を保存する）
  for(i = 0; i< 3 ; i++)
    for (j = 0; j < 3; j++)
      for (k = 0; k < 3; k++)
```

```
        a[i][j][k] = i + j + k;

  int *p;
  p = &a[0][0][0];
  // 配列の内容を出力する
  for (i = 0; i < 3; i++)
  {
    for (j = 0; j < 3; j++)
      for (k = 0; k < 3; k++)
        std::cout << std::setw(5) << *p++;
    std::cout << std::endl;
  }
}
```

■ 問題 9-3

　−10 〜 10 の範囲のランダムな数を 20 個生成して配列に保存し、大きい順にソートするプログラムを作ってください。

```
// q9-3.cpp
#include <iostream>
#include <iomanip>
#include <ctime>
#include <cstdlib>
#define NDATA 20

// 比較関数
int compare(const void* a, const void* b)
{
  return *(int*)b - *(int*)a;
}

int main(void)
{
  // 乱数ジェネレーターを初期化する
  srand((unsigned int)time(NULL));

  int data[NDATA];
  int i;
  // -10 〜 10 のランダムな数を10個生成して保存する
```

```
  for (i=0; i<NDATA; i++)
    data[i] = rand() % 20 - 10;

  // 保存されているデータを出力する
  std::cout << "ソート前=";
  for (i=0; i<NDATA; i++)
    std::cout << std::setw(4) << data[i];
  std::cout << std::endl;

  // ソートする
  qsort((void*)data, NDATA, sizeof(data[0]), compare);

  // ソートされたデータを出力する
  std::cout << "ソート後=";
  for (i=0; i<NDATA; i++)
    std::cout << std::setw(4) << data[i];
  std::cout << std::endl;
}
```

■ 問題 10-1

　3 次元の実数の座標値を保存する構造体を定義して、その構造体に座標値を保存して出力するプログラムを作ってください。

```
// q10-1.cpp
#include <iostream>

// 構造体の宣言（変数も同時に宣言）
struct XYZ
{
  double x;
  double y;
  double z;
};

int main(int argc, char* argv[])
{
  double x = 0.0, y = 0.0, z = 0.0;
  std::cout << "3次元の座標を3個の値で入力してください >";
  std::cin >> x >> y >> z;
```

```
    struct XYZ pos = {x, y, z};
    std::cout << "pos=(" << pos.x << ",";
    std::cout << pos.y << "," << pos.z<<")\n";
}
```

■ 問題 10-2

半径を入力すると、半径と面積を出力するプログラムを、構造体を使って作成してください。

```cpp
// q10-2.cpp
#include <iostream>

# define PI 3.14159265359

struct Circle // 円の構造体の宣言
{
  int radius;
  // 面積を返す関数
  double getArea() { return radius * radius * PI;}
  // 半径と面積を出力する関数
  void print() {
    std::cout << "半径=" << radius << " 面積=" << getArea() << std::endl;
  }
};
typedef struct Circle Circle;

int main(int argc, char* argv[])
{
  double r = 0.0;
  std::cout << "半径を入力してください >";
  std::cin >> r;

  // 半径がrの円を作成する
  Circle c;
  c.radius = r;

  // 半径と面積を出力する
  c.print();
}
```

■ 問題 11-1

　名前、年齢、毛の色を情報として持つ Dog クラスを定義して、複数の犬の情報を登録した後
で、それらの情報を出力するプログラムを作ってください。

```cpp
// q11-1.cpp
#include <iostream>
#include <string>

class Dog {
public:
  std::string name;    // 名前
  int age;             // 年齢
  std::string color;   // 毛の色

  Dog(std::string dogname, int dogage, std::string dogcolor)
  {
    name = dogname;
    age = dogage;
    color = dogcolor;
  }

  void print() {
    std::cout << "名前=" << name << " 年齢=" << age
      << " 毛の色=" << color << std::endl;
  };
};

int main(int argc, char* argv[])
{
  Dog* pochi = new Dog("ぽち", 5, "ゴールデン");
  pochi->print();
  delete pochi;
  Dog* kenta = new Dog("けん太", 3, "黒");
  kenta->print();
  delete kenta;
}
```

■ 問題 11-2

　Animal クラスから Pig（豚）クラスと Sheep（ひつじ）クラスを派生させて、それらのクラスを使ったプログラムを作成してください。

```cpp
// q11-2.cpp
#include <iostream>
#include <string>

class Animal
{
protected:
  std::string name;    // 名前
  int age;             // 年齢

public:
  Animal(std::string name, int age)
  {
    this->name = name;
    this->age = age;
  }

  void print() {
    std::cout << "名前=" << name
      << "  年齢=" << age << std::endl;
  };
};

class Pig : public Animal
{
public:
  Pig(std::string name, int age) : Animal(name, age){};

  void bark() {
    std::cout << "ブヒ ブヒ" << std::endl;
  };
};

class Sheep : public Animal
{
public:
```

```
    Sheep(std::string name, int age) : Animal(name, age){};

    void bark() {
      std::cout << "メェー メェー" << std::endl;
    };
};

int main(int argc, char* argv[])
{
  Pig* tommy = new Pig("トミー", 5);

  tommy->print();
  tommy->bark();

  Sheep* judy = new Sheep("ジュディ", 4);
  judy->print();
  judy->bark();

  delete tommy, judy;
}
```

■ 問題 12-1

　3次元の座標のクラスを定義し、2つの座標値を加算する + 演算子をオーバーロードしてください。

```
// q12-1.cpp
#include <iostream>

class XYZ {
public:
  int x;
  int y;
  int z;

  // コンストラクタ
  XYZ ()
  {
    x = 0;
    y = 0;
```

```
  }
  XYZ(int x, int y, int z)
  {
    this->x = x;
    this->y = y;
    this->z = z;
  }

  // +演算子のオーバーロード
  XYZ operator +(XYZ r)
  {
    XYZ point;
    point.x = this->x + r.x;
    point.y = this->y + r.y;
    point.z = this->z + r.z;
    return point;
  }

  void Print()
  {
    std::cout << "(" << this->x << "," << this->y << "," << this->z << ")";
  }
};

int main(int argc, char* argv[])
{
  XYZ p1 = XYZ(5, 8, 7);
  XYZ p2 = XYZ(10, 12, 15);

  XYZ addp = p1 + p2;

  addp.Print();

  return 0;
}
```

■ 問題 12-2

Animal クラスと、Animal から派生した Dog クラスと Eagle クラスを作成し、それぞれの名前と動き方を表示するメンバーを必要に応じてオーバーライドして定義してください。

```cpp
// q12-2.cpp
#include <iostream>
#include <string>

class Animal
{
protected:
  std::string name;    // 名前

public:
  Animal(std::string name)
  {
    this->name = name;
  }

  virtual void print() {
    std::cout << "名前=" << name << std::endl;
  };
  virtual void move() {
    std::cout << "走るよ" << std::endl;
  };
};

class Dog : public Animal
{
public:
  Dog(std::string name) : Animal(name){};

  // オーバーライド
  void print() override {
    std::cout << "犬だよ。名前は" << name << std::endl;
  };
};

class Eagle : public Animal
{
```

```
public:
  Eagle(std::string name) : Animal(name){};

  // オーバーライド
  void move() override {
    std::cout << "鷲だよ。空を飛ぶよ" << std::endl;
  };
};

int main(int argc, char* argv[])
{
  Dog* pochi = new Dog("ぽち");

  pochi->print();
  pochi->move();

  Eagle* tommy = new Eagle("トミー");

  tommy->print();
  tommy->move();

  delete pochi, tommy;
}
```

■ 問題 13-1

　2 個の任意の型の値を乗算して返すテンプレート関数 mult() を定義し、それを使うプログラムを作成してください。

```
// q13-1.cpp
#include <iostream>

template <typename T>
T mult(T num1, T num2) {
  return (num1 * num2);
}

int main()
{
  // int型の値の入力
```

```
   int n1, n2;
   std::cout << "2個の整数:";
   std::cin >> n1 >> n2;

   // int型の値の乗算
   std::cout << n1 << "×" << n2 << "=" << mult<int>(n1, n2);
   std::cout << std::endl;

   // double型の値の入力
   double v1, v2;
   std::cout << "2個の実数:";
   std::cin >> v1 >> v2;

   // int型の値の乗算
   std::cout << v1 << "×" << v2 << "=" << mult<double>(v1, v2);
   std::cout << std::endl;
}
```

■ 問題 13-2

テンプレートクラス Point を変更して 3 次元の座標を扱えるようにしてください。

```
// q13-2.cpp
#include <iostream>
#include <string>

template <class T> class Point {
  T x;
  T y;
  T z;
public:
  Point(T x, T y, T z)
  {
    this->x = x;
    this->y = y;
    this->z = z;
  };
  std::string Print()
  {
    return std::to_string(x) + ", " + std::to_string(y)
```

```
        + ", " + std::to_string(z);
  };
};

int main()
{
  // int型の値の入力
  int n1, n2, n3;
  std::cout << "3個の整数:";
  std::cin >> n1 >> n2 >> n3;
  // int型の座標値
  Point<int> ip = Point<int>(n1, n2, n3);
  std::cout << ip.Print() << std::endl;

  // double型の値の入力
  double v1, v2, v3;
  std::cout << "3個の実数:";
  std::cin >> v1 >> v2 >> v3;
  // double型の座標値
  Point<double> vp = Point<double>(v1, v2, v3);
  std::cout << vp.Print() << std::endl;
}
```

■ 問題 14-1

「quit」が入力されるまで実数値を array に保存して、最後に array に保存されている要素を出力するプログラムを作ってください。

```
// q14-1.cpp
#include <iostream>
#include <array>
#include <string>

int main()
{
  std::array<double, 100> ar;
  std::string s;
  int count = 0;
  while (1)
  {
```

```
    std::cout << "実数値（終了は文字列quit）>";
    std::cin >> s;
    if (s == "quit")
      break;
    ar.at(count++) = std::stod(s);
  }
  std::cout << count << "個のデータを登録しました。" << std::endl;

  // インデックスで出力する
  for (std::size_t i = 0; i < count; ++i) {
    std::cout << ar[i] << " ";
  }
  std::cout << std::endl;
}
```

■ 問題 14-2

「quit」が入力されるまで実数値を vector に保存して、最後に vector に保存されている要素と数の合計を出力するプログラムを作ってください。

```
// q14-2.cpp
#include <iostream>
#include <vector>
#include <string>

int main()
{
  std::vector<double> v;
  std::string s;
  int count = 0;
  while (1)
  {
    std::cout << "実数値（終了は文字列quit）>";
    std::cin >> s;
    if (s == "quit")
      break;
    v.push_back(std::stod(s));
    count++;
  }
  std::cout << count << "個のデータを登録しました。" << std::endl;
```

```
double total = 0.0;
// インデックスで出力する
for (std::size_t i = 0; i < count; ++i) {
  std::cout << v[i] << " ";
  total += v[i];
}
std::cout << std::endl;

// 合計を出力する
std::cout << "合計= " << total << std::endl;
}
```

第 15 章以降は、問題はありません。

 参考リソース

- C++ 日本語リファレンス（cpprefjp）

  https://cpprefjp.github.io/

- Microsoft C++ 言語リファレンス

  https://learn.microsoft.com/ja-jp/cpp/cpp/cpp-language-reference

索 引

■ 著者プロフィール

日向 俊二（ひゅうが・しゅんじ）

フリーのソフトウェアエンジニア・ライター。

前世紀の中ごろにこの世に出現し、FORTRAN や C、BASIC でプログラミングを始め、その後、主にプログラミング言語とプログラミング分野での著作、翻訳、監修などを精力的に行う。

わかりやすい解説が好評で、現在までに、Python、C/C++、C#、Java、Visual Basic、XML、アセンブラ、コンピュータサイエンス、暗号などに関する著書・訳書多数。

C++ 基本プログラミング講座
安心で安全な C++ プログラム開発の手引き

2024 年 6 月 10 日　　初版第 1 刷発行

著　者	日向 俊二
発行人	石塚 勝敏
発　行	株式会社 カットシステム
	〒 169-0073 東京都新宿区百人町 4-9-7　新宿ユーエストビル 8F
	TEL （03）5348-3850　　FAX （03）5348-3851
	URL　https://www.cutt.co.jp/
	振替　00130-6-17174
印　刷	シナノ書籍印刷 株式会社

本書に関するご意見、ご質問は小社出版部宛まで文書か、sales@cutt.co.jp 宛に e-mail でお送りください。電話によるお問い合わせはご遠慮ください。また、本書の内容を超えるご質問にはお答えできませんので、あらかじめご了承ください。